高等教育财税系列精品规划教材

东南亚国家税收制度

杨向英　主编

中国财经出版传媒集团

经济科学出版社

Economic Science Press

·北京·

图书在版编目（CIP）数据

东南亚国家税收制度／杨向英主编 . -- 北京 ： 经
济科学出版社，2024.8. --（高等教育财税系列精品规
划教材）. -- ISBN 978 - 7 - 5218 - 6259 - 1

Ⅰ. F813. 303. 2

中国国家版本馆 CIP 数据核字第 20243DZ770 号

责任编辑：于　源　陈　晨
责任校对：王肖楠
责任印制：范　艳

东南亚国家税收制度

杨向英　主编

经济科学出版社出版、发行　新华书店经销
社址：北京市海淀区阜成路甲 28 号　邮编：100142
总编部电话：010 - 88191217　发行部电话：010 - 88191522
网址：www. esp. com. cn
电子邮箱：esp@ esp. com. cn
天猫网店：经济科学出版社旗舰店
网址：http：//jjkxcbs. tmall. com
北京季蜂印刷有限公司印装
787 × 1092　16 开　23. 25 印张　450000 字
2024 年 8 月第 1 版　2024 年 8 月第 1 次印刷
ISBN 978 - 7 - 5218 - 6259 - 1　定价：85. 00 元

前　言

　　税收制度作为现代化经济体系中的重要经济社会制度安排，不仅对一国的生产和经济社会关系带来深刻变化，还将对国际上的商品、劳务、资本、技术、人员等要素的流动带来直接、间接的影响。在税收国际化和经济国际化的如影随形中，各国税收制度和政策包括税制结构、税制要素、税负水平、税收优惠、税收征管等相互影响、相互渗透。因此，世界各国税制的研究，不仅是认识各国税制掌握税收实践的国别特殊性和国际共通性的前提和基础，还是健全和完善我国现代税收制度，充分发挥税收在现代化经济体系中的基础性、支柱性和保障性作用推进中国式现代化建设的重要内容和必然要求。

　　东南亚是当今世界经济发展最有活力和潜力的地区之一。在未来新的世界政治、经济格局中，东南亚国家在政治、经济上的作用和战略地位将更加重要。东南亚国家既与中国山水相连、彼邻而居，又互为最大的贸易伙伴和重要的投资合作伙伴①。近年来，随着中国—东盟自由贸易区的建成及升级谈判，中国与东南亚国家全面战略伙伴关系和"一带一路"共建国家得以深入落实，与东南亚国家一起共同推进全球命运共同体建设，是中国对外经济、政治和文化交流的重要内容和组成。我国云南与缅甸、越南、老挝三国接壤，与泰国和柬埔寨通过澜沧江—湄公河相连，并与马来西亚、新加坡等国邻近，是中国通往东南亚的窗口和门户。全面深入贯彻落实

---

　　① 根据《区域全面经济伙伴关系协定》（RCEP）产业合作委员会发布的 2024 年度《中国—东盟经贸合作报告》，中国与东盟合作保持着强劲发展势头。双方已连续四年互为最大贸易伙伴，预计 2024 年东盟仍将是中国第一大贸易伙伴。

习近平总书记考察云南重要讲话精神，建设中国面向南亚、东南亚辐射中心，主动服务和融入国家发展战略，是云南在新时代高水平开放发展的新坐标、新定位和新使命。边陲"末梢"变为中国式现代化建设的开放前沿，坚守服务地方经济社会发展的初心，云南财经大学在财政学学科的建设中始终把东南亚国家财税制度研究作为重要的教学和研究方向，不仅长期开设《外国税制》《东南亚国家税制》等课程，还出版了《东盟十国税收制度》（边曦主编，中国财政经济出版社，2007 年）、《中国与南亚国家税制比较》（杨向英主编，经济科学出版社，2023 年）和《中国与东盟国家财政政策协调研究》（赵仁平著，中国财政经济出版社，2021 年）等教材和专著。目前，我校又组织编写完成了这本《东南亚国家税收制度》，以供财政、税收专业教学和研究使用，同时本书也为致力于了解东南亚国家税收制度的内容和发展趋势的相关部门、企业和个人提供参考借鉴。

《东南亚国家税收制度》以国家税务总局官网发布的"国别（地区）投资税收指南"中的东南亚国家税收制度为基础，并广泛收集和整理了东南亚国家官方网站上有关税制改革的资料和国内学者的大量研究成果，主要按国别及税类从税制要素的角度对东南亚各国税收制度的内容及其改革发展趋势进行较为全面的阐述。全书由杨向英担任主编，负责全书最后的统稿和全面修改；甘开鹏、赵仁平参与部分内容的修改；刘闻程编写了越南税收制度和老挝税收制度的初稿；朱双艳编写了柬埔寨税收制度和泰国税收制度的初稿；张琳编写了缅甸税收制度的初稿；桂子编写了马来西亚税收制度和新加坡税收制度的初稿；杨晶编写了印度尼西亚税收制度和菲律宾税收制度的初稿；郑琪编写了文莱税收制度和东帝汶税收制度的初稿。全书的内容虽经反复校对和查证，但不足甚至错误也在所难免，恳请读者批评指正。

最后，谨对本书的编写和付梓作出贡献与帮助的学者、领导和同行表示深深的谢意。

编　者
2024 年 7 月

目　录

越南的税收制度

第一节　越南的社会经济

一、越南简介①

越南，全称越南社会主义共和国（The Social Republic of Viet Nam）。它是亚洲的一个社会主义国家。位于中南半岛东部，地形狭长。北面与中国接壤，西面与老挝、柬埔寨交界。面积约 32.95 万平方公里，东面和南面临南海，海岸线长 3 260 多公里。越南是一个多民族国家，共有 54 个民族，京族（也称越族）为主要民族。人口 1.03 亿（2023 年），全国划分为 58 个省和 5 个直辖市。官方语言越南语，货币为越南盾。主要宗教佛教、天主教、和好教与高台教。首都河内（Ha Noi）是全国政治、文化中心，全国面积最大和人口第二大城市。此外，胡志明市是越南最大的港口城市和经济中心，人口居全国之首。

越南是传统农业国。耕地及林地占总面积的 60%。粮食作物包括稻米、玉米、马铃薯、番薯和木薯等，经济作物主要有咖啡、橡胶、胡椒、茶叶、花生、甘蔗等。2023 年越南农林渔业总产值占国内生产总值的比重为 8.84%，增长率为 3.83%。

---

① 中华人民共和国外交部. 越南国家概况［ED/OL］.（2024 – 04 – 01）［2024 – 07 – 01］. https：// www. mfa. gov. cn/web/gjhdq_676201/gj_676203/yz_676205/1206_677292/1206x0_677294/.

越南矿产资源丰富，种类多样。主要有煤、铁、钛、锰、铬、铝、锡、磷等，其中煤、铁、铝储量较大。有 6 845 种海洋生物，其中鱼类 2 000 种，蟹 300 种，贝类 300 种，虾类 75 种。森林面积约 1 000 万公顷。

旅游资源丰富，下龙湾等多处风景名胜被联合国教科文组织列为世界自然和文化遗产。近年来旅游业增长迅速，经济效益显著。2023 年接待国际游客逾 1 260 万人次，旅游总收入约 289 亿美元。主要旅游景点有：河内市的还剑湖、胡志明陵墓、文庙、巴亭广场；胡志明市的统一宫、芽龙港口、莲潭公园、古芝地道和广宁省的下龙湾等。

越南和世界上 150 多个国家和地区有贸易关系。近年来越南对外贸易保持高速增长，对拉动经济发展起到了重要作用。2023 年货物进出口总额 6 830 亿美元，同比下降 6.6%，其中出口额 3 555 亿美元，下降 4.4%，进出口额 3 275 亿美元，下降 8.9%。

越南主要贸易对象为中国、美国、欧盟、东盟、日本、韩国。主要出口商品有：原油、服装纺织品、水产品、鞋类、大米、木材、电子产品、咖啡。主要出口市场为欧盟、美国、东盟、日本、中国。主要进口商品有：汽车、机械设备及零件、成品油、钢材、纺织原料、电子产品和零件。主要进口市场为中国、东盟、韩国、日本、欧盟、美国。

二、越南的经济文化①

越南系发展中国家。1986 年开始施行革新开放。1996 年越南共产党（以下简称"越共"）八大提出要大力推进国家工业化、现代化。2001 年越共九大确定建立社会主义方向的市场经济体制，并确定了三大经济战略重点，即以工业化和现代化为中心，发展多种经济成分、发挥国有经济主导地位，建立市场经济的配套管理体制。2006 年越共十大提出发挥全民族力量，全面推进革新事业，使越南早日摆脱欠发达状况。2016 年越共十二大通过了《2016～2020 年经济社会发展战略》，提出 2016～2020 年经济年均增速达到 6.5%～7%，至 2020 年人均国内生产总值（GDP）增至 3 200～3 500 美元。2021 年越共十三大通过《2016—2020 年经济社会发展任务实施评估和 2021～2025 年经济社会发展方向、任务的报告》，提出 2021～2025 年经济年均增速达到 6.5%～7%，至 2025 年人均 GDP 增至 4 700～5 000 美元。

---

① 中华人民共和国商务部外贸发展事务局. 越南贸易指南：2023 年［ED/OL］.（2023 - 09 - 01）［2024 - 07 - 01］. https://www.tdb.org.cn/u/cms/www/202309/281537313pve.pdf.

越南是传统农业国，工业基础较薄弱，经济增长主要依靠投资拉动，且科技创新对其贡献不高。1986 年以来，越南实行内部经济体制改革和外联东盟、开放欧美日的举措，30 年来基本完成从传统经济向市场经济的转变，自 2002 年至 2021 年，越南人均 GDP 增长了 3.6 倍，贫困率从 2010 年的 14% 下降至 2020 年的 3.8%。根据世界经济论坛《2019 年全球竞争力报告》，越南竞争力在 140 个经济体中排在第 67 位，相比 2018 年上升 10 名。

农林渔业是越南国民经济的重点产业，2022 年前三季度农林渔业从业人口约占适龄劳动力人口的 27.52%，2022 年农业产值约占国内生产总值的 11.88%。越南粮食作物以水稻为主，经济作物主要有咖啡、橡胶、腰果、茶叶、大米、胡椒等。越南依赖茶、咖啡和橡胶等经济作物以进一步发展经济。

工业和建筑业是越南的支柱产业，2022 年前三季度工业和建筑业从业人口约占适龄劳动力人口的 33.47%，2022 年工业和建筑业生产总值占国内生产总值比重约 38.26%，其中轻工、原油、电力、煤炭、水泥所占比重较大。目前相对发达的有采矿、冶金、机器制造、建材、化工、燃料、纺织和食品等工业行业。越南工业集中分布在河内、胡志明、海防、下龙等城市。重工业主要集中在北方，北方拥有较丰富的有色金属矿藏、煤矿和水力资源。

服务业是越南的支柱产业之一，2022 年越南经济增长快于预期，疫情过后经济持续复苏，对服务业有强劲提振作用，2022 年前三季度服务业从业人口约占适龄劳动力人口的 39.01%，2022 年服务业生产总值占国内生产总值比重约为 41.33%，为三大产业之首。

越南在东南亚数字经济增长中处于领先地位。根据越南信息和通信部的数据显示，2022 年越南数字经济的收入同比增长超过 10%，达到 1 480 亿美元，是东南亚增速最快的国家。2021 年，越南第十四届国会表决通过了《关于 2021 – 2025 年 5 年经济社会发展规划的决议》，未来 5 年内加工制造业占 GDP 比重须达 25% 以上，数字经济占 GDP 的 20%。

第二节　越南税收制度概述[①]

越南从 20 世纪 80 年代末开始持续进行税收制度的调整与完善，经过 20 年左右的努力已经初步建立起相对完善的税收体系，并有力推动国民经济和社

---

① 裴春梅，刘金林. 越南税收制度［M］. 北京：中国财政经济出版社，2018：233 – 927.

会事业的发展，在经济体制转轨过程中发挥很大的作用。越南税收制度也在随着经济社会形势的变化不断地进行调整和改革，逐步优化。总的改革方向是精简税制，降低税负，规范管理，与市场经济国家接轨。

越南现行的税收法律法规设有以下税种：企业所得税、增值税、个人所得税、预提所得税、特别消费税、非农业用地使用税、营业牌照税、社会保障税、进出口税、环境保护税、资源税等税种。

外国投资企业和越南内资企业都采用统一的税收标准，对于不同领域的项目实施不同的税率和减免税期限。

越南2021~2030年①的税制改革战略有两个目标：一是完善和同步税收政策以实现社会经济发展目标；二是建立高效运行的现代精简税制体系。改革必须确保税收收入的稳定性、可持续性和透明度，同时建立适合国家一体化和发展进程的有竞争力的经济环境。

第三节 越南主要税种的征收制度②

一、企业所得税

企业所得税是指对越南境内的企业（包括居民企业及非居民企业）和其他取得收入的组织以其生产经营所得为课税对象所征收的一种税。近年来，越南政府努力推进税制改革，改善越南贸易环境，注重发挥企业所得税税收优惠在经济结构调整中的积极作用，更大程度地吸引投资，促进企业生产经营，推动越南经济社会发展。

（一）纳税义务人

1. 居民企业

居民企业，是指按照越南法律、法规在越南境内成立的企业。扣缴义务

---

① 国家税务总局国际税务司国别（地区）投资税收指南课题组. 中国居民赴越南投资税收指南 [EB/OL]. （2023 - 06 - 01）[2024 - 07 - 01]. https：//www.chinatax. gov. cn/chinatax//n810219/n810744/n1671176/n1671206/c2582500/5116193/files/263398ac3fbf4578af00421bfb71e8e4. pdf.

② 本节所引数据资料，除非特别说明，均来自国家税务总局国际税务司国别（地区）投资税收指南课题组. 中国居民赴越南投资税收指南 [EB/OL]. （2023 - 06 - 01）[2024 - 07 - 01]. https：//www. chinatax. gov. cn/chinatax//n810219/n810744/n1671176/n1671206/c2582500/5116193/files/263398ac3fbf4578af00421bfb71e8e4. pdf.

人，是指按照越南法律、行政法规规定负有代扣代缴、代收代缴税款义务的单位和个人。对于在越南无常设机构，但在越南取得收入的外国组织，支付其收入的越南组织、个人有责任按照相关法律规定代为扣缴税款。

居民企业应当就其来源于越南境内、境外的所得缴纳企业所得税。企业所得税根据企业利润课征。

2. 非居民企业

越南现行企业所得税法采用双重税收管辖权，即居民税收管辖权和来源地税收管辖权。

非居民企业在越南境内设立机构、场所的，应当就其所设机构、场所取得的来源于越南境内的所得，以及发生在越南境外但与其所设机构、场所有实际联系的所得，缴纳企业所得税。

在越南无常设机构的非居民企业应就发生在越南境内的应税收入缴纳企业所得税。

（二）课税对象

企业所得税的应税包括生产经营收入、提供劳务收入和其他收入。其中，其他收入包括资本与股权转让收入；项目转让收入；转让矿产资源的勘探、开采和加工权的收入；不动产转让收入；凭借资产所有权和使用权取得的收入，包括各种形式的版权（即特许权使用费）和知识产权收入、技术转让收入、各种形式的资产租赁收入；财产转让、租赁、清理的收入（包括各类有价字据）；存款利息、资金借贷、外汇交易的收入；收回已核销准备金；收回已核销坏账；无法识别债权人的应付债务；以前年度经营活动的遗漏收入；罚没收入；各种形式的补助收入；税法规定的其他收入。

（三）应纳税所得额的确定

1. 应税收入

收入范围企业每一纳税年度的应税收入等于营业收入扣除生产经营活动的开支，加上其他收入，包括越南境外的收入。

企业应税收入扣除免税收入和以前年度结转亏损后的余额为应纳税所得额。营业收入是指企业获取的全部货款、加工款、提供劳务收入、其他收入等。营业收入按越南盾计，若营业收入为外币，则须按发生外币收入时越南国家银行在外币市场上所公布的平均汇率换算成越南盾。

商品销售收入确认时点为向购买者转交商品所有权、使用权时；提供应税劳务服务收入确认时点为完成劳务或开具劳务发票时。

2. 免税收入

（1）从事农产品种植、畜牧和水产养殖、制盐的合作社取得的收入，在社会经济条件困难、特别困难的地区从事农业、林业、渔业和盐业生产的合作社取得的收入，在社会经济条件特别困难的地区从事农产品种植、畜牧和水产养殖、制盐的企业取得的收入（不包括企业、合作社从事农产品种植、畜牧和水产养殖领域的加工收入），海产捕捞收入。

（2）直接为农业提供技术服务取得的收入，包括从事灌溉和排水等服务取得的收入；耕地、犁地、疏通沟渠，防治作物和病虫害，农产品销售取得的收入。

（3）执行科学研究和科技发展合同、生产试验以及应用最先在越南投入使用的技术进行生产取得的收入。最长免税期为1年，自合同生效或于首次在越南应用的技术相关的产品或试验品开始销售之日起计。其中，科学研究和科技发展合同的免税所得必须满足以下条件：科研活动已注册认证；该类科学研究和技术发展合同经科技部认证。

（4）雇佣残障人士、戒毒人员和艾滋病感染者的企业（不包括从事金融和房地产业务的企业）从事商品生产和销售或提供劳务取得的收入，这部分人员至少占企业年均员工人数的30%，企业年均员工数至少为20人。同时，必须满足下列条件：一是对于雇用残障人士的企业（包括荣军和残疾士兵），需要有权威卫生机构对残障人士的人数进行认证；二是对于雇用戒毒人员的企业，需要戒毒机构或有关主管机构对戒毒完全程度进行认证；三是对于雇用艾滋病感染者的企业，需要有权威卫生机构对艾滋病感染者的人数进行认证。

（5）专门为少数民族人员、残障人士、极为弱势儿童、社会恶习人员提供职业培训的机构所取得的收入。如果该机构也为其他类型的人员提供职业培训，免税收入必须根据少数民族人员、残疾人、极为弱势儿童、社会恶习人员人数与学员总人数的比例来确定。

（6）境内企业接受实缴出资、所购股票、合资企业或从国内联营企业取得的可分配收入，且境内企业已就接受出资、发行股份、合资等事项缴纳企业所得税。

（7）在越南境内，接受并用于教育、科研、文化、艺术、慈善、人道主义和其他社会活动等方面的捐款。

（8）获得减排证书的企业首次转让核证减排量证书取得的收入，由环境主管机构认证出售或转让核证减排量证书。

（9）完成越南发展银行在发展投资和出口信贷等项目所取得的收入；社会政策性银行向贫困和其他政策性受益人提供贷款所取得的收入。一人有限责任公司管理越南信贷机构资产所取得的收入；完成国有财政资金分配任务的奖励收入；依法经营的非营利性基金取得的收入。

（10）特定类型收入：从事教育培训、医疗和其他社会活动的机构（包括司法考试办公室）根据相关法律留存的用于机构持续发展的不分配收入；合作社自身资产所形成的不分配的收入。

（11）向社会经济条件特别困难地区的组织或个人转让属于优先领域的技术所取得的收入。

3. 税前扣除

可税前扣除的项目：

（1）可在计税前扣除的成本费用包括与企业生产经营活动相关的实际费用。

（2）与职业教育、国防和社会安定有关的支出。

（3）价值在2 000万越南盾以上的购买商品、劳务支出，并开具发票，且支付凭证必须为非现金支付。

（4）员工福利性质的费用，如员工本人及其家属的丧（喜）事补贴、高温补贴、医疗互助金、基础培训过程中的学习互助金、用于发生天灾人祸情况时的员工家庭互助金。此类带有福利性质的支出总额不得超过员工本人实际月平均工资。

（5）企业设立和使用科技发展基金（Science and Technology Development Fund，STD 基金）可按年度用于抵扣应纳税所得额。企业可根据企业应纳税所得额的一定比例来设立 STD 基金，国有企业适用的比例为3%～10%，其他企业的适用比例不超过10%。如企业使用 STD 基金购置固定资产，则该固定资产需直接服务于企业生产经营活动，且其折旧费用不得计入税前扣除项目。

不可税前扣除的项目：

（1）与企业生产经营活动无关的费用，因天灾、疫病和不可抗力得不到赔偿所损失的价值除外。

（2）行政处罚、罚款、逾期付款利息、滞纳金。

（3）财务年度结束时对非应付账款的外币货币性余额做重估所发生的未实现外汇损失。

（4）外国企业分配到越南常设机构的经营管理费用超过越南法律所规定标准的开支。

（5）超过法律规定计提准备金标准的开支；针对政府债券、政府担保债券及地方债券计提的跌价准备。

（6）与股票发行、购买或出售直接相关的部分费用。

（7）未按法律规定计提的固定资产折旧。

（8）未按法律规定提前计提的费用。

（9）私人企业主的工资、薪金；支付给不直接参与企业生产经营活动的企业创始人的报酬；按法律规定应支付给劳动者但没有实际支付或无发票单据的工资、人工费、其他款项。

（10）支付给非信贷机构的利息利率不超过越南银行规定利率150%的部分允许税前扣除，但企业注册资本出资的贷款利息不可扣除。

（11）已扣除的增值税进项税、企业所得税等其他税费。

（12）与应税收入无关的各项支出。

（13）赞助款，按法律规定用于教育、医疗、灾后重建和为贫困户建造的房屋的赞助款除外。

（14）超过每人每月300万越南盾标准的，为员工计提缴纳的自愿退休基金及购买的自愿退休保险及人寿保险；为员工购买超过法律规定标准的带有社会安定性质的医疗保险基金和失业保险基金。

（15）保险公司、证券交易和彩票等，可扣除费用财政部另作规定。此外，以外币支付的费用，必须按相关规定换算成越南盾，否则相关费用不能在税前扣除。

4. 折旧方法及折旧率

从2004年1月1日起，税收折旧应与会计折旧区别对待。在计算企业所得税时，超过规定折旧率的部分不能税前扣除，对各类资产（包括无形资产）规定最长和最短使用年限。

一般采用直线折旧法计算，在特殊情况下也可采用加速折旧法和生产折旧法进行计算。直线折旧法：固定资产年平均折旧额＝固定资产原价÷折旧年限。各类资产的最高和最低允许使用期限具体如下：（1）无形资产（软件、版权、商标等）：2～20年；（2）酒店和商业建筑：25～50年；（3）其他建筑物：6～25年；（4）机械和设备：3～20年；（5）车辆：6～30年；（6）办公设备：3～10年。

长期土地使用权不计提折旧。商誉一般不可计提折旧，但可在3年内作为经营费用扣除。

在生产经营活动暂停期间，如因季节性停工且时间不超过9个月，企业可继续对固定资产计提折旧；如因维修、保养或搬迁而停工且时间不超过12个月，企业可继续对固定资产计提折旧。

加速折旧法：固定资产年折旧额＝固定资产余额×加速折旧率；加速折旧率＝采用直线法折旧率×调整系数（见表1-1）；采用直线法折旧率＝1÷固

定资产折旧时间×100%。

表 1 − 1 　　　　　　　　　　　　　调整系数

固定资产折旧时间（年）	调整系数
4	1.5
4 ~ 6	2.0
大于 6	2.5

5. 亏损弥补

（1）纳税期内产生的损失为不包括以前年度所结转损失的应纳税所得额的负数差额。

（2）企业亏损可结转至下一年的应纳税所得额中（应纳税所得额不包括免税所得），亏损最长可结转 5 年，从亏损产生的下一年起计。

（3）享有税收优惠政策的生产经营活动所产生的亏损，可以抵减无税收优惠政策的生产经营活动所产生的利润。转让房地产、投资项目、投资项目特许经营权（矿产开采与勘探项目除外）所产生的亏损，可以与其他经营活动的利润相抵减。

（4）其他纳税申报和税款缴纳方面，企业在其登记注册地纳税。如企业在其登记注册地外的其他省、直辖市有附属生产活动核算机构的，则税款按生产机构和其登记注册地的费用比例来计缴。

（四）税率

越南公司所得税采取按行业设计税率，实行区别对待，即将企业划分为一般企业和从事能源勘探及贵重自然资源的企业。

自 2016 年 1 月 1 日起，越南的企业所得税的基本税率为 20%。

根据 2022 年 11 月 14 日发布的《石油和天然气法》（第 12/2022/QH15 号）的规定，自 2023 年 7 月 1 日起，在越南境内从事油气活动的企业所得税税率为 25% ~ 50%；而其他贵重稀有资源的勘测、勘探、开采活动的企业所得税为 32% ~ 50%。

对于珍贵矿山和稀有自然资源，若其有 70% 及以上的面积位于社会经济条件特别困难地区的，适用企业所得税税率为 40%。勘测、勘探、开采其他稀有资源（包括铂金、黄金、银、锡、钨、锑、宝石和稀土）的，适用企业所得税税率为 50%。

（五）税收优惠

1. 税率优惠

在指定部门和地区拥有项目的投资者有权享受优惠税率，具体取决于是否满足相关标准，具体标准规定如下：

（1）以下收入适用15%税率：在非经济条件困难或特别困难地区的农业和水产养殖领域从事种植业、畜牧业和加工业所取得的收入。

（2）15年内适用10%优惠税率：

①企业在指定的社会经济条件特别困难地区、经济区和高新技术区实施新投资项目所取得的收入。

②企业在以下领域实施新投资项目取得的收入：科学研究和科技发展、应用《高新技术法》所列优先投资的高新技术；培育高新技术企业；为发展《高新技术法》所列优先投资的高新技术而进行的风险投资。

③企业从以下环保领域的投资项目中取得的收入，包括生产环境污染处理设备、环境观测和分析设备；环境污染治理和保护；废水、废气和固体废物的收集和处理；废物的再生、再利用。

（3）以下收入适用10%税率：

①企业从事社会化教育与培训、职业培训、卫生保健、文化、体育和环保活动以及司法鉴定的所得（以下简称"社会化领域"）。

②出版社根据《出版法》的规定从事出版活动的所得。

③印刷厂根据《出版法》的规定从事报纸印刷（包括印刷报纸上的广告）中所取得的收入。

④企业经营的社会住房投资项目取得的收入，该项目针对住房法中的指定对象进行住房销售、租赁和租购。

⑤企业从事农林种植、培植和保护；在社会经济条件困难地区从事农业栽培、林木种植和农产品、水产养殖；动植物品种的生产、繁殖和杂交；盐业生产、开发和提炼；投资农产品、水产品和食品保鲜所取得的收入。

⑥非社会经济条件困难或特别困难地区的合作社从事农业、林业、渔业或盐业生产所取得的收入。

2. 免税减税

（1）四年内免征九年内减半征收（以下简称"四免九减半"）优惠政策：

①企业实施的适用于"15年10%优惠税率"所对应的新投资项目所取得的收入。

②企业从位于社会经济条件特别困难地区，并属于社会化领域的投资项目

中所取得的收入。

（2）四年内免征五年内减半征收（以下简称"四免五减半"）优惠政策：企业在非社会经济条件困难或特别困难地区投资的社会化领域项目所取得的收入。

（3）两年内免征四年内减半征收（以下简称"两免四减半"）优惠政策：

①企业实施的适用于"10年17%优惠税率"所对应的新投资项目所取得的收入。

②企业位于工业区（除位于社会经济条件便利地区的工业区外）的投资项目取得的收入。

③企业从位于社会经济条件困难地区，并属于社会化领域的投资项目中所取得的收入。

（六）应纳税额的计算

每一纳税年度的收入总额，减除不征税收入、免税收入、各项扣除以及允许弥补的以前年度亏损后的余额，为应纳税所得额。

企业的应纳税所得额乘以适用税率，减除依照税收优惠的规定减免和抵免的税额后的余额，为应纳税额。如企业已经在越南境外缴纳所得税，则允许扣除已缴纳的所得税部分，但最高不得超过应纳企业所得税税额。企业所得税应税利润，为企业在计税年度中，企业收入总额与支出总额之差额，加上企业其他业务所得的利润后，扣除可弥补的以前年度亏损额。

外资企业可将经税务机关确认为慈善、人道等目的，向越南组织与个人提供捐助的合理开支，一并计入其总支出。经营过程中，外资企业在向税务机关应税决算后，出现亏损的，可将其亏损额结转入下一年度，该亏损额可从应税收入中扣除，亏损结转期不超过5年。

转让不动产所得应单独确认以便于纳税申报。

【例题】某越南居民企业位于非经济条件困难地区，主营业务为农产品加工，2023年度加工大米取得利润100亿越南盾，加工小麦取得利润200亿越南盾，2022年度亏损20亿越南盾，其他未调整项目有：税收滞纳金2亿越南盾，赞助支出6亿越南盾，环保罚款3亿越南盾，用于职工高温补贴独立支出3亿越南盾。计算该企业本年度应缴纳的企业所得税税额。

【解析】

2023年度应纳税所得额 = (100 + 200 - 20 - 3) × 15% = 41.55（亿越南盾）

2023年度应纳税额 = 277 × 15% = 41.55（亿越南盾）

越南的税收优惠——在非经济条件困难地区加工业所取得的收入适用于15%的税率。

二、个人所得税

越南个人所得税是对纳税义务人取得的经常性所得和非经常性所得征收的一种直接税。

（一）纳税人

1. 居民纳税人

居民纳税人是指满足下列其中一个条件的个人：在一个年度内或从到达越南的第一天起计算的连续 12 个月内在越南居住 183 天或超过 183 天的个人；在越南拥有一个习惯性居所（经常性住所），可以在越南有一个登记的永久住所，或者一个期限超过 183 天的租赁合同所明确的用于居住的出租房。越南居民纳税人就其全球收入纳税。

2. 非居民纳税义务人

非居民纳税义务人是指不满足上述居民纳税人判定标准条款所列的任一条件的个人。一般有两种情况：一是在越南没有住所又不居住的个人；二是虽然在越南居住但是没有达到相应的标准，即在到达越南 12 个月内居住时间少于 183 天。非居民纳税义务人负有有限的纳税义务，仅就其来源于越南的各种收入纳税。

（二）课税对象

越南实行分类与综合相结合的个人所得税制，应税所得包括经常所得和非经常所得。经常所得如工资薪金、奖金、提供劳务所得等，非经常所得如科技转让所得、中奖所得等。

（三）应纳税所得额的确认

1. 应税所得

（1）经营活动所得，包括商品生产或者贸易、提供服务所得，依照法律取得个体经营许可证的独立自由职业者取得的收入。

（2）工资薪金所得，包括：

①工资、薪金和类似的收入；

②津贴，但不包括：按照规定付给有功服役人员的优惠待遇、国防或者安全津贴、危险行业津贴、法律规定的特定部门或地区吸引劳动者的津贴、意外

困难津贴、因职业病或劳动事故发给的津贴、一次性支付的生育及收养小孩的津贴、丧失劳动能力津贴、一次性支付的退休津贴、按月发放的抚恤金、辞退津贴、劳动法规定的失业津贴。

③各种形式的报酬。

（3）资本投资所得，包括利息、股息和其他形式的资本投资所得，政府公债利息除外。

（4）资产转让所得，包括在经济组织中财产的转让所得、有价证券转让所得和其他形式的资产转让所得。

（5）不动产转让所得，包括土地使用权和地上附着物转让所得、住房所有权或使用权转让所得、土地或水面租赁权的转让所得和从房地产不动产转让中取得的其他所得。

（6）中奖所得，包括彩票中奖、促销中奖、博彩或娱乐中奖、有奖游戏和竞赛中取得的其他奖金所得。

（7）特许权使用费所得，包括知识产权的分配许可取得的所得、技术转让所得。

（8）遗产所得，包括个人继承来自经济组织或商业公司的有价证券、资本股份、房地产不动产和其他资产所有权等方面的所得。

2. 不征税所得

（1）高危补贴、地区补贴、给予生活条件特别艰苦的远岛或边境地区居民的补贴、人才引进补贴等。

（2）技术改进、技术发明的奖金，国家、国际级的奖励，获得国家授予的称号时取得的奖金，从国家财政获得的其他奖金或待遇。

（3）国家法律规定的社会补助、保险赔偿、辞退补助、调动补助。

（4）应缴纳企业所得税的个体户业主的收入。

（5）依法从工资、薪金中缴纳的社会保险、医疗保险费用。

3. 免税所得

（1）唯一住房的土地使用权、住房产权、土地附着物转让所得。

（2）配偶之间、父母与子女、养父母与养子女、岳父母与女婿、公婆与儿媳妇、祖父母与孙子女或者同胞兄弟姐妹之间的遗产或赠与收入。

（3）家庭和个人直接从农业或林业生产、食盐制造、水产业、渔业、未加工的水生资源贸易中取得的收入。

（4）从信贷机构取得的存款利息收入或者从人寿保险公司取得的利息收入。

（5）国外汇款收入。

（6）按照法律规定从事夜班或加班工作取得的超过日班及规定时间工资的收入。

（7）社会保险支付的退休金。

（8）保险公司给付的赔款；工伤事故赔偿；国家给予的赔偿和其他依法支付的赔偿。

4. 税前扣除

（1）在计算经营所得的应税收入时，与取得经营所得实际相关的合理开支允许扣除。

（2）在计算证券转让所得的应税收入时，证券的购买原价及与取得证券转让所得实际相关的支出允许扣除。

（3）在计算不动产转让所得的应税收入时，不动产的购买原价与相关费用允许扣除。

（4）基于家庭情况的扣除：对纳税人的扣除额为每月1 100万越南盾（每年13 200万越南盾）；对于负有抚养义务的纳税人，扣除额为每人每月440万越南盾。

（5）基于慈善或人道主义目的捐赠的扣除：可以从居民纳税人的经营、工资薪金税前收入中扣除向专门的儿童保育、残疾福利、孤寡老人提供帮助的机构和组织提供的捐赠，向慈善基金、人道主义基金或者学习促进基金提供的捐赠。

（6）基于个人强制缴纳灾难防护金的税前扣除：企业职工强制缴纳的灾难防护金可在个人所得税税前扣除。

（四）税率

居民经营所得、工资薪金所得适用下列超额累进税率（见表1-2）。

表1-2　　　　　　　　　　个人所得税超额累进税率

级次	每年应税收入（百万越南盾）	每月应税收入（百万越南盾）	税率（%）
1	60以下	5以下	5
2	60～120	5～10	10
3	120～216	10～18	15
4	216～384	18～32	20
5	384～624	32～52	25

级次	每年应税收入（百万越南盾）	每月应税收入（百万越南盾）	税率（%）
6	624～960	52～80	30
7	超过960	超过80	35

居民资本投资所得、资产转让所得、不动产转让所得、中奖所得、版权所得、商业特许权所得、遗产或赠与所得适用下列税率（见表1-3）。

表1-3　　　　　　　　　　个人所得税税率

应税收入	税率（%）
经营所得	0.5～5（基于收入类型）
特许权使用费所得	5
中奖所得	10
遗产、赠与所得	10
资本转让	净收益的20
有价证券转让所得	转让收入的0.1
版权所得	5
不动产转让所得	转让收入的2
利息（不包括银行利息）或股息	5

（五）税收优惠

根据政策规定，以下情况可减征个人所得税：若纳税义务人的生活遭受天灾、祸患影响，经核实可减征所得税，但减征额不得超过应纳税额。具体细则由财政部制定。

（六）应纳税额的计算

应纳个人所得税额＝应纳税所得额×适用税率

【例题】越南居民纳税义务人甲某2023年度从其任职单位甲公司取得工资100千万越南盾，买彩票中奖300亿越南盾，从上市公司取得红利10亿越南盾，存款利息收入1亿越南盾，不考虑家庭情况因素。计算纳税义务人甲某2023年度应缴纳的个人所得税税额。

【解析】

应纳个人所得税额＝6×5%＋4×10%＋300×10%＋10×5%＝41（亿越南盾）。

三、增值税

（一）纳税人

越南《增值税法》规定，在越南境内生产、提供应税商品、服务以及进口应税商品的单位和个人为增值税（value added tax）的纳税人。

增值税纳税人范围具体如下：

（1）依据《企业法》《合作社法》和其他商法设立和登记的企业。

（2）国家政治组织、社会组织、军队、公共服务组织和其他组织。

（3）依据《投资法》设立并有外方参与合作经营的外资企业；在越南境内开展经营活动但未设立法人机构的外国组织和个人（以下简称"外国实体"）。

（4）个人、家庭以及其他存在生产经营活动及进口行为的。

（5）在越南境内从事生产经营的组织、个人向在越南无常设机构的境外机构或者不在越南居住的外国人购买服务（包括随同货物购买的服务），则购买方为纳税人。购买后述免税服务除外：车辆、机械设备的维修（包括物资和零部件）；促销；代理销售输出到国外的商品和服务；向国外提供培训；国际邮政和电信服务；对外卫星传输和频段的租赁。

（6）根据工业园区、出口加工区和经济区法律的规定，在越南从事货物贸易或者与货物贸易相关的出口加工公司的分支机构。

（二）课税对象

增值税是对货物生产、消费的分配或服务提供的过程的增值额征收的税。但下列货物和服务不属于增值税的征税范围：

（1）种植业、养殖业、水产业生产的各种未经加工的动植物产品，或由个人、组织自行生产、捕捞出售及在进口环节进口的上述初级产品。

（2）动植物种苗，包括育种的蛋、幼雏、幼苗、种子、精子和胚胎等遗传材料。

（3）农业生产资料，包括灌溉和排水、土壤犁耙、农业生产中的沟渠疏浚、农产品收割服务；化肥；牛、家禽和其他牲畜的饲料。

（4）海水、天然盐、盐及盐制品。

（5）由国家（政府）出售给租户的国有住房。

（6）土地使用权流转。

（7）人寿保险、学生保险、家畜保险、植物保险和再保险。

（8）信贷服务、证券交易、投资基金、金融租赁、资本转移、金融衍生服务（包括利率掉期合约、远期合约、期货合约、期权交易、外汇出售及法律规定的其他金融服务）。

（9）人身保健和动物保健服务，包括人和家畜的医疗检查、预防和治疗服务，高龄老人、残疾人的护理服务。

（10）政府提供的公共邮政、电信和互联网服务。

（11）街道和居民区的卫生和排水等公共服务；动物园、花园和公园的维护管理；街道绿化、公共照明服务；殡葬服务。

（12）使用社会捐赠或人道主义援助资金，用于涉及社会福利的文化、艺术、公共服务、基础设施和住房的改造、维修和建设服务。

（13）法律规定的教育和职业培训。

（14）国家财政资助的无线电广播和电视广播。

（15）出版、进口和发行的图书、报纸、期刊、公告、政治书籍、教科书、教学材料、法律书籍、科技书籍，采用少数民族语言宣传发行的明信片、照片和海报，以及音频、视频、磁带、光盘和电子数据，纸币印刷。

（16）包括公共汽车和电车轨道在内的公共交通运输。

（17）进口国内不能直接生产的机器、设备和物资，或相关领域科学研究和技术研发的开支；进口国内不能直接生产的用于石油和天然气领域的机械设备、配件和相关的物资运输专用工具；进口或租赁国内不能直接生产的飞机、钻井平台和船舶，为开展相关领域的生产和经营活动而雇用外国专家的相关费用。

（18）用于农业生产的专用机械和设备。

（19）国防武器和弹药。

（20）向越南提供的人道主义援助或援助物品；赠与国家机构、国家政治组织、社会组织、社会政治相关专业组织、社会相关专业组织或人民武装部队的物品；在政府规定的限额内，捐赠给个人的物品；享受外交豁免权的外国组织或个人的财物；免税的个人财物；向外国组织、个人或国际机构提供的人道主义援助及越南获得的无须偿还的援助资金。

（三）计税依据

增值税的计税依据为销售货物、提供服务及进口货物的价格。

具体规定如下：

（1）销售货物和提供服务，其计税依据为不含增值税价款。

（2）进口货物的计税依据为到岸价格加关税。

（3）货物和服务用于交换、赠与、内部消耗，计税依据是同一时期产品的不含税售价。

（4）以分期付款形式销售货物，以不包括税金和分期付款利息的一次付清货款为计税收入，不考虑每次分期付款。

（5）货物加工，应税价格为不含税的加工价格。加工价格包括劳动力的费用、燃料能源、辅助材料费用和其他价格费用支出。

（6）房地产经营，计税价格为减去应征土地使用权转让税的土地价格。

（7）从事货物销售和购买、委托服务的代理和经济活动，计税依据为不含税的佣金。

（8）货物和服务的计税价格包括一切价外费用。

（四）税率

增值税税率分为零税率、5%、10%（基本税率，自 2023 年 7 月 1 日至 2023 年 12 月 31 日止增值税税率降低 2%，即执行 8% 税率），零税率适用于出口商品，5% 的税率适用农业、医药、卫生教学、科学技术服务等，10% 的税率适用于石化、电子、化工机械制造、建筑、运输等。具体适用如下：

1. 基本税率

越南增值税的基本税率为 10%。自 2023 年 7 月 1 日至 2023 年 12 月 31 日，根据越南第 44/2023/ND－CP 号减免税决议，对目前适用 10% 税率的商品和服务减免增值税。

2. 零税率

（1）适用于出口货物、劳务（适用零税率的出口劳务须满足仅在境外消费的条件）；

（2）出口加工企业的建筑、安装工程；

（3）国际运输；

（4）出口时不需要缴纳增值税的货物、劳务。

3. 5% 税率

（1）用于日常生产和生活的清洁用水；

（2）肥料、化肥生产原料、杀虫剂、农药和动植物生长激素；

（3）养殖牲口、家禽及其他家畜的饲料；

（4）挖掘、筑堤；疏浚用于农业灌溉的运河、沟渠、池塘和湖泊；农作物种植、管理和病虫害防治；农产品初加工和保鲜；

（5）未加工的农产品、畜产品和渔产品，非应税项目除外；

（6）初加工的胶乳、松节油；制作捕鱼用的网、绳子和纤维；

（7）生鲜食品；未经加工的木制品，除木材、竹笋和非应税产品外；

（8）糖及其生产过程中产出的副产物，包括糖浆、甘蔗渣和污泥；

（9）用黄麻、竹、叶、草制品、椰子壳、贝壳、凤眼莲等农业原料制成的工艺品，初步加工处理过的棉花，用上述材料生产或加工的各种农产品；

（10）用于特殊农业生产的机械设备，包括耕机、耙地机、插秧机、播种机、水稻收获机、采摘机、联合收割机、农产品收割、杀虫剂、农药泵和喷雾器；

（11）专用的医疗设备和仪器；

（12）用于教学和学习的工具，包括模型、数字板、粉笔、尺子、圆规等，以及专门用于科学实验活动的设备；

（13）公共文化、展览、体育锻炼和体育活动，艺术表演，电影制作，电影进口、发行和放映；

（14）各类儿童玩具和图书，但免征增值税项目除外；

（15）应用于科学、技术领域的科学、技术服务。

（五）税收优惠

1. 免税项目

（1）组织或个人收到的货币补偿（包括主管机关撤回土地和财产的补偿）、奖金、津贴、转让排放许可证收入或其他收入；纳税义务人获得上述收入必须开具收据，并在收据上按用途列明收入项目。如果获得的赔偿是以货物或服务的形式，赔偿人必须开具发票，并申报和缴纳增值税。如果受偿人将货物或服务出售，受偿人应按规定向税务部门申报扣税。

（2）组织或个人向在越南无常设机构的组织或居住海外的越南人购买的服务，包括：车辆、机械设备的维修（包括物资和零部件）；广告营销；促销；代理销售输出到国外的商品和服务；向国外提供培训、国际邮政和电信服务；对外卫星传输和频段的租赁。

（3）非企业组织和个人对外出售资产。

（4）开展转让投资项目的制造业企业或销售增值税应税货物和服务给其他企业和合作社的。

2. 退税

（1）已按照抵扣法登记计算缴纳增值税的经营机构有新的投资项目，在投资阶段有购进的用于投资的货物、劳务的增值税进项税额而未能抵扣且剩余税额在3亿越南盾以上的，可以退还增值税。

（2）经营机构在月度、季度内出口的货物、劳务（包括进口货物再出口至非关税区、进口货物再出口至国外）有未能抵扣的增值税进项税额达到3亿越南盾的，可以按照月度、季度退还增值税。

（3）货物、劳务既有出口又有内销的，出口货物、劳务的增值税进项税额未抵扣达3亿越南盾以上的，可以退税。

（六）应纳税额的计算

1. 抵扣法

应纳增值税额 = 增值税销项税额 - 可抵扣的增值税进项税额

（1）增值税销项税额是指增值税发票注明的销售货物和提供应税服务的增值税额。

（2）增值税进项税额是指增值税发票注明的购进货物、应税服务及海关进口增值税专用缴款书注明的增值税额。

抵扣法适用于严格遵守会计法规，并已根据税收抵扣方法向税务机关注册缴纳增值税的纳税义务人。

【例题】越南居民企业A公司2023年4月5日销售化肥取得含税收入105万越南盾，销售未加工的农产品取得含税收入300万越南盾，出口精加工农产品取得含税收入800万越南盾，同时4月取得可抵扣的增值税进项税额2万越南盾。计算A公司2023年4月应缴纳的增值税额。

【解析】

A公司4月需要缴纳的增值税

= 增值税销项税额 - 可抵扣的增值税进项税额

= 含税销售额 ÷（1 + 税率）× 税率 - 可抵扣的增值税进项税额

=（105 + 300）÷ 1.05 × 0.05 - 2 = 17.29（万越南盾）

越南的税收优惠——在越南销售肥料、未加工的农产品适用5%税率；出口符合条件的货物适用0税率。

2. 直接法

（1）对于金、银、宝石交易活动：应纳增值税额 = 金、银、宝石的增值额 × 增值税税率。

（2）金、银、宝石的增值额 = 金、银、宝石的销售额 - 购进金、银、宝石的价款。

【例题】越南非居民企业A公司2023年4月5日购入价值500万越南盾的黄金，4月11日卖给了B公司取得收入600万越南盾。计算该公司2023年4月应缴纳的增值税税额。

【解析】

A 公司 4 月需要缴纳的增值税

＝（金、银、宝石的销售额 － 购进金、银、宝石的价款）× 增值税税率

＝（600 － 500）× 10% ＝ 10（万越南盾）

（3）对于其他情况：应纳增值税额 ＝ 销售收入 × 比例税率（%），具体征收比例税率如下：

①提供劳务：商店、餐厅和赌场管理服务为 5%；销售机器和设备并同时提供应税劳务为 3%；

②不承包原材料的劳务、建筑服务：5%；

③与货物、建筑相关并承包原材料的生产、运输和劳务服务：3%；

④机器和设备的租赁：5%；

⑤运输和制造：2%；

⑥其他经营活动：2%。

四、特别消费税

（一）纳税义务人

从事消费品生产、进口以及经营特别消费税应税劳务的组织及个人。若从事出口活动的组织、个人购买用于出口但未出口且在国内消费的应税消费品，则从事出口活动的组织、个人为特别消费税纳税人。

（二）课税对象

1. 商品

（1）卷烟、雪茄及其他烟草制成品。

（2）酒；啤酒；24 座以下汽车，包括两座以上的客运货运两用汽车。

（3）两轮摩托车、气缸容量为 125 立方厘米（cm^3）以上的三轮摩托车。

（4）飞机、游艇；各类成品油。

（5）功率为 90 000BTU（英国热量单位）以下的空调。

（6）纸牌、祭祀用品。

2. 劳务

（1）经营舞厅；经营按摩、推拿、卡拉 OK。

（2）经营赌场、赌机；经营博彩业务。

（3）经营打高尔夫球业务，包括销售会员卡、球票。

（4）经营彩票。

3. 以下情况不属于征税范围

（1）由企业生产、加工直接出口或销售的及委托其他经营机构代为出口的货物。

（2）符合以下情形的消费品：人道主义救援物品；无偿援助品；赠与国家机关、国家政治组织、人民武装单位的礼品；在政府规定标准范围内赠与在越南境内个人的礼品；过境运输或借道越南口岸、边境运输的货物、符合政府规定的转口货物；在有关法律规定的时限内无须缴纳进口税、出口税的暂进口再出口、暂出口再进口货物；符合外交豁免权标准规定的外国组织、个人的用品；在免税行李标准范围内的个人随身携带物品；符合法律规定的用于免税出售的进口货物。

（3）用于经营货物、旅客及游客运输的飞机、游艇；用于安保、国防的飞机。

（4）救护车；押解车；殡仪车；包括座位、站位在内的核载人数达 24 人以上的汽车；在游乐场、体育园等区域内的专用汽车。

（5）从国外进口至非关税区的货物；从内陆地区出售至非关税区且只在非关税区使用的货物；在各个非关税区之间买卖的货物，除 24 座以下载客汽车外。

（三）计税依据

特别消费税计税价格为销售货物及提供服务的价格具体规定如下：

（1）国内生产的货物，销售价格不含特别消费税税金和增值税税金。

（2）进口货物的计税价格为到岸价格加进口关税。如进口货物享受关税免除和减免时，计税价格不包括进口关税免除和减免的那部分。

（3）加工货物，销售价格不包括特别消费税税金和增值税税金。

（4）以分期付款销售货物时一次性付清货款的金额不包括分期付款所需要的利息。如果生产厂家或者商业机构通过分支机构、商店、附属机构或代理商销售货物，计算特别消费税的价格要按市价计算。

（5）提供的服务的价格也不包含特别消费税和增值税税金。

（6）在用于内部交易或内部消费，或者作为礼物或奖励物和服务的情况下，其计税价格同以上规定。

（7）如果取得外汇收入，要根据取得收入时的外汇汇率转换为越南盾。

（四）税率

特别消费税税目税率如表 1 -4 所示。

表1-4 　　　　　　　　　　　特别消费税税目税率

序号	商品、服务	税率（％）
一	商品	
1	雪茄、卷烟	75
2	酒	
	（1）酒精浓度为20度以上	65
	（2）酒精浓度为20度以下	35
3	啤酒	65
4	碳酸饮料	10
5	24座以下汽车	
	（1）载客量为9座以下的汽车，除本条规定的第（5）、第（6）、第（7）条外	
	气缸容量为1 500立方厘米以下	35
	气缸容量为1 500～2 000立方厘米	40
	气缸容量为2 000～2 500立方厘米	60
	气缸容量为2 500～3 000立方厘米	60
	气缸容量为3 000～4 000立方厘米	90
	气缸容量为4 000～5 000立方厘米	110
	气缸容量为5 000～6 000立方厘米	130
	气缸容量为6 000立方厘米以上	150
	（2）载客量为10至16座的汽车，除本条规定的第（5）、第（6）、第（7）条外	15
	（3）载客量为16至24座的汽车，除本条规定的第（5）、第（6）、第（7）条外	10
	（4）客运货运两用的汽车，除本条规定的第（5）、第（6）、第（7）条外	同等排量汽车特别消费税税率的60%
	气缸容量为2 500立方厘米以下	15
	气缸容量为2 500～3 000立方厘米	20
	气缸容量为3 000立方厘米以上	25
	（5）混合动力汽车，其中汽油使用比重不超过能源使用数的70%	等于本条第（1）、第（2）、第（3）点和第（4）点规定适用税率的70%
	（6）生物燃料汽车	等于本条第（1）、第（2）、第（3）点和第（4）点规定适用税率的50%

续表

序号	商品、服务	税率（%）
5	（7）电力能源汽车	
	电池驱动的电动汽车	
	载客量为 9 座以下的电力能源汽车	
	2022 年 3 月 1 日至 2027 年 2 月 28 日	3
	2027 年 3 月 1 日起	11
	载客量为 10 至 16 座的电力能源汽车	
	2022 年 3 月 1 日至 2027 年 2 月 28 日	2
	2027 年 3 月 1 日起	7
	载客量为 16 至 24 座的电力能源汽车	
	2022 年 3 月 1 日至 2027 年 2 月 28 日	1
	2027 年 3 月 1 日起	4
	客运货运两用电力能源汽车	
	2022 年 3 月 1 日至 2027 年 2 月 28 日	2
	2027 年 3 月 1 日起	7
	其他电力能源汽车	
	载客量为 9 座以下的汽车	15
	载客量为 10 至 16 座的汽车	10
	载客量为 16 至 24 座的汽车	5
	客运货运两用汽车的汽车	10
	（8）野营车不计气缸容量大小	
	2016 年 7 月 1 日至 2017 年 12 月 31 日	70
	2018 年 1 月 1 日起	75
6	两轮摩托车、气缸容量为 125cm³ 以上的三轮摩托车	20
7	飞机	30
8	游艇	
9	各类成品油	
	（1）汽油	10
	（2）E5 汽油	8
	（3）E10 汽油	7
10	功率为 90 000BTU 以下的空调	10
11	纸牌	40
12	冥器	70

序号	商品、服务	税率（%）
二	劳务	
1	经营歌舞厅	40
2	经营推拿按摩、卡拉 OK	30
3	经营赌场、赌机	35
4	经营博彩业务	30
5	经营高尔夫业务	20
6	经营彩票	15

（五）税收优惠

1. 税前扣除

纳税人用已缴纳特别消费税的原料生产特别消费税应税消费品的，若具备合法票据，则在生产环节确定应纳特别消费税税额时就原料部分允许税前扣除。

2. 减税

纳税人生产特别消费税应税商品的，若因遭遇天灾或不测陷入困境的可以减税；减免额在遭遇天灾或不测产生的实际损失的基础上确定，但不得超过发生损失当年应纳税额的30%且不得超过被损失财产的后期赔偿价值（若有）。

3. 退税

特别消费税纳税义务人以下情形可退税：

（1）暂进口再出口货物；

（2）以出口为目的而生产、加工的进口原料；

（3）在进行合并、分立、解体、破产、转变所有权、转变经营及停止经营决算时有剩余已纳税金；

（4）权力机关按照法律规定产生退税决定、按照国际条约且越南为成员国的特别消费税退税。

以上第（1）点和第（2）点的退税规定仅针对实际出口货物。

（六）应纳税额的计算

特别消费税应纳税额 = 完税价格 × 税率

生产、经营单位使用外汇进行商品、劳务交易的，应按照交易发生时越南国家银行公布的汇价，折合越南盾计算，确定特别消费税计税价格。

【例题】某酒厂购入一批酒精浓度 20 度以下的小麦酒完税价格 20 万越南盾，酒厂通过酿酒工序将其精加工成啤酒，每瓶完税价格为 8 000 越南盾，当月共销售啤酒 50 瓶，不考虑其他因素。计算该酒厂当月应缴纳的特别消费税税额。

【解析】

应纳特别消费税税额 $= 0.8 \times 50 \times 65\% - 20 \times 35\% = 19$（万越南盾）

越南税收优惠—纳税义务人用已缴纳特别消费税的原料生产特别消费税应税消费品的，若具备合法票据，则在生产环节确定应纳特别消费税税额时就原料部分允许税前扣除。

五、关税

（一）纳税义务人

关税的纳税义务人为课税对象所属的组织和个人。

（二）课税对象

关税的课税对象为允许通过越南加工口岸、边境进出口的货物，包括从国内市场运入出口加工区和出口加工区运到国内市场的货物。

（三）计税依据

关税的计税依据包括三项：进出口货物申报表中登记的每一种货物的数量；计税价格；计税的定价基础，即出口货物按合同发货口岸的价格计算，进口货物按合同到货口岸的价格计算，包括运输费和保险费。

（四）税率

1. 普通税率：适用于原产于未给予越南最惠国待遇的国家或未给予越南进口税特别优惠待遇的国家、地区的进口货物，其税率通常比最惠国税率高约 50%；

2. 优惠税率：主要适用于原产于在贸易关系中给予越南最惠国待遇的国家、地区的进口货物。

3. 特惠税率：包括东盟共同有效优惠关税、美—越贸易协定优惠关税、中国—东盟自由贸易区优惠税率等，主要适用于与越南签署双边或区域性贸易协定的国家和地区的进口商品。

需要注意的是，具体的进出口税率可能会根据越南政府的出口政策和口岸的不同以及货物的具体信息进行调整。

（五）税收优惠

1. 免税

根据《进出口税法》的规定，为实施鼓励投资项目所进口的设备、机械，符合科技部规定的技术生产线专用运输工具，专用于接送工人的运输工具，用于制造技术生产线设备、机器的原料及物资，用于制造零配件和模型的原料及物资，用于安装设备的零配件和越南国内无法生产的建筑物资，免征进口关税。

进口关税减免对象包括：（1）构成受鼓励性投资固定资产的机器设备、专用交通工具和建筑材料（无法在越南生产）；（2）用于油气活动的进口机械设备、专用交通工具、材料（无法在越南生产）及办公设备；（3）用于生产出口商品之原料、物品和配件；（4）用于加工出口商品之原料、物品和配件；（5）在自由贸易区中已制造、加工、回收、装配而未使用进口原料或配件的商品进口至当地市场；（6）未能在本地生产以及受鼓励的专案生产而进口的原料、物品和配件；（7）以保固、维修及更换为目的暂时进口或出口的商品。

2. 退税

以下情况可以获得进口关税退税，其中包括：（1）已缴纳进口关税，但实际上未进口的货物；（2）未使用且必须再出口的进口货物；（3）为生产国内市场产品而进口，但之后用于加工出口货物（根据与外国相关方签订的加工契约）的进口原材料。

六、非农业用地使用税

（一）纳税人

根据越南《非农业用地使用税》和《非农业用地使用税法指导意见》，非农业用地使用税（tax on non-agricultural land）的纳税义务人是使用非农业生产和经营用地的组织和个人。若组织或个人尚未获得土地使用权、房屋及其他附属资产的土地使用权证书，则目前的土地使用者为纳税人。

此外，其他特殊情况包括：

（1）若为国家划拨或出让土地用于实施投资项目的，则该土地的承租人为纳税人。

（2）若土地使用权拥有者根据合同租赁土地，则纳税人应根据合同的约定来确定。当纳税人没有达成协议时，则土地使用权拥有者为纳税人。

（3）若正处于纠纷中的土地被授予证书，则在争端解决前，目前的土地使用者为纳税人，缴纳税款不作为土地使用权纠纷解决的基础。

（4）当多人对同一块土地均拥有使用权时，则这些共同使用者的法定代表人为纳税人。

（5）若土地使用权拥有者将其土地使用权作为商业资本，以形成具有《非农业用地使用税》所规定的拥有土地使用权的新的法律实体，则新的法律实体为纳税人。

（6）当租赁国有房屋时，承租人为纳税人。

（7）若是国家为实施房屋项目而划拨或出让的土地，用于出售或租赁时，那些接受分配或租用国家土地的人为纳税义务人。若将土地使用权转让给他人，则受让方为纳税人。

（二）征税范围

1. 应征税范围

（1）2003 年《土地法》及其指导文件界定的城乡住宅用地；

（2）工业园区建设用地，包括工业集群、工业园区、出口加工区和其他受公共土地制度管理的综合生产经营区；

（3）生产经营场所的建设用地，包括工业生产、家庭手工业和手工业企业用地；服务贸易设施和其他服务生产经营业务的设施用地（包括高新园区和经济区的生产经营场所建设用地）；

2. 不征税范围

（1）公共事业用地。

（2）宗教团体使用的土地，包括宝塔、教堂、祈祷室、圣坛、寺庙、宗教培训机构和其他经国家允许的宗教团体办公室。

（3）陵园、墓地用地。

（4）用于河流、运河、沟渠、溪流和特殊用途的水下土地。

（5）公共房屋、寺庙、修道院、宗教祭祀厅包括用于该工程的建筑用地，此类土地必须符合 2003 年颁布的土地法及其指导性文件相关规定的土地使用权证书中的所有条件。

（6）机关和事业单位建设用地。

（7）国防安全用地。

（8）农业、林业、水产养殖业、盐业合作社建设的非农业用地。

（三）税率

（1）住宅用地，包括用于商业用途的住宅用地，适用累进式税率（见表1-5）。

表1-5 住宅用地累进税率

税级	应税土地面积（m²）	税率（%）
1	指标内面积	0.03
2	面积≤3 乘以配额	0.07
3	面积＞3 乘以配额	0.15

注：多用户公寓、公寓和地下工程用地适用0.03%的税率。

（2）用于商业用途的非农业生产经营用地和非农业用地，适用0.03%的税率。

（3）用途不当或违规使用的土地，适用0.15%的税率。

（4）由投资者注册以及经国家主管机关批准的阶段性投资项目用地，适用0.03%的税率。

（5）被侵占或挪用的土地，适用0.2%的税率。

（四）税收优惠

1. 免税

（1）属于特别鼓励投资领域的投资项目用地、位于社会经济条件特别困难地区内的投资项目用地、位于社会经济条件困难地区内且属于鼓励投资领域的投资项目用地、50%以上的劳动力为荣兵或患病士兵的企业用地。

（2）教育、职业培训、健康、文化、体育和环保等社会化活动场所用地。开展社会化教育、职业培训、医疗保健、文化、体育和环境活动的场所，必须符合有关规定。

（3）福利房、单位房和为孤寡老人、残疾人或孤儿建立的疗养院和社会疾病治疗机构用地。

（4）在社会经济条件特别困难地区的住宅用地指标内的土地。

（5）根据已通过的总体规划或计划，在一年内被国家收回的家庭或个人住宅用地的。

（6）由主管国家机构认证的作为历史文化遗产的花园住房用地。

（7）纳税义务人因不可抗力而面临困难，且与土地和房屋有关的价值损失超过土地应税价格的50%的，该情况需要有该土地所在地的乡级人民委员会的认证。

2. 减税

下列情形可减半征税：

（1）属于鼓励投资领域的投资项目用地、位于社会经济条件困难地区内的投资项目、有20%～50%的员工为荣军或患病士兵的企业用地。

（2）在社会经济条件困难地区的指标住宅地。

（3）三级、四级荣军的指标住宅用地、享受三级、四级荣军待遇者、享受每月津贴的烈士子女指标用地。

（4）纳税义务人因不可抗力而面临困难，且与其土地和房屋相关的价值损失达到应税土地价格的20%～50%的。该情况需要有该类土地所在地的乡级人民委员会的认证。

（五）应纳税额的计算

1. 计税准则

（1）纳税人的应纳税额应在省内确定。

（2）如果纳税人在一个省内的不同地区拥有应税土地，则每个地块的应纳税额应由土地所在地的税务机关确定。

（3）如果纳税人在一年内变更，则每个纳税人的应纳税额应从发生变化的当月进行确认；若出现导致税基变化的因素（除每平方米应税用地价格改变外），则应纳税额从发生变化的当月进行确认。

2. 每个地块应纳税额的确认

（1）住宅用地、生产经营用地以及用于商业用途的非农业用地，其应纳税额应按下列公式计算：

$$应纳税额 = 发生税额 - 减免税额$$

$$发生税额 = 应税土地面积（平方米）× 每平方米应税土地价格 × 税率$$

【例题】越南非居民企业A公司占用500平方米（指标内）非农业用地用于商业，每平方米应税土地价格为5万越南盾，税率为3%，计算该企业应缴纳的非农业用地使用税税额。

【解析】

A公司应缴非农业用地使用税

＝应税土地面积（平方米）× 每平方米应税土地价格 × 税率

＝500 × 5 × 3% ＝75（万越南盾）。

（2）复式公寓或公寓住宅用地（包括地下室）和地下工程，应纳税额应确定如下：

$$应纳税额 = 发生税额 - 减免税额$$

$$发生税额 = 每个组织、家庭或个人的房屋面积 × 分配系数$$
$$× 对应土地每平方米价格 × 税率$$

（3）对于地下工程：

$$发生税额 = 每个组织、家庭或个人使用的工程面积 × 分配系数$$
$$× 对应土地每平方米价格 × 税率$$

（4）用于商业用途但面积尚未确定的非农业用地，发生税额应确定如下：

$$发生税额 = 用于商业用途的土地面积 × 每平方米土地价格 × 税率$$

$$用于商业用途的土地面积 = 现行使用的总土地面积 × （商业营业额$$
$$÷ 年营业总额）$$

【例题】越南非居民企业 A 公司年营业额 1 000 万越南盾，商业营业额 500 万越南盾，占用 500 平方米土地用于商业用途但面积尚未确定，每平方米应税土地价格为 5 万越南盾，税率为 3%。计算 A 公司当年应缴纳的非农业用地使用税税额。

【解析】

A 公司应缴非农业用地使用税

$= 用于商业用途的土地面积 × 每平方米土地价格 × 税率$

$= 现行使用的总土地面积 × （商业营业额 ÷ 年营业总额） × 每平方米土地价格 × 税率$

$= 500 × （500 ÷ 1 000） × 5 × 3\% = 37.5$（万越南盾）。

七、营业牌照税

（一）纳税义务人

1. 包括国有企业、股份公司、有限责任公司、私人企业、外商投资企业等在内的经济组织；

2. 个人、个人团体和家庭等个体经营户。

（二）税率

1. 适用于经济组织的税率，如表 1-6 所示。

表 1 - 6 　　　　　　　　　　经济组织营业牌照税额

税级	经营注册资金 （越南盾）	全年营业牌照税税额 （万越南盾）
1	100 亿以上公司	300
2	100 亿及以下公司	200
3	分支机构、代表机构、营业场所、公共服务机构、其他商业实体	100

2. 适用于个体经营户的税率，如表 1 - 7 所示。

表 1 - 7 　　　　　　　　　　个体经营户个体牌照税税额

税级	年收入（越南盾）	全年营业牌照税税额（万越南盾）
1	5 亿以上	100
2	3 亿~5 亿	50
3	1 亿~3 亿	30

（三）税收优惠

根据越南财政部的规定，自 2020 年 8 月 23 日起，对于新设立的纳税义务人，从建立或正式开始生产经营之日起的第 1 年内（自 1 月 1 日至 12 月 31 日）可免征营业牌照税，适用于：

（1）新成立的商业组织。

（2）首次从事商业经营的家庭、个人或团体。

（3）在豁免期内，如一个组织、家庭、个人或团体建立了新的分支机构、代表处或业务地点，则上述附属单位也可在豁免期内免征营业牌照税。

八、资源税

（一）纳税义务人

根据 2009 年的《特许权使用费法》，开发石油、矿产、天然煤气、林产品和自然水等越南自然资源的行业需要缴纳自然资源税（natural resources tax）。开采应税自然资源的组织和个人为纳税义务人。满足某些特定条件的农业、林业、渔业、盐业用自然水以及冷却用海水可能免征。

（二）税率

资源税按照实际开发的自然资源种类适用不同档次税率，税率范围在 1%～40% 之间，并基于生产量（规定的单位应税值）或计税价格（开发资源产品的销售价格）征收。不同方法可用于自然资源的应税值计算，包括在无法确定资源的商业价值时采用的方法。原油、天然气和煤气根据每日平均生产量按递增率收税。

（三）税收优惠

以下情况免征资源税：

（1）遇到自然灾害、火灾或事故造成已开采资源损失。

（2）开采天然海洋生物。

（3）为日常生活而开采树枝、木柴、竹子、藤条等。

（4）为家庭和个人日常生活而提取天然水用于水力发电。

（5）为家庭和个人日常生活提取自然水。

（6）给予/出租给组织和个人并就地使用的土地；用于建造安全、军事工程和堤坝的土资源。

九、社会保障税

（一）纳税义务人

越南的社会保障税由雇主和雇员共同承担，雇主和雇员均为纳税义务人。

越南劳动契约项下受雇至少 3 个月以上的越南和外籍个人也需要缴纳医疗保险。

（二）计税依据

雇主及雇员按照劳动合同中规定的工资（以最低标准工资的 20 倍为上限）为基数按月缴纳社会保障税（social security contributions）。

此外，根据政府公布数据，2020～2022 年，最低标准工资为每月 149 万越南盾；因此，每月超过 2 980 万越南盾的工资部分不需要缴纳社会保障税。

根据 2022 年 11 月 11 日国民会议第 69/2022/QH15 号决议，预计自 2023 年 7 月 1 日起最低标准工资为每月 180 万越南盾。因此，自 2023 年 7 月 1 日起，社会保障税的工资基数以 3 600 万越南盾为上限。

（三）税率

雇主的社会保障税适用的税率为 15%，雇员的社会保障税适用的税率为 5%。对在越南的外国人免征社会保障税。

第四节　越南的税收征收管理

（一）税务登记

根据越南《税收征管法》，纳税义务人在开始经营或者发生应税行为前，应当申请纳税义务人登记，并由税务机关核发税务登记证。下列单位应当申请纳税义务人登记：

（1）企业、组织和个人应根据《企业所得税法》及其他相关法律规定，在通过"一窗式"机制办理企业登记、合作社登记、经营登记事项的同时申请办理税务登记；

（2）其他情形的组织和个人，按照财政部的规定通过税务机关直接办理税务登记。

（二）纳税申报

（1）月度申报纳税的，报送纳税申报资料的期限为发生纳税义务之月起的次月 20 日前。

（2）季度申报纳税的，报送纳税申报资料的期限为发生纳税义务之季度起的次季度首月的最后一日前。

（3）按年申报纳税的，报送纳税申报资料的期限如下：

①对于年度纳税申报档案，报送期限为下一公历或财政年度的首月的最后一日；对于年度税务决算，报送期限为公历或财政年度结束之日起的第三个月的最后一日。

②个人所得税年度报表，报送期限为下一公历年度起第 4 个月的最后一日。

③家庭、个体工商户申报的固定所得税：上年度 12 月 15 日；新设家庭、个体工商户：自开业之日起 10 日内。

④按次申报纳税的，报送纳税申报资料报送期限为发生纳税义务之日起的

第10日前。

⑤终止经营、终止合同或企业重组的，报送纳税申报资料报送期限为发生前述事项之日起45日内。

（三）税款缴纳

（1）由纳税人自行计算税款的，缴纳税款的最后期限为纳税申报资料报送期的最后一天。

（2）企业所得税按季缴纳的，缴纳税款的最后期限为次季首月的第30日前。

（3）由税务机关计算税款、核定税款的，缴纳税款的最后期限为税务机关通报上注明的期限。

（四）税务检查

以下为使用税务检查的情形：
（1）有税收违法迹象的。
（2）为解决投诉、检举或预防贪污、腐败而开展的税务检查。
（3）在税务管理风险分类的基础上，有必要开展税务检查的。

（五）其他征收管理规定

1. 滞纳金

滞纳金金额按逾期税款的0.03%/天进行计算。

2. 多缴税款、滞纳金、罚金退还

如已缴税款、滞纳金、罚金超过法院判决或主管机关处理投诉决定书所定数额，可退还多缴的税款，纳税义务人有权要求税务机关对多缴的部分按0.03%/天计息。

【扩展阅读1-1】

"疯狂的越南"：实行全球最低税

随着全球经济一体化的发展，各国之间的税收竞争日益激烈。为了吸引外资、促进经济增长，许多国家纷纷降低税率，以期在全球经济中占据有利地位。作为东南亚地区的一颗璀璨明珠，越南在近年来经济发展中表现抢眼。近日，越南政府宣布，将从2024年1月1日起实行全球最低税率，再次引发全球关注。

　　越南此次税收改革的核心目标是降低企业所得税和个人所得税，以促进投资和消费。根据新政策，越南企业所得税将从当前的 25% 降至 20%，个人所得税也将进行调整，使得越南在全球税收竞争中具备更大优势。此举不仅有利于吸引外资，还将激发国内市场活力，推动越南经济持续增长。

　　事实上，越南此次税收改革并非孤例。近年来，全球范围内已有许多国家加入降低税率的行列。例如，我国在 2018 年将增值税税率从 17% 降至 16%，企业所得税税率也降至 25%。

　　此外，新加坡、爱尔兰等国家也以较低的税率吸引着大量外资。然而，越南此次将税率降至全球最低，无疑使其在全球税收竞争中更具竞争力。

　　越南此次税收改革有望带来多重利好。首先，降低税率将减轻企业负担，提高企业盈利能力，从而激发企业投资热情。其次，个人所得税的调整将提高居民收入，刺激消费需求，助力越南经济转型升级。

　　最后，在全球经济一体化背景下，越南此举有望吸引更多外资，推动对外开放和产业升级。

　　然而，低税率并不意味着税收收入的减少。相反，通过优化税收结构、加强税收征管等措施，越南政府有望实现税收收入的稳定增长。此外，越南政府还将加大对基础设施、教育、医疗等领域的投入，为经济社会发展提供有力保障。

　　总之，越南此次实行全球最低税率，既体现了其在全球经济中的战略眼光，也为其他国家提供了有益借鉴。

　　在全球税收竞争日趋激烈的背景下，越南正以开放的姿态迎接来自世界各地的投资者，共创繁荣发展的美好未来。

　　资料来源：越南国家税务局网站（http：//www. gdt. gov. vn）。

【思考题】

1. 越南税制体系结构及其税收管理体制的特点有哪些？
2. 简要说明越南商品劳务课税制度模式。
3. 越南企业所得税制有哪些特点？

老挝的税收制度

第一节　老挝的社会经济

一、老挝简介[①]

老挝人民民主共和国（The Lao People's Democratic Republic）是位于中南半岛北部的内陆国家，北邻中国，南接柬埔寨，东临越南，西北达缅甸，西南毗邻泰国，国土面积 23.68 万平方公里，人口 758 万（截至 2023 年 1 月），首都万象（Vientiane），全国共有 17 个省，1 个直辖市。老挝有 50 个民族，大致划分为老龙族、老听族、老松族三大民族。通用老挝语，居民多信奉佛教，小乘佛教为国教；山地民族多信仰原始宗教，少部分人信仰天主教和基督教。

老挝属热带、亚热带季风气候。5 月至 10 月为雨季，11 月至次年 4 月为旱季。年平均气温约 26℃，老挝全境雨量充沛，一般年份降水量约为 2 000 毫米，近 40 年来降水量最少的年份为 1 250 毫米，最大年降水量达 3 750 毫米。老挝有锡、铅、钾盐、铜、铁、金、石膏、煤、稀土等矿藏。迄今得到开采的有金、铜、钾盐、煤等。水利资源丰富。2019 年森林面积约 1 940 万公顷，全

---

① 中华人民共和国外交部. 老挝国家概况［ED/OL］.（2024 – 04 – 01）［2024 – 07 – 01］. https：//www.mfa.gov.cn/web/gjhdq_676201/gj_676203/yz_676205/1206_676644/1206x0_676646/.

国森林覆盖率约80%，出产柚木、花梨等名贵木材。

21世纪以来，老挝政治保持稳定，经济快速发展，老挝同50多个国家和地区有贸易关系，与约20个国家签署了贸易协定，中国、日本、韩国、俄罗斯、澳大利亚、新西兰、欧盟、瑞士、加拿大等30多个国家（地区）向老挝提供优惠关税待遇。主要外贸对象为泰国、越南、中国、日本、欧盟、美国、加拿大。

二、老挝的经济文化

老挝经济以农业为主，工业基础较为薄弱。重点产业主要为农业、电力行业及旅游业。

老挝农作物主要有水稻、玉米、薯类、咖啡、烟叶、花生、棉花等。全国可耕地面积约800万公顷，农业用地约470万公顷。甘蒙、沙湾拿吉两省被列为粮食生产、加工及出口全产业链基地。

老挝主要工业企业有发电、采矿、锯木、炼铁、水泥、服装、食品、啤酒、制药等及小型修理厂和编织、竹木加工等作坊。老挝被评为亚洲自然资源最丰富的国家之一。老挝是东盟首个通过邻国电网向第三国实现电力互通的国家。根据老挝《经济社会报》报道，老挝作为拥有电力发展优势的国家，已实现对泰国、越南、柬埔寨、缅甸和中国等周边国家电力出口。

老挝琅勃拉邦、巴色县瓦普寺、川圹石缸平原已被列入世界文化遗产名录，著名景点还有万象塔銮、玉佛寺、占巴塞的孔帕萍瀑布、琅勃拉邦的光西瀑布等，旅游业成为老挝经济发展的新兴产业。近年来，老挝与超过500家国外旅游公司签署合作协议，开放15个国际旅游口岸，同时采取加大旅游基础设施投入、减少签证费，放宽边境旅游手续等措施，促进旅游业持续发展。

中、老两国是山水相连的友好邻邦，两国人民自古以来和睦相处。进入21世纪以来，两国关系在"长期稳定、睦邻友好、彼此信赖、全面合作"的方针指导下一直保持着健康稳定的发展。近年来，随着两国经济快速发展，中、老经贸合作成绩显著，中资企业对老挝投资迈出可喜步伐，一批有实力的中资企业进入老挝市场，投资领域不断扩大，投资方式呈现多样化。主要投资领域包括矿产、水电、农林、房地产、园区开发、酒店等。

老挝统计局的数据显示，老挝2023年第一季度的通货膨胀率为40.85%。根据国际货币基金组织预测，老挝2023年的消费价格平均涨幅将达15.1%，将是亚洲新兴和发展中国家的最高涨幅。

第二节　老挝税收制度概述[①]

目前老挝实行全国统一的税收制度，外国企业和个人与老挝本国的企业和个人同等纳税。老挝税制中将其税收分为直接税和间接税。其中，直接税以个人、公司及其他组织为纳税人，包括任何取得的来源于老挝境内收入的外国公司或外籍个人，直接税主要是利润税、所得税、定额税、手续费和服务费、环境税五种。间接税主要是增值税和消费税两种。

老挝是低收入国家，被联合国列为世界上最贫穷的国家之一，由于经济欠发达，税源贫乏，老挝开征的税种少，税制简单。老挝实行以间接税为主的税制结构，间接税一般占税收总收入的60%以上。

老挝对外国企业和资本投资实行税收优惠政策。如进口用于在老挝国内销售的原材料、半成品和成品可减征或免征进口关税、消费税和营业税；经老挝计划投资部批准进口的设备、机器配件可免征关税、消费税和营业税。

第三节　老挝主要税种的征收制度[②]

一、利润税

利润税（相当于中国的企业所得税）属于直接税。利润税对境内外有利润收入的老挝生产经营者征收，包括从事生产经营的企业及各类组织。老挝生产经营者无论是否为老挝居民，只要在老挝从事经营活动，无论是长期的或暂时性的，都须缴纳利润税。

---

① 国家税务总局国际税务司国别（地区）投资税收指南课题组．中国居民赴老挝投资税收指南[EB/OL]．（2023 - 06 - 01）[2024 - 07 - 01]．https：//www. chinatax. gov. cn/chinatax//n810219/n810744/n1671176/n1671206/c3418910/5116139/files/7eb0580fba7c47b8910ff44ac32ab42c. pdf.

② 本节所引数据资料，除非特别说明，均来自国家税务总局国际税务司国别（地区）投资税收指南课题组．中国居民赴老挝投资税收指南[EB/OL]．（2023 - 06 - 01）[2024 - 07 - 01]．https：//www. chinatax. gov. cn/chinatax//n810219/n810744/n1671176/n1671206/c3418910/5116139/files/7eb0580fba7c47b8910ff44ac32ab42c. pdf.

（一）纳税义务人

1. 居民企业

老挝现行税法未对居民企业进行明确定义。根据实践，注册成立于老挝的企业被视为老挝居民企业。居民企业应就其来源于老挝境内的利润以及其在境外经营所得的利润缴纳利润税。

2. 非居民企业

老挝现行税法未对纳税义务人的非居民身份进行明确定义。依据老挝税法，老挝生产经营者与没有在老挝当地注册也不在当地经营业务的外国企业或组织，进行交易并须对外支付费用时，应代扣代缴税款，即外国承包商预提税。

（二）课税对象

利润税的课税对象是来源于老挝境内、境外的企业净所得。

属于利润税课税对象的有：

（1）来源于开展经营的利润。是指从事工、农、林、手工艺生产所产生的利润，同时包括自然资源开采、进出口贸易、批发、零售和普通服务业如运输业、建筑修缮业、保险业、旅游业等产生的利润。

（2）来源于自身从事自由职业的利润。自由职业包括医生、律师、法律顾问、财务顾问、工程师、建筑师等。

（三）计税依据

利润税的计税基础，即税务利润，基于会计利润得出。年度会计利润同时反映在资产负债表以及利润表中。年度会计利润是经营收入减去经营成本、费用等支出后的差额。税务利润是在会计利润的基础上，加减税法规定的调增及调减项目后得出。

1. 收入范围

主营业务收入，指法人实体开展其营业执照或特许权证书中载明的主营业务所产生的收入。

其他业务收入，指源自其他经营活动的收入，如企业出租自有车辆、楼宇、设备所获得的收入等。

从事任何种类、任何水平的经济活动而产生的利润所得都应缴纳利润税。

2. 不征税收入

在计算年利润税时，不征税收入的项目如下：

（1）收回以前年度已核销的各类准备金。

（2）收回以前年度计提并支付的坏账。

（3）递延所得税收益。

（4）截止日因汇率变动引起的外币资产和负债的评估收益。

（5）固定资产和贵重金属重新估价所产生的收益。

3．税前扣除

不可税前扣除支出：

对于个体经营者、法人企业和注册为企业的自由职业者等纳税义务人，在计算税务利润时，不可从会计利润中扣除的支出包括但不限于以下：

（1）利润税支出。

（2）购置直接用于开展生产经营活动相关的固定资产所缴纳的增值税。

（3）无凭证或无有关部门文件证明的呆账。

（4）超过所得税法规定的折旧率或者使用期限计提的折旧。

（5）非企业所有的固定资产折旧。

（6）合伙制企业支付给企业职工或管理者合伙人以外的合伙人的薪金以及个体经营者的薪金。

（7）股东贷款用于增资扩股所支付的利息支出。

（8）远高于市场公允价值、所涉及数量过大或金额过高的不合理支出。

（9）与生产经营无关的支出，如打高尔夫球、跳舞等娱乐活动支出、礼品及奖品支出。

（10）会计年度内未经授权的企业所有者或股东的个人消费性支出。

（11）与生产经营相关但缺失票据或相关票据不合规的费用支出。

（12）拥有有效凭证或合理文件证明，但未反映在每月递交的增值税申报表中的费用支出。

企业在计算年度利润税时，不可扣除费用应调增到利润总额中，一并计算缴纳税款。

允许税前扣除的费用。除前文不可税前扣除支出项目外，其他支出均可视为可税前扣除支出，包括但不限于：

（1）非银行贷款利息支出。

（2）投资商和政府签订的投资合同中规定的捐赠赞助金。

（3）行政管理工作中发生的差旅费。

（4）业务招待费、电话费。

（5）捐赠、援助款。

（6）广告宣传费。

（四）税率

（1）有法人资格的企业按20%的税率缴纳利润税，上市公司除外。

（2）进口、生产和销售烟草产品的企业须按22%的税率缴纳利润税，其中额外缴纳的2%须赋予烟草制品管理基金会。

（3）矿采企业按照20%的税率缴纳利润税。

（4）对于从事与人力资源开发业务相关的企业或机构，例如，学校、培训中心、从事创新型研发及相关教育活动的企业或机构、从事与现代医院、医药设备生产及传统医疗行业相关的企业或机构，在其1年免税期结束后，按照5%的税率缴纳利润税。

（5）对于利用创新型技术、环境友好型技术以及高效利用自然资源和清洁能源进行商业活动的公司，在其1年免税期结束后，按照7%的税率缴纳利润税。

（6）已在老挝进行税务登记，但未保留会计记录或未合理的、正确的实行老挝会计准则的法人实体，根据其从事的商业活动类型，适用7%～30%的核定利润率（实际利润率为总收入的1.4%～3%）。

（五）税收优惠

（1）根据老挝现行税法，在资本市场登记的上市公司，自登记之日起4年内，可享受税率为13%的税收优惠政策，4年期满后，仍按照20%的税率缴纳利润税。

（2）依法注册成立并自愿在增值税系统中注册的微型企业，自在增值税系统中注册之日起3年内，享受0.1%的税收优惠政策，3年期满后，仍按照正常适用税率20%缴纳利润税。对于年营业收入低于4亿基普且未在增值税系统中注册的微型企业，须就其商业活动收入缴纳利润税，适用税率如表2-1所示。

表2-1 满足条件且未注册的微型企业适用税率

年收入总额 （基普）	适用税率		
	农业、工业及制造业	贸易业	服务业
50 000 000及以下	免征利润税		
50 000 001～400 000 000	1%	2%	3%

①对于依法注册成立并自愿在增值税系统中注册的小型企业，自在增值税系统中注册之日起 3 年内，享受适用税率 3% 的税收优惠政策，3 年期满后，仍按照正常适用税率 20% 缴纳利润税。

②对于依法注册成立并自愿在增值税系统中注册的中型企业，自在增值税系统中注册之日起 3 年内，享受适用税率 5% 的税收优惠政策，3 年期满后，仍按照正常适用税率 20% 缴纳利润税。

③得到政府许可的投资者在老挝境内的优先发展区域进行投资时，可根据《老挝投资促进法》的相关规定，视其具体的投资地点及行业，享受不同的利润税税收优惠政策。可享受上述税收优惠政策的优先发展区域分为以下三类，如表 2 - 2 所示。

表 2 - 2　　　　　　　　分区域投资优惠政策

区域	区域描述	优惠政策
区域 1	贫困地区；社会经济基础设施投资较少的偏远地区	免除 10 年的利润税；鼓励类行业可额外享受 5 年利润税免除的待遇
区域 2	社会经济基础设施投资较多的地区	免除 4 年的利润税；鼓励类行业可额外享受 3 年利润税免除的待遇
区域 3	经济特区	以具体政策及磋商结果为准，对于特许经营活动，应遵循相关法律或协议

（六）应纳税额的计算

纳税义务人须基于当年利润总额计算缴纳利润税税额。

$$应纳税额 = 税务利润 \times 适用税率$$

【例题】某老挝居民企业为在资本市场登记一年的上市公司，主营业务为商品销售，2023 年度收入总额为 100 亿基普，2023 年度销售成本 20 亿基普，销售费用 10 亿基普，业务招待费 9 亿基普，与生产经营但缺失票据的费用 1 亿基普，不考虑其他情况。计算该企业 2023 年应缴纳的利润税税额。

【解析】

2023 年度税务利润 = 100 - 20 - 10 + 1 = 71（亿基普）

应纳利润税税额 = 71 × 13% = 9.23（亿基普）

老挝的税收优惠——根据老挝现行税法，在资本市场登记的上市公司，自登记之日起四年内，可享受税率为 13% 的税收优惠政策，4 年期满后，仍按照 20% 的税率缴纳利润税。

二、所得税

老挝所得税是对个人（自然人）取得的各项应税所得收入征收的一种直接税。老挝所得税的征税对象是纳税义务人提供服务所获得的工资、动产收入、不动产出租收入和版权等其他收入，而对于从事自由职业的人利润所纳的税，在一定程度上也属于个人所得税范畴。

（一）纳税义务人

老挝现行税法未对居民身份进行明确定义。根据实践，在老挝境内拥有永久性住所，并且在老挝境内居住和谋生的个人，被视为居民纳税义务人。

取得任何所得税性质应税所得的老挝居民都须缴纳所得税。

在老挝境内有固定居所、到国外工作并取得老挝所得税应税收入的个人，如在国外免征所得税，也须在老挝申报缴纳所得税。

（二）课税对象

所得税的课税对象是雇员的所得总额。所得总额包括所有的劳动报酬，如工资、奖金、加班费、补贴、董事费等，还包括税法和政府法令规定的实物报酬、补助和实物福利，诸如住房公积金、小汽车、食品等。

（三）计税依据

老挝所得税的应税所得及其计税基础，具体如下：

（1）工资、劳务费、加班费、超时误工费、职务工资、职位工资、年度补贴、公司董事会或经理的会务费，以及其他货币或实物形式的个人收益。

（2）公司股东或持股人的股息分红或其他收益；出售个人、法人股份所获得的收益。

（3）贷款利息、佣金、担保费收益。

（4）从政府组织的非商业性活动、国家建设、大型组织或民间社团活动中获取的收益，应将所有相关收入计入计税基础。

（5）500万基普以上的奖金及彩票收益。

（6）租金收入：土地、房屋建筑物、交通工具、机械设备或其他资产的租金收入。

（7）知识产权收入：出让专利、版权、商标或者其他权益所取得的收入。

（8）房地产转让收入：土地、建筑物或土地连带建筑物使用权的转让所得。

纳税人每月可自应税收入中扣除所负担的社会保险费用。

居民纳税义务人每年最多可扣除三名受抚养人（例如配偶，80 岁以上的父母，未满 18 岁的子女和患有残疾的家庭成员）的护理费用。纳税义务人夫妻双方均有工作的，只有一方可申请护理费用税前扣除。每个受抚养人的护理费用年度扣除限额为 500 万基普，即纳税人每年度的护理费用扣除限额为 1 500 万基普。

（四）税率

（1）工资、劳务费、加班费、超时误工费、职务工资、职位工资、年度补贴、公司董事会或经理的会务费，以及其他货币或实物形式的个人收益，统一按照 0~25% 的累进税率计征所得税，具体如表 2-3 所示。

表 2-3　　　　　　　　　　　工资薪金所得税税率　　　　　　　　　单位：基普

等级	月薪	税率（%）	本级应纳所得税额	本级累计应纳所得税额
1	1 300 000（含）以下	0	0	0
2	1 300 000~5 000 000（含）	5	185 000	185 000
3	5 000 000~15 000 000（含）	10	1 000 000	1 185 000
4	15 000 000~25 000 000（含）	15	1 500 000	2 685 000
5	25 000 000~65 000 000（含）	20	8 000 000	10 685 000
6	65 000 000 以上	25	——	——

（2）除上述第 1 条以外的其他应税所得的适用税率如表 2-4 所示。

表 2-4　　　　　　　　其他所得税应税所得的适用税率

收入类型	适用税率（%）
股息红利及其他股东收益	10
特许权使用费	5
股权转让所得	2
贷款利息、佣金、担保费收益	10
从政府组织的非商业性活动、国家建设、大型组织或民间社团活动中获取的收益	10
戏剧演员、舞蹈演员、运动员、评论员的收入	10

收入类型	适用税率（%）
奖金及彩票收益	5
来自房屋建筑物、车辆、设备或其他财产的租金收入	10
知识产权收入	5
130 万基普以上的受赠或奖品收入	5
遗产所得	2
咨询服务收入	5
建筑维修服务收入	2
线上交易业务	2
房地产转让收入（包括土地使用权及建筑物）	2
农业用地使用权转让收入	1
自雇收入	5

（五）税收优惠

以下收入可免于缴纳所得税：

（1）不超过 130 万基普的月薪收入。

（2）由老挝政府与相关方签订合同，并根据外交部的规定，在老挝境内工作的使馆员工、国际组织机构的人员以及外国专家的工资收入。

（3）配偶津贴、未满 18 岁子女津贴、生育、流产或疾病津贴、工伤事故津贴、国营和私营企业雇员或公务员的一次性补贴、国民议会和省人民代表大会家属津贴、养老金、退伍军人和学生津贴，不超过 200 万基普的加班补贴。

（4）证券交易所上市股票的转让所得以及股息所得。

（5）在证券交易所发行股票和债券取得的所得，以及经证券交易委员会批准的非公开发行股票和债券取得的所得。

（6）不超过 130 万基普的奖金及类似所得。

（7）有相关组织证明的残疾人劳务费。

（8）企业经营者所获得的资产租赁收入。

（9）政府和私营企业缴纳的社会保险。

（10）从事取得相关部门许可的公益活动的所得，如文化和体育表演。

（11）存款利息、政府债券收益、投资企业的投资收益或证券交易委员会授权交易的其他金融产品的投资收益。

（12）个人或组织的人身财产保险。

（13）亲属取得的遗产继承所得，亲属包括祖父母、父母、配偶、亲生或收养的子女、兄弟姊妹和孙子女。

（六）应纳税额的计算

$$应纳所得税额 = 应纳税所得额 \times 适用税率$$

所得为外币的，须根据银行外汇兑换率将外币换算成老挝货币基普后计算缴纳所得税应纳税额。

【例题】老挝居民纳税甲某 2023 年在甲公司任职每月取得 100 万基普的工资收入，此外王某个人取得建筑维修服务收入 6 000 万基普，王某育有一对未满 18 岁的子女，每个受抚养人每年的护理费用为 500 万基普（已申请税前扣除），不考虑其他因素。

【解析】

应纳个人所得税额 = （6 000 − 2 × 500）× 2% = 100（万基普）

老挝的税收优惠——不超过 130 万基普的月薪收入免于缴纳所得税；

居民纳税义务人每年最多可扣除三名受抚养人的护理费用，每个受抚养人的护理费用年度扣除限额为 500 万基普。

三、增值税

增值税是指基于货物进口、在境内销售货物、提供服务过程中货物和服务的增值额而征收的，且最终由消费者承担的一种间接税。增值税对在老挝境内生产、流通、销售、售后服务等各环节间提供商品和服务所产生的价值增长部分按比例进行计税。

（一）纳税义务人

老挝增值税纳税义务人包括：

（1）在老挝境内注册成立，年营业收入达到 4 亿基普且在增值税系统中登记的单位、组织及个人。

（2）在老挝境内注册成立，年营业收入未达到 4 亿基普，但自愿在增值税系统中登记的单位、组织及个人。

（3）老挝境内的非居民和未注册登记的企业（无论其收入来源于老挝境内或境外），包括在经济特区注册登记并销售应税货物或提供劳务的企业。

（4）提供与增值税系统中注册登记企业具有竞争关系的服务或活动（如电信、邮政、供水供电、运输和客运服务）的政府组织。

未在增值税系统中注册登记的企业，不得在提供货物或劳务时使用增值税发票、计算或代收增值税。但因接受老挝非居民企业或个人提供的劳务时计算、收取及代扣代缴增值税的情况除外。

老挝境内非居民、未注册登记企业和在经济特区注册登记企业发生增值税应税行为，以老挝境内购买方为扣缴义务人。

（二）课税对象

增值税的课税对象为在老挝境内进口、销售商品和提供应税服务的行为。

增值税的应税项目大致可分为五类，如下：

（1）进口到老挝境内的商品。

（2）在老挝境内销售商品和提供服务。

（3）在老挝境内由非居民提供的服务。

（4）由老挝境外设立的法律实体与组织机构提供的服务。

（5）通过电子商务平台销售商品或提供服务。

（三）计税依据

1. 一般行业增值税的计税依据

（1）对于进口货物：到岸实际交易价格（CIF），包含进口关税及消费税（如有）。

（2）对于在境内销售的货物和提供的服务：不含增值税的交易金额，包含消费税（如有）。

（3）老挝非居民纳税义务人所提供的服务或货物：实际不含增值税的交易金额。

（4）对未在增值税系统中注册的纳税义务人所进口的货物：到岸实际交易价格（CIF），包含进口关税、消费税（如有）及毛利润。

（5）用于自我消费、赠送或交换的货物和服务：货物和服务的实际交易金额或者实际市场价值，包含消费税（如有）。

（6）对于通过电子商务平台销售的货物和提供的服务：货物和服务的实际交易金额，包含消费税（如有）。

2. 矿业增值税的计税依据

（1）对于进口矿产品：矿产品到达老挝边境时的实际交易价格或者老挝政府规定价格，加上进口关税。

（2）对于在老挝境内及经济特区内进行矿产品的供应、贸易、出口、自我消费、交换或赠送：实际交易价格或国际市场价格或老挝政府规定价格。

3. 能源行业增值税的计税依据

（1）对于电力供应商：每月根据电表记录的电力单位数量×老挝境内或境外贸易合同约定电力单价。

（2）对于用电企业及消费者：老挝政府定期根据用电量水平确定的电力价格，或根据电力贸易合同确定的电力价格。

如果增值税纳税义务人有其他副业收入，则应合并计入至增值税计税基础；如果经营收入为外国货币的，则需要根据老挝当时的官方汇率折算为基普。

（四）税率

（1）老挝境内进口货物、境内销售货物及提供服务的税率为7%。

（2）普通电力使用者、电力生产者、电力消费者使用电力的税率为7%。

（3）老挝境内进口及销售矿产品的税率为7%。

（4）向其他国家出口货物的税率为0。

值得注意的是，零税率应税项目不等同于免税项目，在适用增值税零税率的情况下，是可以抵扣增值税进项税额的，而适用免税项目的则不可以。

（五）税收优惠

老挝增值税法规定，以下经营活动免于缴纳增值税：

1. 关于进口商品

（1）进口各种类型的种子、动物种畜、动物饲料、防疫疫苗、用于生产疫苗和动物饲料的原材料。

（2）进口肥料、农产品、生物肥料、科技肥料及无毒和微毒杀虫剂所用的原材料。

（3）进口用于农业领域的原材料、机械和设备。

（4）进口用于出口制造的原材料、矿物、设备和零部件。

（5）进口无法在老挝进行生产的物资和设备，以及可以直接视为固定资产和用于生产的机械车辆。

（6）老挝政府机构进口用于研究、试验和科学分析的化学品。

（7）印花税票和印花邮票。

（8）进口可用于老挝境内外航空运输的飞机及设备。

（9）进口用于国际运输服务的燃料或者其他油品，以及用于供给国际运输服务的飞机上的商品或货物。

（10）根据相关国际协定、国际条约以及相关部委的许可，常驻老挝的大使馆、国际组织为其在公务活动所进口的商品。

（11）进口经相关部委批准的，用于教学和实验的课本、教材、现代化教学设备以及实验设备。

（12）由老挝国家银行进口或老挝国家银行授权人进口的用于为印制钞票而提供担保的金条，以及进口的纸币或者硬币。

（13）进口用于特定技术服务的特定交通工具，例如，消防车、救护车、维修车及广播电视转播车等。

（14）进口国防治安工作所用车辆，但不包括行政工作车辆。

（15）根据《关税法》中的规定，已完成学业的留学生，在国外履职完毕的政府人员、外交官，以及有意迁至老挝永久居住的外国人所拥有的若干类型的日用品以及礼品，但不包括由继承遗产而得到的物品。

（16）进口的电力。

2. 关于发生在境内的货物供应或服务提供

（1）销售未经加工或者仅经过初步加工的农作物，如切、磨、碾、脱壳和取出果核等。

（2）销售各种有、无生命的动物，包括整体的或者分解成部分的未经加工或经初步加工以保持其新鲜状态或防腐状态的动物产品。

（3）为植树造林，包括种植经济林、果树林、药用植物林提供的服务。

（4）经授权的报纸、政治期刊、非商业性和非煽动性的移动电视和无线电（广播）工具，它们传播政治政策并为政治职责服务。

（5）国际过境运输。

（6）经相关部委批准，用于教学和实验研究的课本、教材、现代化教学设备。

（7）经授权宣传国家路线方针政策，担负国家政治性任务，且无商业性质的报纸、政治期刊、电视和广播节目。

（8）提供教育和体育类服务，例如，托儿所、幼儿园、小学、中学、职业学校、专科学校、学院、综合性大学、体育艺术学校。

（9）经老挝国家银行批准的商业银行或其他金融机构，在经营活动中产生的存款利息、贷款利息、转账收入、货币汇兑收入及其他金融业务利润。

（六）应纳税额的计算

本期应纳税额＝本期销项税额－本期进项税额－留抵税额

本期销项税额＝增值税计税基础×适用税率

【例题】老挝居民企业 A 公司 2023 年 2 月 26 日销售精加工农产品取得不含税收入 500 万基普，销售未经加工的农作物取得不含税收入 300 万基普，同时取得研发服务收入 300 万基普，2 月取得可抵扣的增值税进项税额 2 万基普。

【解析】

A 公司 2 月需要缴纳的增值税

＝增值税本期销项税额－本期进项税额

＝增值税计税基础×适用税率－可抵扣的增值税进项税额

＝（500＋300）×7%－2＝54（万基普）。

四、消费税

消费税是针对购买特定商品或特定类型服务的消费行为收取的间接税，是由在老挝购买国产及进口商品的消费者，以及使用老挝境内提供的服务的消费者承担，由产品或服务的经营者代为收取后上缴国家财政系统的税收。

（一）纳税义务人

消费税纳税义务人为在老挝进口应税商品或销售自产消费税应税商品的个人、公司和组织。

（二）课税对象

消费税的课税对象是特定的商品货物，包括从国外进口或国内生产的有关商品、货物或特定类型服务，具体有：

消费税的应税商品如下：

（1）燃料。

（2）车辆使用燃气。

（3）酒、啤酒等含酒精的饮品。

（4）成品饮料，如汽水、苏打水、能量饮料、矿物质水。

（5）果汁和其他同类饮料。

（6）烟草类：手工卷烟、纸烟、雪茄。

（7）宝石类装饰品及用品。

（8）各种地毯。

（9）香水、美容产品。

（10）经主管部门批准的牌以及赌博玩具。

（11）经主管部门批准的焰火、烟花、爆竹。

（12）交通工具：摩托和汽车。

（13）车辆配件和装饰品。

（14）快艇、汽艇、赛艇及其配件和零件。

（15）卫星电视信号接收器、音响、电视、相机、电话、录音机、摄像机、乐器及其配件和零件。

（16）台球桌、斯诺克球桌、保龄球器材、足球游戏桌。

（17）各类游戏机。

消费税的应税服务如下：

（1）娱乐业：舞厅、迪斯科舞厅、卡拉 OK。

（2）保龄球经营场所。

（3）按摩、桑拿、美容场所。

（4）电话通信、有线电视、数字电视网络，互联网服务业。

（5）高尔夫行业。

（6）彩票行业。

（7）博彩业和博彩游戏机。

（三）计税依据

1. 一般商品服务的消费税计税基础

（1）对于所有进口的，用于生产、销售或自行使用的商品，计税基础是商品到岸价（CIF）、进口关税以及其他手续费之和。

（2）对于国产商品、境内代工产品或者自产自用的商品，计税基础为不包含增值税和消费税的产品的批发或零售价格。

（3）对于服务行业所提供服务收入的计税基础是其不包含增值税和消费税的服务收入。

2. 交通工具的消费税计税基础

（1）从国外进口的交通工具，计税基础是到岸价格（CIF）加上进口关税（如有）。

（2）境内生产或组装的交通工具，按以下散件价值计征：

①进口的散件，计税基础是到岸价格（CIF）加上进口关税（如有）；

②境内工厂出售的散件，计税基础是工厂的卖出价值（不包含消费税价值及进口增值税）；

③工厂自行生产组装的散件，计税基础是该散件生产的成本价值。

（四）税率

消费税税率如表2-5所示。

表2-5 消费税税率

序号	消费税应税商品及服务的类型	税率（%）		
	商品			
		2018~2019 年	2020~2021 年	2022 年 1 月 1 日之后
1	燃料			
	①高标号汽油	39	35	40
	②普通标号汽油	34	30	31
	③柴油	24	20	21
	④航空煤油	14	8	8
	⑤机油、液压油、润滑脂及制动油	8	5	5
2	车辆燃气	10	10	10
	酒类或酒精类饮品			
3	①酒精浓度超过20%（自2020年起为23%）的酒类或酒精类饮品	50	70	80
	②酒精浓度低于20%（自2020年起为23%）的酒类或酒精类饮品	45	60	70
4	啤酒			
	①酒精浓度超过0.5%	50	50	60
	②酒精浓度低于0.5%			20
5	成品饮料			
	①汽水、苏打水、矿物质水、果汁和其他同类饮品	5	5	7
	②能量饮料	10	10	12
6	烟			
	①雪茄	45	50	57
	②纸烟或量贩纸烟	45	50	57
	③电子烟或液体尼古丁	45	60	不适用
	④烟草	25	35	不适用
	⑤斗烟或卷烟	不适用	不适用	42
	⑥其他种类香烟	45	不适用	不适用

续表

序号	消费税应税商品及服务的类型	税率（%）		
	商品			
		2018～2019 年	2020～2021 年	2022 年 1 月 1 日之后
7	宝石类装饰品及用品	20	20	25
8	地毯	15	15	20
9	家具（沙发）	15	15	不适用
10	香水和美容产品	20	20	25
11	牌及赌博玩具	90	90	100
12	焰火、烟花和爆竹	80	80	85
13	交通工具： ①摩托车 A. 使用燃料的摩托车	完全组装	全散件组装	非完全组装
	a. 摩托车（排气量 110CC 以下）	10	6	3
	b. 摩托车（排气量 111CC～150CC）	30	20	20
	c. 摩托车（排气量 151CC～200CC）	40	25	28
	d. 摩托车（排气量 200CC～250CC）	40	35	39
	e. 摩托车（排气量 251CC～500CC）	50	70	75
	f. 摩托车（排气量 501CC～800CC）	80	90	100
	g. 摩托车（排气量 800CC 以上）	80	100	110
	B. 使用清洁能源的摩托车	5	5	不适用
	C. 组装件和替换件	5	5	6
	②汽车 A. 燃油小汽车：轿车、吉普车、厢式货车、卡车			
	a. 发动机容积为 1 000CC 及以下	25		26
	车辆装饰品			
14	①车载音响	20	20	25
	②车辆装饰用品	20	15	20
15	快艇、汽艇、赛艇及其配件和零件	20	20	25
16	①音响、电视、相机、电话、录音机、摄像机、乐器及其配件和零件	20	10	15
	②卫星电视信号接收器	20	15	15
17	电器：空调、洗衣机、吸尘器	20	20	不适用
18	台球桌、斯诺克球桌、保龄球器材、足球游戏桌	30	30	35

续表

序号	消费税应税商品及服务的类型	税率（%）		
	商品			
		2018～2019 年	2020～2021 年	2022 年 1 月 1 日之后
19	各类游戏机	35	35	不再适用35%，具体税率尚待其他条例规定
20	飞机	不适用	20	25
	服务			
		2018～2019 年	2020～2021 年	2022 年 1 月 1 日之后
1	娱乐会所、迪斯科舞厅、卡拉OK	20	35	40
2	保龄球	10	20	24
3	美容服务业	10	10	13
4	手机、数字电视、有线电视	10	5	5
5	互联网服务	10	3	2%（自2023年1月1日起为0）
6	高尔夫	10	20	25
7	彩票	25	25	30
8	赌场、赌博游戏机	35	50	不再适用50%，具体税率尚待其他条例规定
9	赛车、赛马、斗鸡	不适用	25	30
10	打猎、跳伞、航空摄影	不适用	10	12

（五）税收优惠

下列商品及服务免于缴纳消费税：

（1）消费税应税商品中进口用于转口、进口加工后再出口的商品。

（2）医疗专用 90 度酒精。

（3）根据特别规定进口商品用于销售或提供服务，且销售或服务的对象为学生、研究人员、职工和设于老挝的本国及外国外交机构、国际机构。

（4）为庆祝重大节日，政府组织进口的焰火、烟花、爆竹；残疾人用品及服务。

（5）经有关部门特批的慈善公益类的保龄球、高尔夫以及彩票行业。

（6）船用燃油。

（7）救护车、消防车以及其他用于公益用途的车辆。

（8）农用车辆。

（9）特殊重型车辆，普通重型车辆。

（10）按规定供应给老挝境内的外交及国际组织机构的车辆。

除此之外，老挝税法第 25 条还特殊规定了以下几种免征消费税的交通工具：

（1）大使馆、国际组织及非政府组织根据协议进口的交通工具，或国外向老挝无偿援助的交通工具。

（2）根据投资合同，临时进口用于项目服务的交通工具。

（3）根据专门规定，境内进口、生产及组装用于政府组织机关专项工作的交通工具。

（4）自行车、摩托车、交通用车、火车、船、飞机以外的其他类型交通工具。

（六）应纳税额的计算

应纳税额＝消费税计税基础×适用税率

【例题】甲公司 2023 年 9 月进口一批香水共 800 瓶，海关核定的每瓶香水商品到岸价格为 5 000 基普，当月销售精加工香水 500 瓶，每瓶不含税价格 1 万基普，不考虑其他因素计算应缴纳的消费税。

【解析】

应纳消费税税额＝800×0.5×25%＋500×1＝600（万基普）。

五、关税

老挝关税为从价税，进口产品以实际到岸价格（CIF）征税，出口产品以产品离岸价格（FOB）征税。

（一）纳税义务人

关税的纳税义务人为在老挝进、出口商品的个人、公司和组织。

（二）课税对象

从老挝出口和进口的所有类别的货物均应按照关税等级规定的税率征收关税。

（三）计税依据

进口关税基于商品总价征收，商品总价的组成部分包括：

（1）运输费用。

（2）保险费用。

（3）包装费用。

（4）特许权使用费。

（5）进口商承担部分的商品储存费。

（6）其他进口商负担的费用。

下列费用可以从征税基准中扣除：

（1）账单中列明的折扣金额。

（2）出口商负担部分的关税或其他税款。

（3）账单中列明的支付给出口商的用于老挝境内工程设置和维护的费用。

（四）税率

老挝关税目前采用 6 档税率：5%、10%、15%、20%、30%、40%。

（五）税收优惠

（1）进口经有关部门证明并批准的原材料可免征进口关税和营业税。

（2）进口老挝国内有但数量不足的半成品 5 年内可按最高正常税率减半征收进口关税和营业税。

（3）进口经有关部门证明并批准的老挝国内有但数量不足或质量不达标的配件可按照东盟统一关税目录中的税率征收配件关税及消费税。

六、其他小税种

（一）定额税

定额税为直接税，是指应由未在税务机关进行增值税注册登记的中小规模生产经营的个人及法人（年营业收入不超过 400 000 000 基普）缴纳的一种直接税。即按照税务机关和纳税义务人之间所签订的《定额税合同》进行纳税。

1. 纳税义务人

未在税务机关进行增值税注册登记的中小规模生产经营的个人及法人（年营业收入不超过 400 000 000 基普）

2. 税率

年营业收入不超过 50 000 000 基普的中小型生产经营者：

（1）年营业收入不超过 12 000 000 基普的免税。

（2）年营业收入超过 12 000 000 基普但不超过 50 000 000 基普的，按照不超过 600 000 基普一年的绝对额收取，目的是与各地方的生产经营规模和特点相符。

（3）年营业收入超过 50 000 000 基普但不超过 400 000 000 基普的中小型生产经营者按以下税率计算缴纳定额税，如表 2-6 所示。

表 2-6　　　　　　　　　　定额税税率

年收入（基普）	各类定额税计算税率（%）		
	生产业	商业	服务业
50 000 000（不含）~ 120 000 000（含）	3	4	5
120 000 000 ~ 240 000 000（含）	4	5	6
240 000 000 ~ 400 000 000（含）	5	6	7

3. 应纳税额的计算

定额税应纳税额 = 年度营业收入 × 定额税税率

在计算定额税之前，生产经营单位应汇总前一年度的营业收入，并估算当年营业收入，如发现上述数据与实际不符，税务机关将配合有关部门对经营收入进行评估，使之与实际运营情况相符。

（二）手续费和服务费

手续费是指向从事社会经济活动的个人、法人或者组织收取的政府服务管理费，是政府部门以出具证明和其他许可证等形式收取的直接税。

服务费是指政府部门收取的专业服务方面的费用，用于社会公益活动以及政府财政援助项目。

（1）手续和服务费税率的确定。

手续费服务费费率，包括收、缴工作，按各个时期颁布的国家主席签发的《关于手续费及服务费条例》及有关的规定执行。

（2）手续和服务费的征收。

政府组织应就其提供的与公文和其他公共服务相关的服务收取费用。如企业注册证书、税务登记证书、营业证书、许可、证明或其他官方文件的签发，道路的使用，用于进入及离开本国的签证的签发，在老挝的居留权、广播及电视卫星接收器的使用、广告标识的粘贴、商店标志及在老挝的其他服务。

（三）环境税

环境税是指向在老挝境内被允许从事生产经营、进口贸易、参与或使用自然资源并对环境造成污染，对人、动物、植物的生命健康以及生态平衡造成损害的个人、法人和组织收取的一种直接税。

环境税的纳税义务人包括得到许可从事生产经营、进口贸易或使用自然资源，且对老挝自然环境造成污染、损害的所有老挝人、侨民、外国人、无国籍的自然人、法人单位和组织。环境税将用于处理、消除污染和残余物，维护自然环境，使社会生活保持优良状态。

（四）道路费

拥有机动车所有权的个人、法人和组织，有义务向当地税务机关按年申报缴纳道路费。

免收道路费的车辆如下：

（1）被相关部门批准从事公益服务活动的国家行政机关、协会、基金会等组织机构的专业服务车辆，如：抢险车辆、医院接送病人的救护车辆、消防车辆、广播电视转播车辆和各个残疾中心的公用车辆等。

（2）直接服务于国防治安工作的车辆（即军、警车辆，不含各种机构的行政工作服务车辆）。

（3）重型机械：挖土机、挖土—挖掘机、小型挖土机、挖掘机、推土机、清扫机、起重机、压路机、建筑工地内部重卡、钻机、建筑工地物质运输车辆、震路机、沥青路面铺设车辆、柏油路面铺设车辆、耕地机、轮式扫地车、轮式挖土机。

（4）驻老挝大使馆、领事馆、国际组织机构的车辆。

（5）服务残疾人的车辆和残疾人专用车辆（按照关税索引号第87号、第13号的规定执行）。

（五）社保费

用人单位和员工均应当履行社会保险费缴纳义务。员工须按其工资总额（包括奖金、福利费所得和养老金）的5.5%缴纳社会保险费，缴费基数上限为每月450万基普，缴费金额上限为每月24.75万基普；用人单位须按员工工资薪金的6%为其缴纳社会保险费，缴费金额上限为每月27万基普。自由职业者可按照其选择的保险金额的9%缴纳社会保险费。自2023年5月1日起，老挝最低工资不得低于130万基普。

第四节　老挝的税收征收管理

（一）税务登记

所有在老挝境内经营的企业需要向当地税务机关申请税务登记，以获取对应的税务登记证以及纳税人识别号（tax idetification number，TIN）。所有在老挝境内取得收入的居民个人及非居民个人均需登记注册个人纳税人识别号。电商经营者应向税务机关提交申请并取得从事电商行业的纳税人识别号。同时，对于年营业收入达到4亿基普的纳税人须进行增值税登记。年营业收入未达到4亿基普的纳税义务人可选择进行增值税登记，若不进行增值税登记，须缴纳定额税。在老挝开展商业活动满90天的外国承包方须进行增值税登记。

（二）纳税申报

1. 利润税

（1）第一阶段申报期限：1~6月的利润税，不能晚于7月20日申报缴纳。

（2）第二阶段申报期限：7~12月的利润税，不能晚于次年1月20日申报缴纳。

2. 所得税

（1）私人企业、法人或其他组织机构负责代扣代缴就业收入的所得税，并在次月20日或之前申报缴纳税款。

（2）年度个人所得税汇算清缴须于次年3月31日之前完成。

（3）其他所得税须于实际发生之日起15日内申报缴纳。

3. 增值税

（1）在增值税系统内开展经营活动的自然人、法人或组织，应在次月20日前申报并缴纳税款；

（2）自未在老挝注册登记的非居民及居民企业处购买服务时，在增值税系统内注册并开展经营活动的自然人、法人或组织，应在次月 20 日前，向其所在地税务机关申报增值税；未在增值税系统内注册并开展经营活动的自然人、法人或组织，应在交易发生之日起 15 个工作日内，向其所在地税务机关申报增值税。

4. 消费税

境内的生产者、代工生产者以及第三产业者，须在每月 15 日之前向当地税务机关提交上个月的消费税缴纳申报单。

5. 定额税

定额税税款按照合同规定可分 1 个月、3 个月、6 个月或 1 年缴纳。

（三）税务检查

税务机关有权对纳税义务人 3 年内的账目进行检查和统计；如检查时发现统计、缴纳税款不完整的情况，税务机关有权追回税款且给予处罚。

【拓展阅读 2 – 1】

老挝政府对稀土行业加收出口关税

稀土又被称为"工业黄金"，是一种极其稀有的资源，具有优良的光电磁等物理特性，能与其他材料组合形成性能各异、品种繁多的新型材料。其最重要的用途是被用于军事用途，提升研制坦克、飞机、导弹的材料的战术性能，带动军事科技的跃升。

老挝是重要的"一带一路"共建国家，其矿产资源丰富，目前已发现铁、金、铜、铅锌、铝土矿、钾盐等大量矿产。近年来，老挝在稀土勘察工作方面取得了较大进展，寻找到了大量具有开发潜力的稀土矿。

受新冠疫情的影响，老挝国内经济遭受到了前所未有的冲击，为解决经济问题，政府开放了稀土资源投资作为一项重要的举措，随着勘察工作的不断推进，已发现了大量成矿远景区，同时寻找到一系列具有开发价值的大、中、小型稀土矿山。这些资源至少在 10 年之内足以支撑起中国对中重稀土的需求。另外，中国拥有强大的经济基础和先进的技术保障，并且在对外投资方面拥有丰富的经验，因此，老挝政府鼓励和支持中国投资人到老挝投资矿产资源领域。

近几年来，中国投资人为老挝稀土资源的勘察工作作出了突出贡献，并且寻找到了一系列具有开发价值的稀土矿山，可以长期稳定地为中国提供离子吸附型稀土资源。在不久的将来，老挝势必会成为离子吸附型稀土资源的又一重要原产地。同时随着"一带一路"的推进以及稀土战略的逐步完善，相信两国将以稀土矿为契机，深化合作，为共建中老命运共同体打下更加坚实的基础。

老挝政府当局对稀土行业寄予厚望，在前期对稀土征收20%资源税率、进口原材料7%增值税的基础上，老挝于2023年8月底发布001号、002号主席令，宣布对稀土行业征收20%资源税及10%出口关税，并将进口原材料增值税率上调为10%。在2023年9月28～29日举行的政府例行会议上，老挝总理宋赛再次强调了稀土对老挝经济的重要性，并表示，在全球市场对稀土需求不断增加的背景下，老挝政府需要确保国家从稀土矿开采中充分受益。

资料来源：中华人民共和国商务部网站（http：//www. mofcom. gov. cn/）.

【思考题】

1. 老挝税制体系结构及其税收管理体制的特点有哪些?

2. 简要说明老挝利润税的性质及其主要内容。

3. 越南企业所得税与老挝利润税在征税模式上有何不同?

第二章

柬埔寨的税收制度

第一节　柬埔寨的社会经济

一、柬埔寨简况①

柬埔寨，全称柬埔寨王国（The Kingdom of Cambodia），通称为柬埔寨，旧称高棉。它位于亚洲中南半岛南部，与越南、泰国和老挝毗邻。湄公河自北向南横贯全境。国土面积约 18 万平方公里，海岸线长约 460 公里。

柬埔寨全国共分为 24 个省和 1 个直辖市（金边市）。首都是金边市（Phnom Penh），同时也是该国最大的城市，面积 692.46 平方公里，是全国的政治、经济、文化、教育中心和交通枢纽。首都金边属于东 7 时区，当地时间比北京时间晚 1 小时。柬埔寨无夏令时。

柬埔寨的人口约为 1 600 万，其中高棉族约占总人口的 80%，其余还包括占族、普农族、老族、泰族和斯丁族等少数民族，华人华侨约 110 万人。人口的地理分布很不平衡，居民主要集中在中部平原地区。其官方语言是柬埔寨语（又称高棉语），英语在政府部门较通用。

1993 年起，柬埔寨恢复君主立宪制度，实行多党自由民主制，其主要

---

① 商务部对外投资和经济合作司，商务部国际贸易经济合作研究院，中国驻柬埔寨大使馆经济商务处. 对外投资合作国别（地区）指南——柬埔寨：2023 年版［EB/OL］.（2023 - 04 - 01）［2024 - 07 - 01］. http：//www. mofcom. gov. cn/dl/gbdqzn/upload/jianpuzhai. pdf.

政党有"柬埔寨人民党"和"奉辛比克党",柬埔寨立法、司法和行政三权分立。

柬埔寨奉行独立、和平、永久中立和不结盟的外交政策。1999 年加入东盟,2002 年、2012 年、2022 年担任东盟轮值主席国。①

二、柬埔寨的经济文化②

柬埔寨 2022 年人均 GDP 为 1 786.6 美元,GDP 增长率为 5.2%,失业率约 0.7%(截至 2023 年 6 月),进出口总额 505.2 亿美元,同比增长 9.2%。根据世界银行标准划分,柬埔寨属于中低等收入国家。柬埔寨农业资源丰富,自然条件优越,劳动力充足,发展潜力较大。

其支柱产业为农业、工业、旅游业等。

农业在柬埔寨国民经济中具有举足轻重的地位。柬埔寨农业资源丰富、自然条件优越、劳动力充足,尽管存在基础设施和技术落后、资金和人才匮乏等制约因素,但发展潜力较大。柬埔寨政府将农业列为优先发展的领域,竭力改善农业生产及投资环境,充分挖掘潜力。2022 年,柬埔寨农业生产总值达 67.3 亿美元,其中,种植业占 57.1%,水产养殖业占 24.7%,畜牧业占 11.3%,林业占 6.9%。柬埔寨政府高度重视稻谷生产和大米出口,2022 年,出口 63.7 万吨大米到中国、欧盟、东盟等 56 个国家和地区,同比增长 3.2%。

制衣业和建筑业是柬埔寨工业的两大支柱。柬埔寨充分利用发达国家给予的普惠制待遇(GSP)等优惠政策,结合本国劳工成本低廉的优势,积极吸引外资投入制衣和制鞋业。据柬埔寨工业、科学、技术和创新部统计,2022 年,工业领域投资额 166.9 亿美元,同比增长 20.8%。主要涉及纺织制衣、食品、饮料、木材加工、纸产品和印刷、化工、橡胶、塑料、金属生产和加工等行业。

柬埔寨旅游资源丰富。首都金边有塔仔山、王宫等名胜古迹;北部暹粒省吴哥王朝遗址群的吴哥窟是世界七大奇观之一;西南部的西哈努克港是著名的海滨休闲胜地。2023 年 3 月,柬埔寨旅游部启动 2023 柬埔寨旅游年运动,此外,为了支持旅游业发展,柬埔寨政府还编制了《2023 - 2035 年国家旅游发展战略计划》。

---

① 中华人民共和国外交部:柬埔寨国家概况 [ED/OL]. (2024 - 04 - 01)[2024 - 07 - 01]. https://www.mfa.gov.cn/web/gjhdq_676201/gj_676203/yz_676205/1206_676572/1206x0_676574/.
② 中华人民共和国商务部外贸发展事务局:柬埔寨贸易指南:2023 年 [ED/OL]. (2023 - 11 - 01)[2024 - 07 - 01]. https://www.tdb.org.cn/u/cms/www/202311/15085647fisb.pdf.

近年来重点支持或优先发展产业有新型工业、金融、数字经济、绿色经济等。

第二节　柬埔寨税收制度概述①

1997 年颁布的《柬埔寨王国税法》和 2003 年颁布的《柬埔寨王国税法修正法》为柬埔寨税收制度提供了法律依据。2004 年财经部还颁布了《所得税部长令》，该部长令对于理解大多数柬埔寨税收条例非常重要，因为它定义了其他税收条例的许多术语，即《所得税部长令》比《柬埔寨王国税法》更适用于多数条例。同时，《商业法》《海关法》《投资法》也是重要的法律文本，且在很大程度上与税收事项相关。

柬埔寨实行全国统一的税收制度，并采取属地税制。

柬埔寨税法体系包括但不限于以下税种：所得税、工资税、增值税、关税、最低税、特定商品和服务税、租赁税、印花税、土地闲置税、车船税、酒店住宿税、公共照明税、财产税、登记注册税。

第三节　柬埔寨主要税种的征收制度②

一、所得税

（一）纳税义务人

1. 居民纳税人

居民纳税人的定义为：

---

① 国家税务总局国际税务司国别（地区）投资税收指南课题组. 中国居民赴柬埔寨投资税收指南［EB/OL］.（2023 – 06 – 01）［2024 – 07 – 01］. https：//www.chinatax. gov. cn/chinatax//n810219/n810744/n1671176/n1671206/c2582023/5116199/files/5d63ea672e484cfea4141af57b8cd7c1. pdf.

② 本节所引资料，除非特别说明，均来自国家税务总局国际税务司国别（地区）投资税收指南课题组. 中国居民赴柬埔寨投资税收指南［EB/OL］.（2023 – 06 – 01）［2024 – 07 – 01］. https：//www. chinatax. gov. cn/chinatax//n810219/n810744/n1671176/n1671206/c2582023/5116199/files/5d63ea672e484cfea4141af57b8cd7c1. pdf.

（1）任何长期在柬埔寨居住或纳税年度（12 个月）中超过 183 天居住在柬埔寨的个人。

（2）任何在柬埔寨境内开展商业活动和合作经营，或主营地在柬埔寨的商业活动的法人。

（3）居民企业，但不包括合伙企业、独资企业。

2. 非居民纳税人

非居民纳税人是指除前述居民纳税人定义外的纳税人。

（二）课税对象

柬埔寨居民纳税人来源于国内和国外的所得收入，均为所得税的征税对象，包括个人或公司从事任何经营活动时所取得的利润和因投资活动所取得的利息、租金或其他合法取得的收入。

非居民纳税人仅就来源于柬埔寨的所得计算缴纳所得税。外国投资者在柬埔寨设立的常设机构也仅就其来源于柬埔寨的所得计算缴纳所得税。

非居民纳税人的所得税适用税率、相关应纳税收入及费用扣除规定等与居民纳税人相同。

非居民纳税人在柬埔寨境内以电子商务形式提供货物或服务将被视为在柬埔寨境内构成常设机构。

（三）应纳税所得额的确定

1. 应税收入

下列是柬埔寨公民的应税收入项目：

（1）由国内企业，或国内"转包"或是政府机构所支付的收入。

（2）国内企业分配的红利。

（3）来源于在柬埔寨境内提供服务（劳务）产生的收入。

（4）由居民所支付的管理服务和技术服务的报酬。

（5）来自在柬埔寨境内经营固定和非固定产业的收入。

（6）由居民或非居民所控制的柬埔寨企业所支付的专利权、无形资产使用费。

（7）来自转让位于柬埔寨的产业或者转让在柬埔寨的固定资产，或者转让融资租赁资产、投资资产、品牌、版权和外币所取得的收入。

（8）在柬埔寨境内因保险或再保险所取得的收入。

（9）在柬埔寨的非居民纳税人，因转让其在柬埔寨的固定资产或流动资产所取得的收入。

（10）非居民通过其位于柬埔寨的常设机构所进行的业务而取得的收入。

2. 不征税和免税收入

符合条件的以下收入不征或免征所得税：

（1）由政府或政府机构取得的收入。

（2）专为宗教、慈善、科学、文学或教育目的而运营的组织取得的收入，其中这些组织的资产和收入未用于私人用途。

（3）劳工组织、商会、工业或农业协会取得的收入，其中该收入未用作任何股东或自然人的私人用途。

（4）出售日常农业生产的农产品取得的收入。日常生产是指不使用任何工业手段（例如改造、保存和商业包装）的活动。

（5）居民企业分配给另一家居民企业的股息。

3. 可扣除项目

被允许税前扣除的项目包括纳税人在该纳税年度内，为了使经营活动持续发展，而支付的费用或产生的成本。支付或偿付给任何企业单位的董事或经办人员、经销人员、纳税人及其家属或其他有关联人员的租金、利息、赔偿或其他费用，只要所支付的款项属实并有合理依据，可在纳税年度内税前扣除。具体包括：

（1）利息支出。为了维持正常生产和经营所需支付的贷款利息可在纳税年度内税前扣除。但利息支出不能超过纳税人该纳税年度净利润的总和或非利息纯收入的50%。除此之外，企业实际支付的利息支出，不超过下列规定比例的部分，准予扣除：

①对于非关联方贷款，利息扣除额不得超过借款时市场利率的120%；

②对于关联方贷款，利息扣除额不得超过借款时市场利率。

这里所指的非利息纯收入是指从营业收入总额中扣除净利润以及各项允许扣除的成本费用（不含已支付的利息）后所得的金额。不能被扣除的利息支出，可结转至下一个纳税年度内继续税前扣除，最长可结转至未来五年。

关联方贷款满足如下条件的，可以根据贷款协议中双方协商的利率确认利息支出，该利率不受独立交易原则的限制：

①签订的贷款协议明确了借款和还款义务；

②具备以下资料，能够对借款目的进行合理解释：

A. 商业计划书；

B. 借款时的或借款时预测的财务报表；

③董事会的决议（适用于非单一成员的有限责任公司）。

企业收到关联方支付的预付款，如在一年内偿还，则不视为关联方贷款。

（2）有形资产的折旧。用于购置不动产和其他有形资产，更新机械设备的支出等，包括购买不动产所产生的贷款利息和税金，可在纳税年度内计入特别项目，并按规定以计提折旧的方式在该纳税年度内税前扣除。

一类：建筑物和它的结构及其组成的元件，折旧率是5%，采用直线法折旧；

二类：电脑、电子资讯系统、软件和数据交换器材，折旧率是50%，采用余额递减法折旧；

三类：小轿车、卡车、办公室家具和器材，折旧率是25%，采用余额递减法折旧；

四类：其他各类有形资产采用20%的折旧率，采用余额递减法折旧。

（3）无形资产的摊销。无形资产包括版权、蓝图、模型和连锁店品牌等的使用权。上述无形资产若有一定的使用年限，其折旧计算方法可根据各自无形资产的特性，以其使用年限，采用直线法摊销。若无形资产的使用年限无法估计，可按无形资产价值的10%计提摊销。

（4）生物资产的折旧。生物资产包括自然资源和生产性生物资产两类。生物资产可按规定以计提折旧的方式在税前扣除。具体折旧计算方法如下：

①自然资源。按期末账面价值乘以该纳税年度产出占该自然资源预计总产出的比例计提折旧。

②生产性生物资产。第一，林木类生产性生物资产，除橡胶作物的林木类生产性生物资产，采用直线法折旧，折旧率为5%或按生命周期计算的折旧率中较高者。橡胶作物按20年计提折旧，具体的折旧率如表3-1所示。

表3-1　　　　　　　　　　　　　橡胶作物折旧率

自开始产出起年限	折旧率（%）
从第1年至第2年	3
从第3年至第4年	4
从第5年至第10年	5
从第11年至第12年	7
从第13年至第15年	6
从第16年至第19年	5
第20年	残值

第二，畜产类生产性生物资产，采用直线法折旧，折旧率为10%或按生命周期计算的折旧率中较高者。

（5）自然资源的损耗。自然资源的损耗可在税前扣除。自然资源包括石油和天然气等。所有勘探和投资，包括因投资而产生的利息，将被归入自然资源的资产类项目。

在纳税年度内，可以税前扣除自然资源的损耗数额＝自然资源资产价值×实际生产数量÷该年预估的自然资源的可生产总量。

计算和预估自然资源可生产的总量的程序与方法由国会通过法案，予以实施。

（6）慈善捐赠支出。向可享受所得税免税优惠政策的慈善机构或团体组织所捐赠的部分，可从应纳税所得额中扣除，但不能超过未扣除捐赠前应纳税所得额的5%。

（7）银行贷款准备金。

（8）其他可税前扣除的费用。

4. 不可扣除项目

不允许税前扣除的项目所列如下：

（1）任何被认为与娱乐消遣活动和招待活动或任何跟上述活动有关联的费用支出。

（2）个人和家庭支出，但不包括依照工资税规定已履行了保留纳税义务的各种额外收益的现金收入。

（3）任何符合所得税条款规定所征收的税款，或任何符合工资税条款规定所征收的代扣税。

（4）任何与关联人员之间的交易或置换所产生的亏损。

（5）法律明确规定在经营活动中实际发生且允许税前扣除事项外的其他任何支出。

5. 可弥补亏损

纳税人发生年度亏损的，可以用下一纳税年度的所得弥补；下一纳税年度的所得不足弥补的，可以逐年递延弥补，但是递延弥补期最长一般不得超过5年。

石油天然气开采行业可结转的弥补亏损期最长不得超过10年。

纳税亏损应按先进先出的模式对未来应纳税所得额进行抵扣。

（四）税率

所得税通常按照20%的税率征收。以下特殊情况除外：

1. 石油天然气开采和天然资源勘探

石油天然气开采，天然资源勘探等包括木材、矿藏、黄金和宝石开采所产生的利润按照30%的税率征收。

2. 私营个体企业和普通合伙人

私营个体企业和普通合伙人按累进税率计算缴纳所得税，具体如表3－2所示。

表3－2 应纳税利润部分及税率

应纳税利润部分	税率（%）
从0～18 000 000（含）瑞尔	0
从18 000 001～24 000 000（含）瑞尔	5
从24 000 001～102 000 000（含）瑞尔	10
从102 000 001～150 000 000（含）瑞尔	15
超过150 000 000瑞尔	20

3. 保险公司所得税

保险公司应依照下列规定缴纳所得税：

（1）所收取的财产保险和财产再保险收入，按5%的税率计算缴纳所得税。

（2）所收取的人寿保险、再保险或其他非财产保险的保险业务收入，按20%的税率计缴所得税。

4. 信用担保企业所得税

信用担保企业应按照下列规定缴纳所得税。

（1）信用担保费收入，按5%的税率征收。

（2）除信用担保费收入以外的其他收入，按20%的税率征收。

（五）税收优惠

1. 合格投资项目

线上注册登记且经柬埔寨发展理事会批准的合格投资项目可在以下两类投资优惠方案中任选其一：

（1）免税期优惠方案。根据行业及投资活动的实际情况，从合格投资项目首次盈利当年起，即可享受3～9年的所得税免税优惠政策。所得税免税期间，预缴所得税亦可享受免税。

免税期结束后，合格投资项目可按如下比例缴纳所得税：

①免税期结束后两年，按应纳税额的25%缴纳所得税；

②免税期结束后 3 ~ 4 年，按应纳税额的 50% 缴纳所得税；

③免税期结束后 5 ~ 6 年，按应纳税额的 75% 缴纳所得税。

（2）特殊折旧率方案。特殊折旧率指在合格投资项目购入新的或使用过的资产时，可在将该资产投入制造或生产活动的当年，按照其成本的 40% 加计折旧，并在税前扣除。

①自批准为合格投资项目之日起至多 9 年内，购入资产可享受特殊折旧率；

②自批准为合格投资项目之日起至多 9 年内，享受其他具体费用至高 200% 的税前加计扣除，不同行业和投资情况可税前加计扣除的费用类型不同，具体费用类型由其他法律法规规定；

③使用特殊折旧率期内，可免征预缴所得税。

除上述优惠方案外，合格投资项目可享受的其他税收优惠政策包括：

（1）针对部分费用（研发费用、人力资源开发费用等）可按 150% 税前加计扣除。

（2）利润用于再投资，免征所得税。

（3）分配红利不征税。

合格投资项目可通过购买、出售及合并等方式进行转让。转让符合相关法律法规，且已获得柬埔寨发展理事会或首都/省级投资委员会的批准，该合格投资项目可继续享受相关税收优惠政策。

2. 针对中小企业的税收优惠政策

对于中小企业，如满足以下条件，可享受税收优惠政策：

（1）中小企业必须已进行税务登记，或根据现行有效的法律及法规，完成税务登记更新。

（2）中小企业类型应属于所指定的优先行业。

（3）中小企业应通过电子申报系统提交申请书或人工填写柬埔寨税务局提供的相关申请材料，并根据申请方式通过电子申报系统打印或前往柬埔寨税务局领取税收优惠证明。

（4）中小企业应保存正确的会计账务处理记录，并按时申报和缴纳月度及年度所得税。

（5）位于中小企业园区与开发园区的中小企业。

中小型企业中属于优先行业的包括：

（1）农业或农产品业。

（2）食品生产及加工业。

（3）非出口消费品制造业、废物回收和旅游产品制造业。

（4）产成品、半成品及零部件制造业。

（5）信息技术研究开发及其周边服务业。

上述中小型企业可享受如下税收优惠：

（1）从新办企业税务注册登记之日起，或者从现有企业税务登记更新之日起，免征 3 年所得税。

（2）符合下列任一条件的，从新办企业税务注册登记之日起，或者从现有企业税务登记更新之日起，免征 5 年所得税：

①使用至少 60% 的当地原材料；

②提高至少 20% 的就业率；

③坐落在中小型企业园区内。

（3）对于财会系统软件、员工培训、技术技能培训的费用支出可享受 200% 加计扣除。

（4）对于用于提高生产效率的设备或新技术的费用支出可享受 150% 加计扣除。

3. 针对上市公司的税收优惠政策

在柬埔寨证券交易所首次发行股票、债券，并在柬埔寨境内进行自行申报的企业纳税人，可享受以下税收优惠：

（1）若企业首次发行不少于企业 20% 表决权的权益性证券，或发行不少于企业 20% 总资产且其债务期限不少于 7 年的债券，在经柬埔寨证券交易委员会批准后，该企业在发行日起前 3 年享受 50% 的所得税税收减免优惠。

（2）企业首次发行少于企业 20% 表决权的权益性证券或发行少于企业 20% 总资产的债券，将按照以下比例享受所得税税收减免优惠：

$$
\text{可享受所得税税收优惠的比例} = \left(\frac{\text{已发行股票或}}{\text{已发行债券}} \Big/ \frac{\text{具有表决权的}}{\text{股票或总资产}} \right) \div 20.001\% \times 50\%
$$

该享受所得税税收减免优惠的比例适用于：

①已发行的权益类证券不超过 200 亿瑞尔（约 500 万美元）的企业；

②已发行的债务类证券不超过 80 亿瑞尔（约 200 万美元）的企业。

3 年税收减免优惠期限具体规定如下：

（1）纳税年度的前 6 个月内发行的权益类证券/债券，从权益类证券/债券发行的纳税年度的开始享受税收优惠。

（2）纳税年度的后 6 个月内发行的权益类证券/债券，从权益类证券/债券发行的下一纳税年度开始享受税收优惠。

（3）由柬埔寨财经部批准的任何特定期限。

在柬埔寨证券交易所首次发行权益类证券、债券的企业纳税人，在经柬埔寨证券交易委员会批准后，可享受企业所得税、预提所得税欠缴税款豁免。

不同纳税人可享受欠缴税款豁免的期间如下：

（1）于主板上市的纳税人，其上市前 10 年至上市前 3 年的欠缴税款可享受豁免。

（2）于成长型市场上市的中小型企业，其上市前 10 年至前 2 年的欠缴税款可享受豁免。

以上税收优惠不适用于免税期内的合格投资项目。

4. 针对教育机构的税收优惠政策

柬埔寨教育机构在满足相关条件时，可享受的税收优惠包括：

（1）在 2023 年底前暂停征收年营业额 1% 的最低税。

（2）在 2023 年底前暂停征收每月营业额 1% 的预缴所得税。

（3）支付的奖学金不计入所得税应纳税所得额，即以折扣后的学费缴纳所得税。

（4）以现金或者实物向非自行申报的居民纳税人支付与学生教育直接相关的管理、咨询服务或类似服务的服务费用，免征预提所得税。

（5）向非自行申报的居民纳税人支付的利息，免征预提所得税。

（6）向非居民支付的与学生教育直接相关的管理和技术服务费用，免征预提所得税。

（7）向非居民支付的利息和股息，免征预提所得税。

（8）教育服务以及与教育服务相关联的服务和商品，包括向学生提供餐饮和住宿，免征增值税。因此不得申请抵扣相关费用的进项税额，但该服务费用可在所得税前扣除。

除上述税收优惠外，柬埔寨教育机构仍需承担以下税收义务：

（1）按 20% 税率计算缴纳所得税。

（2）向居民纳税人支付与学生教育没有直接相关的装修服务、工程服务、建筑服务及其他服务的服务费用仍须缴纳 15% 的预提所得税，向非居民纳税人支付相应费用则须缴纳 14% 的预提所得税。

（3）向非自行申报的居民纳税人支付的租金和特许权使用费仍须缴纳预提所得税。

（4）向非自行申报的非居民纳税人支付特许权使用费、与使用不动产相关的租金及其他收入，仍须缴纳 14% 的预提所得税。

（5）工资税、额外福利税及其他应纳税款。

（6）在柬埔寨税务局进行税务登记。

（7）按时向柬埔寨税务局提交月度和年度纳税申报表，并缴纳相应税款。

（8）根据现行有效法律法规维持良好的纳税记录。

（9）年营业额超过40亿瑞尔（约100万美元）的教育机构，需要向柬埔寨税务局提交由独立审计师审计的财务报表。

（10）为豁免预提所得税，教育机构须留存与其支付有关的发票或其他支持性文件，并每月向柬埔寨税务局提交相关资料。

5. 应对暂停享受贸易最惠国待遇的税收优惠政策

针对在柬埔寨境内因受到暂停享受贸易最惠国政策影响的服饰类、纺织类及鞋类（包括箱包）企业，纳税人须向柬埔寨税务局提出申请，并在取得审批后，可享受以下税收优惠政策：

（1）为准确计算所得税豁免金额，企业需要通过以下公式计算实际受到暂停享受贸易最惠国待遇的影响：影响率＝受影响的出口额/出口总值×100%。

（2）基于上述影响率确定所得税豁免比例：

①影响率为20%～40%：豁免50%所得税；

②影响率为40%（含）～100%：豁免100%所得税。

（3）当企业在向柬埔寨税务局提交所得税申报表时，为享受上述所得税优惠政策，应提供相关证明或支持性文件详细说明其受到暂停享受贸易最惠国待遇的影响。

（六）预提所得税

1. 征收范围

柬埔寨境内企业或机构向居民企业支付费用时，应代扣代缴预提税。预提税的征收范围包括但不限于以下费用：

（1）柬埔寨境内企业或机构向居民企业支付服务费用时，除非已开具有效的增值税发票，否则应按15%的税率代扣代缴预提税。

（2）柬埔寨境内的非银行和储蓄机构的居民企业向居民企业支付利息时，应按15%的税率代扣代缴预提税。

（3）柬埔寨境内企业或机构向居民企业支付特许权使用费时，应按15%的税率代扣代缴预提税。

（4）柬埔寨境内企业或机构向居民企业支付租金时，应按10%的税率代扣代缴预提税。

（5）柬埔寨境内的银行和储蓄机构向居民企业支付利息时：

①若其账户为定期存款账户，应按6%的税率代扣代缴预提税；

②若其账户为活期存款账户，应按4%的税率代扣代缴预提税。

2. 税收优惠

（1）对于服装及纺织企业，如满足以下条件，在 2018～2022 年期间出口的纺织品合格投资产品（如鞋子、箱包和帽子等），暂不征收预提税：

①申报符合税务和会计准则的财务报表；

②按时申报其他各项税款；

③向柬埔寨税务局提交第三方独立出具的年度审计报告。

若企业没有满足以上条件，不可享受上述预提税免税政策。

（2）对于农业企业，如满足以下条件，农业企业生产、供应或出口的农业产品（如大米、玉米、大豆、胡椒、腰果、坚果、木薯或橡胶），自 2019 年 1 月起免征预提税：

①申报符合税务和会计准则的财务报表；

②按时申报其他各项税款。

若企业没有满足以上条件，不可享受上述预提税免税政策。

（3）对于影视企业，如满足以下条件，在 2019～2023 年期间支付的特许权使用费和无形资产费用，暂不征收预提税：

①已完成税务登记注册；

②拥有良好的财务记录；

③按时完成月度及年度纳税申报；

④遵守其他纳税义务。

（4）对于农村电力协会，从柬埔寨电力局取得的补贴免征 1% 的预提税。

（5）自 2020 年 1 月 29 日，新增以下预提税税收优惠：

①向增值税注册公司支付的并持有有效增值税发票的软件费用，包括用于收缩包装的软件、站点许可证、可下载软件和与计算机硬件捆绑销售的软件费用；

②价值低于 50 000 瑞尔（约 12.50 美元）的服务费用；

③向增值税注册公司支付的并持有有效增值税发票的动产和不动产租赁费用。

（七）应纳税额的计算

计算应纳所得税额的步骤：

（1）基于计算得出应纳税所得后按照所得税适用税率，以及加上股息分配预征所得税，计算得出应缴税款总额。

应纳税款总额 = 应纳税所得额 × 税率 + 股息分配预征所得税

（2）再将纳税人境外已缴税款进行抵扣，得出最终应缴所得税，抵扣的境外已缴税款不能超出已缴境外税款总额。

$$最终应缴所得税 = 应纳税款总额 - 境外已缴税款$$

若纳税人年度应纳所得税额低于最低税额，则纳税人须按照应纳最低税额申报缴纳所得税，即最低税额扣除已缴纳的预提税额；若纳税人年度应纳所得税额高于最低税额，则纳税人应按照实际应纳所得税额申报缴纳所得税，即所得税额扣除已缴纳的预提税额。

【例题】甲企业为柬埔寨居民纳税人，2023 年甲企业在柬埔寨开展经营活动取得收入 7 000 万瑞尔，可扣除相关成本费用 2 000 万瑞尔，其中向可享受所得税免税优惠政策的慈善机构捐赠 300 万瑞尔，计算甲企业 2023 年应缴纳的所得税税额。

【解析】

向可享受所得税免税优惠政策的慈善机构或团体组织所捐赠的部分，可从应纳税所得额中扣除，但不能超过未扣除捐赠前应纳税所得额的 5%。

未扣除捐赠前应纳税所得额 = 7 000 - 2 000 + 300 = 5 300（万瑞尔）

捐赠支出扣除限额 = 5 300 × 5% = 265 万瑞尔 < 300（万瑞尔）

应纳税所得额 = 7 000 - 2 000 + (300 - 265) = 5 035（万瑞尔）

应纳企业所得税税额 = 5 035 × 20% = 1 007（万瑞尔）。

二、工资税

（一）纳税义务人

1. 柬埔寨工资税居民纳税人

（1）任何在柬埔寨拥有住所的个人。

（2）在任何纳税年度内（12 个月）中超过 183 天居住在柬埔寨的个人。

因工资税所引发的代扣代缴责任义务，规定如下：

（1）法人代表，包括外国的法人代表，有代扣工资税的义务。

（2）雇主在每一次发放工资时代扣工资税，并统一上缴国库。

（3）身居国外的雇主可在柬埔寨国内委托代理人，在发放工资时作为工资税代扣代缴的负责人，并负责将所代扣的税款上缴国库。

（4）无论是在柬埔寨境内或境外发放工资，雇主或外国雇主在柬埔寨境内代理人与其雇员一起负有缴付代扣工资税的责任。如未按规定对工资缴付代扣税的，雇主应负责催促雇员本人缴付工资税，但雇主仍负有法律责任。

2. 非居民纳税人

任何不满足居民纳税人定义的个人，应被认定为非居民纳税人。任何柬埔寨非居民纳税人，应就其来源于柬埔寨境内的工资缴纳工资税。对于非居民纳税人，来自柬埔寨的应纳税工资收入，应依相关规定处理，适用税率为20%。

（二）课税对象

任何柬埔寨居民所取得的工资，无论是来源于国内或国外，都须缴纳工资税。

"工资"是指，因雇员完成雇佣活动，雇主直接付给雇员的费用，如薪水、报酬、工资、红利和超时工作补偿及其他各种额外福利。

居民雇员每月应纳税的工资收入包括：

（1）源自柬埔寨境内的收入。

（2）源自柬埔寨境外的收入。

（3）雇主提供给雇员的预付款项，例如，借贷或分期付款，在收到上述款项的当月列入应纳税的工资收入；雇员在归还上述款项的当月，将此还款从应纳税工资收入中扣除。

（三）税率

作为居民的雇员，其应缴税工资收入的适用税率取决于应纳税的工资收入金额，雇主应为雇员代扣税款。具体税率如表3-3所示。

表3-3 工资税税率

须纳税的工资额		税率（%）	超额累计扣除额	
瑞尔	美元		瑞尔	美元
0~1 500 000（含）	0~375（含）	0	0	0
1 500 001~2 000 000（含）	375~500（含）	5	75 000	19
2 000 001~8 500 000（含）	500~2 125（含）	10	175 000	44
8 500 001~12 500 000（含）	2 125~3 125（含）	15	600 000	150
超过12 500 000	超过3 125	20	1 225 000	306

注：假设1美元=4 000瑞尔。

雇主应按照20%税率按时代扣分配给雇员的全部股息、红利（附加福利）所产生的税款。上述附加福利的价值为包含所有税款在内的公允市场价值。

雇主以低于市场利率价格向雇员提供的贷款，其中由于市场利率与实际贷款利率不同而造成的差额，视作支付给员工的附加福利，需要按照 20% 税率代扣代缴员工附加福利税。雇主授予雇员的公司股票和期权，应视作支付给员工的附加福利，需要按照 20% 税率代扣代缴员工的附加福利税。

（四）税收优惠

1. 外交人员和其他外国官员豁免支付工资税

2. 雇员免缴工资税的收入

下列是可免缴工资税的项目：

（1）为了雇主的利益和安排，实际发给雇员的工资符合下列三种情况：

①直接全权代表雇主企业利益的；

②没有虚报增加或降低的；

③出具已付清结算发票，抬头必须是真正接受报销人名字。

（2）在劳工法所允许的范围内被退回的赔偿金。

（3）具有社会服务性质的活动所产生的额外报酬。

（4）提供免费或购买低于实际售卖价的制服或专业仪器。

（5）因执行任务或出差所发放的固定津贴，该固定津贴与实际报销部分不存在重复。

（6）服饰、鞋履生产行业的员工在 2019 年及以前年度的工龄工资。

3. 工龄补偿

支付给柬埔寨雇员的工龄补偿金免征工资税，但支付给在柬埔寨驻外职工的工龄补偿金为工资税应税收入。

（五）税前扣除

可从应纳税的工资收入中扣除以下项目：

（1）为了配合劳工法有关条款，而被预先提取的工资、退休金和社会福利基金部分。

（2）雇员所取得的可享受工资税免税的部分。

（3）任何居民雇员，根据其实际的家庭状况，可享有下列工资收入专项扣除：妻子为全职太太、子女未满 14 周岁或 25 周岁以上仍然在经认可的教育机构就读的全日制在校学生，每月可从其应纳税的工资收入基数中，按每人 15 万瑞尔的标准扣除。

（六）应纳税额的计算

应纳税额 =（工资收入总额 - 可扣除金额）× 适用税率 - 超额累进扣除额

居民纳税人，接受国外的工资并根据国外税务机关的要求已付清国外的税款，则可在柬埔寨的应缴工资税中扣除，但应出具已在国外缴纳税款的凭证和文件，并将相关资料留存备查。

【例题】中国居民甲，在柬埔寨没有住所，2023 年 2 月 1 日到 2023 年 7 月 1 日受雇于柬埔寨某公司，取得工资收入 170 万瑞尔/月，此外，2023 年 2 月取得在劳工法所允许的范围内被退回的赔偿金 35 万瑞尔，计算甲 2023 年 2 月需要在柬埔寨缴纳工资税。

【解析】

甲在柬埔寨没有住所，但在一个纳税年度内（12 个月）超过 183 天居住在柬埔寨，所以甲属于柬埔寨居民纳税人，需要就其工资收入缴纳工资税；取得在劳工法所允许的范围内被退回的赔偿金免缴工资税。

甲应纳的工资税 = 1 700 000 × 5% − 75 000 = 10 000（瑞尔）。

三、增值税

（一）纳税人

增值税纳税人是指根据柬埔寨税法的规定，销售货物或提供服务缴纳税款的纳税人。进行单纯雇佣行为活动的雇员不是增值税纳税人。

（二）征税范围

除了有特别的其他注释外，增值税的"应税货物或服务"是指：

（1）纳税人在柬埔寨境内提供货物或服务。

（2）纳税人所使用的自产产品或货品。

（3）纳税人以低于成本价格赠与或提供的货物或服务。

（4）进口至柬埔寨的商品。

根据柬埔寨税法的规定，不对柬埔寨出口到国外的应税货物或者向国外提供的应税服务征收增值税。

根据柬埔寨财经部发布的公告，商业博彩企业取得的博彩服务收入属于增值税应税范围，商业博彩企业须就取得的博彩服务收入缴纳增值税。

（三）税率

通常，在柬埔寨境内所有应税货物或服务的增值税适用税率是 10%。

以下销售货物或提供服务适用的增值税税率为 0：

（1）所有销售至境外的应税货物，以及出口至境外的应税服务。

（2）鼓励类行业或向出口企业提供某些特定货物或服务的外包企业所销售的应税货物或提供的应税服务。

（四）税收优惠

根据柬埔寨税法规定，销售下列货物或提供下列服务可享受增值税免税：

（1）公共邮政服务。

（2）经营医院、诊疗所、提供牙科治疗等医疗服务以及医疗用品的销售。

（3）全权由国家经营的公共交通客运服务。

（4）保险服务（含信用担保费用）。

（5）基本的金融服务项目，具体内容由财经部通过行政通知、命令予以公布。

（6）豁免海关进口关税的物品，具体范围由财经部颁布的行政命令确定。

（7）经财经部所认可的非营利性、关系到公众利益的活动。

（8）教育服务以及与教育相关联的服务。

（9）销售未加工农产品。

（10）固体及液体废料回收服务。

（11）员工培训、签派员工至海外等服务。

此外，在柬埔寨境外发生并且服务对象为柬埔寨非居民，或者在柬埔寨境内发生但是直接服务对象为柬埔寨非居民的服务，适用增值税税率为0%。

外国使节、领事人员、国际机构、技术合作代理机构，因执行其公务，需要进口的物品被列为免税物品。

经柬埔寨发展理事会批准的合格投资项目，在采购以下商品时，可免征增值税：

（1）从事出口活动的合格投资项目及其相关支持性合格投资项目，其所进口的建筑设备、生产设备及其他生产投入（例如，原材料及零配件等）。

（2）从事本地市场相关活动的合格投资项目及其相关支持性合格投资项目，其所进口的建筑设备及生产设备。

在柬埔寨证券交易所首次发行权益类证券、债券的企业纳税人，在经柬埔寨证券交易委员会批准后，可享受增值税欠缴税款豁免。不同纳税人可享受欠缴税款豁免的期间如下：

（1）主板上市的纳税人，其上市前10年至上市前3年的欠缴税款可享受豁免。

（2）成长型市场上市的中小型企业，其上市前10年至前2年的欠缴税款可享受豁免。

根据柬埔寨政府发布的相关规定，自 2022 年 2 月 24 日起 3 年内公共投资者自上市公司取得的利息或股息可享受 50% 的增值税税收减免优惠。

（五）应纳税额的计算

（1）一般规定。增值税的计税基础通常为应税商品的应税价格。进口环节的计税基础为该货品的到岸价格（CIF）、关税以及特定商品和服务税之和。

$$增值税 = 计税基础 \times 适用税率（10\%）$$

$$进口应税商品计税基础 = 到岸价格 + 关税 + 特定商品和服务税$$

（2）转让不动产。出售、捐赠、以低于实际价值销售或转让不动产（除整体业务转让外）将以资产市场公允价值征收 10% 的增值税。

对于已抵扣进项税额的不动产，若该资产不再用于商业活动，则该资产被视为已出售资产，按照其市场公允价值缴纳 10% 的增值税。如果上述资产进项税额未进行抵扣，那么将不适用于此条规定。但是，若上述资产被卖出，仍将对处置收入征收 10% 的增值税。不再用于商业活动的不动产指不能再为企业创造任何收入的闲置资产。

对于免税企业，即使在购买不动产时不允许抵扣进项税额，但出售该不动产仍将被征收 10% 的增值税。

（3）旅行社及旅游公司。柬埔寨国内旅游公司应以不含增值税的总收入作为计税基础，按 10% 的税率计算缴纳增值税。

柬埔寨入境旅游公司应以不含增值税和国际运输费用的总收入作为计税基础，按 10% 的税率计算缴纳增值税。

柬埔寨出境旅游公司应以不含增值税和国际运输费用的总收入作为计税基础，按 0% 的税率计算缴纳增值税。

经营和销售柬埔寨境内外"一揽子"组合旅游服务的旅游公司的计税基础为：增值税计税基础 =（含税旅游服务收入总额 × 在柬埔寨境内旅游天数/旅游总天数)/（1 + 10%），按 10% 的税率计算缴纳增值税。

旅行社应记录其总收入、费用，并根据柬埔寨财经部相关规定计算应收佣金或服务费。佣金和服务费需要缴纳 10% 的增值税。旅行社及旅游公司可以申报进项税额。

【例题】某柬埔寨旅游公司为增值税纳税人，2024 年 1 月提供境内旅游服务获得含税收入 550 万瑞尔，提供出境旅游服务获得不含税收入 350 万瑞尔，发生国际运输费用 100 万瑞尔，发生可抵扣的增值税进项税额 20 万瑞尔，计算该旅游公司 1 月应缴纳的增值税税额。

【解析】

柬埔寨国内旅游公司应以不含增值税的总收入作为计税基础，按10%的税率计算缴纳增值税。柬埔寨出境旅游公司应以不含增值税和国际运输费用的总收入作为计税基础，按0%的税率计算缴纳增值税。

应纳的增值税税额 = 550 ÷ (1 + 10) × 10% + (350 - 100) × 0% - 20 = 30（万瑞尔）。

（六）电子商务业务增值税相关规定

电子商务业务指通过电子系统购买、销售、租赁和交换货物或服务等活动。

自2021年9月8日起，柬埔寨财经部规定从事电子商务业务，且在柬埔寨境内未设立机构或场所的境外单位或个人（以下简称"境外单位或个人"），在满足下述条件后，须在满足条件后30天内完成柬埔寨增值税注册登记，并按规定申报缴纳增值税。

增值税注册登记要求从事电子商务业务且来自柬埔寨境内电子商务交易的收入达到以下阈值之一的境外单位或个人，须完成柬埔寨增值税注册登记：

（1）上一年度营业收入总额超过2.5亿瑞尔。

（2）预计当年连续三个月的营业收入总额将超过6 000万瑞尔。

（七）增值税抵扣

可申请抵扣增值税进项税，若企业既提供增值税应税服务也提供非增值税应税服务，该企业可申请抵扣增值税应税服务对应部分的增值税进项税。

纳税人在应酬、消遣和娱乐活动方面所产生的增值税进项税额，不能进行抵扣或申请退税。

纳税人从事担保业务活动产生的增值税进项税额，不能进行抵扣或申请退税。

根据柬埔寨税法的规定，纳税人支付的进项税额大于该纳税人在任何月份收到的销项税额时，进项税额超过部分用于抵扣该纳税人在以前月份应缴未缴纳的增值税；未抵扣完的进项税额可作为次月进项税额继续抵扣。

【例题】 某百货商场为柬埔寨增值税纳税人，2024年1月向消费者个人销售应税商品获得不含增值税收入350万瑞尔，发生应酬支出75万瑞尔，计算该商场1月应缴纳的增值税税额。

【解析】

纳税人在应酬所产生的增值税进项税额，不能进行抵扣或申请退税。

应纳增值税税额 = 350 × 10% = 35（万瑞尔）。

四、关税

（一）纳税义务人

柬埔寨关税纳税人包括进口货物收货人和出口商品所有人。

（二）征税范围

柬埔寨仅对部分限制性货物征收出口关税，包括木材、橡胶制品及部分特定的动物产品（如大部分的海产品）等。

（三）税率

柬埔寨对大部分进出口货物均征收 0～35% 不等的关税。柬埔寨是世界贸易组织（WTO）成员，享受从 WTO 成员进口的最优税率优惠，并享受东盟成员国进口税约定税率。[①]

（四）税收优惠

经柬埔寨发展理事会批准的合格投资项目，在进口以下商品时，可免征进口关税：

（1）从事出口活动的合格投资项目及其相关支持性合格投资项目，其所进口的建筑设备、生产设备及其他生产投入（例如，原材料及零配件等）。

（2）从事本地市场相关活动的合格投资项目及其相关支持性合格投资项目，其所进口的建筑设备及生产设备。

从事电信服务、油气及矿产开采等经营活动的企业可免于缴纳进口关税。

（五）应纳税额的计算

自正式加入 WTO 后，柬埔寨引入了关税评估机制，纳税人可按照相关机制的具体指引计算缴纳进口关税。柬埔寨关税分为从价征收和从量征收。

（1）从价征收，即基于海关完税价格征收，计算公式为：

$$从价征收税额 = 海关完税价格 \times 适用税率$$

其中，出口货物的海关完税价格，是指商品或货物的价值以及将商品或货

---

① 张凌，冉青松. 柬埔寨项目投资税务风险及关键点分析［J］. 国际商务财会，2020（10）：39-41+44.

物运送到指定地点（即出口边境）所产生的运费及一切直接相关的费用，但不包括出口企业已经取得完税凭证的出口相关税款、国内税及类似的税款。进口货物的海关完税价格，是指实际支付购买该进口商品的交易价款。

（2）从量征收，即基于货物的重量、体积及数量进行征收。

【例题】在柬埔寨的某企业进口一批货物，交易价款为100万瑞尔（不包括其他费用），关税税率为5%，计算该批货物应当缴纳的关税税额。

【解析】

应纳关税税额 = 100 × 5% = 5（万瑞尔）

五、最低税

最低税是独立于所得税的一个税种。最低税不是所得税的附加税，纳税人不必同时缴纳所得税和最低税。

（一）纳税义务人

适用实际纳税机制的纳税人须按规定缴纳最低税。

（二）计税依据及税率

最低税的计税依据为提供服务和销售货物的营业收入（包括除了增值税以外的其他税金），税率为1%。若纳税人年度应纳所得税额低于最低税额，则纳税人须按照应纳最低税额申报缴纳所得税，即最低税额扣除已缴纳的预提税额；若纳税人年度应纳所得税额高于最低税额，则纳税人应按照实际应纳所得税额申报缴纳所得税，即所得税额扣除已缴纳的预提税额。最低税纳税义务，如表3-4所示。

表3-4　　　　　　　　最低税纳税义务

情况	应纳税额
应纳所得税 > 应纳最低税	应纳所得税额
应纳所得税 < 应纳最低税	应纳最低税额

最低税应在年度结束后3个月内完成税款缴纳。纳税人须事先提交柬埔寨税务局审阅会计记录后，方能申请免征最低税优惠政策。柬埔寨税务局每两年会对纳税人的会计记录进行审核。若纳税人认为柬埔寨税务局的审核结果有

误，可向其申请进行二次审核。

（三）税收优惠

经柬埔寨发展理事会批准的合格投资项目可免于缴纳最低税。

对于拥有良好会计记录且遵守相关会计准则的纳税人，可以申请享受免于征收最低税。

六、特定商品和服务税

（一）纳税义务人

商品生产制造商和服务提供商需要缴纳特定商品和服务税，并应于次月20日前完成申报纳税。

（二）征税范围及税率

特定商品和服务税是对进口商品或者特定商品和服务征收的税种。

特定商品和服务税的税率在3%～45%之间，不同商品或服务适用具体税率如表3－5所示。

表3－5　　　　　　　　　　特定商品和服务税税率

商品/服务	税率（%）
柬埔寨销售的境内外机票	10
娱乐服务	10
本地生产或进口的香烟和雪茄	20
本地生产或进口酒精饮料（啤酒除外）	35
国产或进口啤酒	30
本地生产或进口的非酒精饮料①	10
润滑油、刹车油、机油生产原料（进口）	10
本地和国际电信服务	3
汽车及零部件	15、25、35
石油、柴油、汽油和某些特定电子产品	4、10、25、33

---

① 柬埔寨国家税务局2023年宣布调整部分非酒精饮料特别税（special tax），其中能量饮料（energy drink）由现有的10%，调高至15%。不含气饮料，包括牛奶、豆奶、咖啡和椰子水等饮料的特别税，则从现有的10%，调降至5%。其他不属于上述种类的非酒精饮料，其特别税将保持在10%。新税率从2023年9月1日正式生效实行。

（三）税收优惠

经柬埔寨发展理事会批准的合格投资项目，在进口以下商品时，可免于缴纳特定商品和服务税：

（1）从事出口活动的合格投资项目及其相关支持性合格投资项目，其所进口的建筑设备、生产设备及其他生产投入（例如，原材料及零配件等）。

（2）从事本地市场相关活动的合格投资项目及其相关支持性合格投资项目，其所进口的建筑设备及生产设备。

合格投资项目可通过购买、出售及合并等方式进行转让。如该转让符合相关法律法规，且已获得柬埔寨发展理事会或首都/省级投资委员会的批准，该合格投资项目可继续享受相关税收优惠政策。

在柬埔寨证券交易所首次发行权益类证券、债券的企业纳税人，在经柬埔寨证券交易委员会批准后，可享受特定商品和服务税欠缴税款豁免。不同纳税人可享受欠缴税款豁免的期间如下：

（1）主板上市的纳税人，其上市前10年至上市前3年的欠缴税款可享受豁免。

（2）成长型市场上市的中小型企业，其上市前10年至前2年的欠缴税款可享受豁免。

（四）应纳税额的计算

应纳税额＝销售特定商品或提供服务收入×适用税率

【例题】甲为柬埔寨饮料生产企业，2024年1月生产销售酒精饮料（非啤酒）获得不含税收入130万瑞尔，销售啤酒获得不含税收入100万瑞尔，销售非酒精饮料获得不含税收入170万瑞尔。计算该企业7月应当缴纳的特定商品和服务税税额。

【解析】

应纳的特定商品和服务税税额＝130×35%＋100×30%＋170×10%＝92.5（万瑞尔）。

七、租赁税

（一）纳税义务人

从事土地、建筑物和存储设施租赁的纳税人应缴纳租赁税。

（二）　计税依据

租赁税以土地、建筑物和存储设施的租赁收入为计税依据。转租不征收租赁税。

（三）　税率

租赁税的税率为10%。

（四）　应纳税额的计算

$$应纳租赁税税额 = 租赁收入 \times 10\%$$

【例题】某金边市一公民2023年出租商铺一间，收取租金收入为850万瑞尔，计算其2023年应纳租赁税税额。

【解析】

应纳租赁税税额 = 850 × 10% = 85（万瑞尔）。

八、印花税

（一）　纳税义务人

在转让车船、不动产所有权或土地使用权时，柬埔寨对财产承接方征收印花税。

（二）　征税范围及税率

不同情况下的适用税率如下：

（1）对于转让不动产所有权及土地使用权，包括销售、赠与或以不动产投资等形式，按照所转让不动产或土地使用权价值的4%征收。

（2）转让各类运输工具的所有权，包括重型载货汽车、小汽车、摩托车、轮船、渡轮等，按照所转让运输工具所有权价值的4%征收。

（3）以下法律文书也将被征收印花税（按照文书数量征收）：

①与公司并购有关的法律文书，征收标准为100万瑞尔；

②与公司分立有关的法律文书，征收标准为100万瑞尔。

（4）国家财政预算内的货物销售或服务采购合同，按合同金额的0.1%征收。

（5）转让公司股权时，按股价的0.1%征收。

（6）商业标志和商业海报或横幅：

①对商业标志和商业海报或横幅征收的印花税通常是基于其所使用的橡胶、普通纸、布料或其他材料；

②主管机关不会就未缴纳印花税的海报签发批准函；

③下列用作非商业性宣传用途的海报不属于印花税征税范围：社会教育，环境保护，反对家庭暴力，保护森林和野生动物以及交通法规教育；国内外非营利性组织；非营利的政府机构。

（三）税收优惠

以下情况免征印花税：

（1）转让柬埔寨或政府所授予的特许土地所有权或使用权。

（2）亲属之间转让财产所有权或者使用权。

（3）转让发动机功率不超过 150 马力的所有摩托车、三轮车、拖拉机和水上汽车的所有权。

（4）经柬埔寨证券交易委员会批准，向公众发行证券的公司的股份转让、股份承接、公司合并、股东构成重组和股份分割。

（5）转让根据政府机构清单登记的不动产和各类车辆的所有权或使用权。

（6）转让外交使团、外国领事馆、国际组织或其他政府技术合作机构的不动产和各类车辆的所有权或使用权。

（7）购买交通工具或车辆作为商品转售给在柬埔寨税务局注册的企业。

（8）针对 70 000 美元或以下的不动产（各类住宅）的所有权或使用权转让，在满足以下条件时，免征印花税：

①自 2020 年 2 月 25 日至 2021 年 1 月 31 日期间（柬埔寨暂未延长该政策的有效期），不动产的市场公允价值不超过 70 000 美元或在买卖协议中明确规定价值不超过 70 000 美元的；

②转让方为在柬埔寨财经部或其他省级部门注册登记的房地产开发企业；

③房地产开发企业应根据不动产的实际市场公允价值签订买卖协议。柬埔寨税务局将对不动产转让行为进行监管，以防止公司利用此政策以低于市场公允价值进行房屋买卖，进而规避税款。

【例题】甲、乙都是位于柬埔寨的企业，2023 年 8 月甲将价值为 1 000 万瑞尔的房产转让给乙，计算乙应当缴纳的印花税税额。

【解析】

应纳印花税税额 = 1 000 × 4% = 40（万瑞尔）。

九、土地闲置税

纳税人持有的在城市和指定地域的土地，没有在建设中，或者土地上的建筑物没有处于使用中时，应缴纳土地闲置税。具体税额于每年 6 月 30 日由未用土地评价委员会决定，按照每平方米土地市场价格的 2% 计算，1 200 平方米以内的土地免税。

应税土地的所有者应在每年 9 月 30 日以前缴纳土地闲置税。

【例题】 2023 年甲持有一块 800 平方米的土地，由于资金问题，该土地一直闲置没有投入建设，计算甲应当缴纳的土地闲置税税额。

【解析】

由于 1 200 平方米以内的土地免征土地闲置税，所以甲应缴纳的土地闲置税税额为 0。

十、车船税

车船税在车辆、船舶等特定运输工具注册时征收，应于每年 6 月 1 日至 11 月 30 日申报缴纳。

（一）纳税义务人

车辆、船舶所有人为车船税纳税人。

（二）征税范围及税率

车船税的年度税率如表 3-6 所示。

表 3-6　　　　　　　　车船税年度税率

项目		年度税额（瑞尔）
旅游大巴	排放量低于 1 500cc	完成建造 0~5 年：150 000 完成建造 5~10 年：100 000 完成建造 10 年以上：80 000
	排放量在 1 500cc~2 000cc	完成建造 0~5 年：200 000 完成建造 5~10 年：150 000 完成建造 10 年以上：100 000

项目		年度税额（瑞尔）
旅游大巴	排放量在 2 000cc ~ 2 900cc	完成建造 0 ~ 5 年：600 000 完成建造 5 ~ 10 年：400 000 完成建造 10 年以上：250 000
	排放量在 2 900cc ~ 4 000cc	完成建造 0 ~ 5 年：1 600 000 完成建造 5 ~ 10 年：1 000 000 完成建造 10 年以上：600 000
	排放量超过 4 000cc	完成建造 0 ~ 5 年：2 000 000 完成建造 5 ~ 10 年：1 200 000 完成建造 10 年以上：800 000
卡车	低于 3 吨	200 000
	3 ~ 10 吨	500 000
	10 ~ 20 吨	1 000 000
	超过 20 吨	2 000 000
重型拖车	3 ~ 10 吨	500 000
	10 ~ 20 吨	1 000 000
	超过 20 吨	2 000 000
客车	低于 15 座	150 000
	16 ~ 25 座	200 000
	超过 25 座	250 000
货船（河船）	低于 3 吨	50 000
	3 ~ 10 吨	100 000
	10 ~ 20 吨	200 000
	超过 20 吨	300 000
客船（河船）	长度在 20 米以内	100 000
	长度在 21 ~ 30 米	200 000
	长度在 30 米以上	300 000
拖船（河船）	马力为 150 ~ 200	60 000
	马力为 200 ~ 250	180 000
	马力超过 250	300 000
货船（海船）	低于 100 吨	200 000
	100 ~ 1 000 吨	300 000
	1 000 ~ 2 000 吨	750 000
	超过 2 000 吨	1 200 000

项目		年度税额（瑞尔）
客船（海船）	长度在 20 米以内	100 000
	长度在 21～30 米	150 000
渔船（海船）	马力 150 以上的小渔船	100 000
	马力低于 150 的渔船	300 000
	马力为 150～250 的渔船	400 000
	马力为 250～500 的渔船	600 000
	马力超过 500 的渔船	1 200 000
拖船（海船）	马力低于 250	200 000
	马力为 250～500	400 000
	马力超过 500	600 000
摩托艇	马力为 150～200	400 000
	马力超过 200	500 000
装有汽车发动机的拖拉机或三轮车应确定为载重 3 吨的卡车		200 000
两圈四轮拖车		200 000
两圈八轮拖车		500 000
三圈六轮卡车		1 000 000
三圈十轮重型卡车		2 000 000

（三）税收优惠

以下车辆免征车船税：

（1）政府所有的救护车及消防车。

（2）由柬埔寨军事部队、宪兵队和国家警察拥有并用于保护国家的车辆或用于运输军事及安保物资、人员的车辆。

（3）使馆或外国领事馆、国际组织或政府技术合作机构的车辆。

如享受以上免税政策，车辆所有人应向政府车辆检验部门提交申请并获得批准。

【例题】某柬埔寨运输企业，2023 年拥有 3 辆 15 座的客车，2 辆 24 座的客车，2 辆 9 吨的重型拖车，问该企业 2023 年应缴纳的车船税税额。

【解析】

应纳车船税税额 = 3 × 150 000 + 2 × 200 000 + 2 × 500 000 = 1 850 000（瑞尔）。

十一、酒店住宿税

（一）纳税义务人

酒店所有者或代表人应在每月结束后的次月 20 日内申报缴纳酒店住宿税。

（二）计税依据

酒店住宿税的计税基础为取得的酒店服务费，包括服务费以及除酒店住宿税和增值税以外的所有税费。

（三）税率

自 2007 年 1 月 1 日起，柬埔寨正式征收酒店住宿税，税率为 2%。

（四）税收优惠

在柬埔寨证券交易所首次发行权益类证券、债券的企业纳税人，在经柬埔寨证券交易委员会批准后，可享受酒店住宿税欠缴税款豁免。不同纳税人可享受欠缴税款豁免的期间如下：

（1）于主板上市的纳税人，其上市前 10 年至上市前 3 年的欠缴税款可享受豁免。

（2）于成长型市场上市的中小型企业，其上市前 10 年至前 2 年的欠缴税款可享受豁免。

（五）应纳税额的计算

$$应纳酒店住宿税税额 = 酒店服务费 \times 税率（2\%）$$

【例题】柬埔寨居民乙是柬埔寨某家酒店所有人，2023 年 12 月获得酒店服务费 370 万瑞尔，计算乙 2023 年 12 月应缴纳的酒店住宿税税额。

【解析】

应纳酒店住宿税税额 $= 370 \times 2\% = 7.4$（万瑞尔）

十二、公共照明税

（一）纳税义务人

含酒精饮料及香烟的销售方，应在每月结束后的次月 20 日内申报缴纳公共照明税。

（二）课税对象及税率

柬埔寨对生产、销售含酒精饮料、香烟的各个环节，按照货物价值（包括除了公共照明税以及增值税以外的其他所有税费）的3%，征收公共照明税。

对于生产制造商和进口商，公共照明税的计税基础为发票所列金额；对于分销商，公共照明税的计税基础为商品售价的20%。

公共照明税需要在提供商品或服务时征税，其纳税义务时间与增值税相同。

（三）税收优惠

在柬埔寨证券交易所首次发行权益类证券、债券的企业纳税人，在经柬埔寨证券交易委员会批准后，可享受公共照明税欠缴税款豁免。不同纳税人可享受欠缴税款豁免的期间如下：

（1）主板上市的纳税人，其上市前10年至上市前3年的欠缴税款可享受豁免。

（2）成长型市场上市的中小型企业，其上市前10年至前2年的欠缴税款可享受豁免。

【例题】甲为位于柬埔寨的酒精饮料分销商，2023年10月销售酒精饮料取得500 000瑞尔，计算甲2023年10月应缴纳的公共照明税税额。

【解析】

应纳的公共照明税税额 = 500 000 × 20% × 3% = 3 000（瑞尔）。

十三、财产税

（一）纳税义务人

财产税是针对柬埔寨各省市中价值超过1亿瑞尔（约2.5万美元）的不动产所征收的税金。

财产税纳税人为不动产所有人。不动产是指土地、房屋或建造在土地上的其他建筑物。

（二）征税范围及税率

不动产所有人对其位于柬埔寨境内的价值超过1亿瑞尔（或2.5万美元）

的不动产，应在每个纳税年度 9 月 30 日之前对其价值超过 1 亿瑞尔（或 2.5 万美元）的部分，缴纳 0.1% 的财产税。

（三）应纳税额的计算

$$应纳财产税税额 = （房产价值额 - 1 亿瑞尔）\times 0.1\%$$

【例题】甲为柬埔寨的一家房产企业，2023 年拥有房产价值 16 500 万瑞尔，计算 2023 年该企业应缴纳的财产税税额。

【解析】

$$应纳财产税税额 = （16\,500 - 10\,000）\times 0.1\% = 6.5（万瑞尔）$$

十四、登记注册税

（一）纳税义务人

所有在柬埔寨登记注册的纳税人，在首次登记注册时以及存续期间每年均须支付登记注册税。

（二）课税对象及税率

登记注册税按纳税人规模分别按以下税率征收：

小规模纳税人，按每年 40 万瑞尔征收；

中型纳税人，按每年 120 万瑞尔征收；

大型纳税人，按每年 300 万瑞尔征收；

年营业额超过 100 亿瑞尔的大型纳税人，按每年 500 万瑞尔征收。

（三）税收优惠

纳税人若在相同城市设立了具有相同商业活动的分公司、仓库、工厂或工作车间，仅须缴纳一次登记注册税。

纳税人通过线上提交登记注册申请的，在进行经营活动登记时减半征收登记注册税。

【例题】2023 年 5 月，某柬埔寨企业在线上提交登记注册为中型纳税人，计算该企业在经营活动登记时应缴纳的登记注册税税额。

【解析】

$$应纳登记注册税税额 = 120 \times 8/12 \times 1/2 = 40（万瑞尔）。$$

十五、财产收益税

（一）纳税义务人

2020 年 7 月 1 日，柬埔寨财经部发布了有关财产收益税的征收规定。财产收益税适用于如下纳税人：

（1）柬埔寨居民个人。

（2）非居民个人及法人。

对于柬埔寨自行申报的居民纳税人，其财产收益应作为所得税应纳税所得额计算缴纳所得税，不单独缴纳财产收益税。

根据柬埔寨税务局公告，该规定将推迟至 2024 年 1 月 1 日。

（二）税收优惠

出售或转让以下资产可免征财产收益税：

（1）政府机构拥有的资产。

（2）外交使团、外国领事或外国政府技术合作国际组织或机构拥有的资产。

（3）纳税人在出售或转让前居住至少 5 年的主要住所。如果纳税人有超过一个的主要住所，则只有一个主要住所可以豁免财产收益税。

（4）根据印花税规定在家庭成员内转让或出售的不动产，但亲缘关系间的转让除外。

（5）为公共利益出售或转让的资产。根据柬埔寨政府发布的相关规定，自 2022 年 2 月 24 日起三年内公共投资者进行政府证券、股票和债券交易，可享受免征财产收益税税收优惠。

（三）应纳税额的计算

财产收益是出售或转让资产（即不动产、融资租赁资产、投资资产、品牌、版权和外币）所得收入与可扣除费用之间的差额。

针对不动产的转让，可根据固定百分比法及实际成本法确认其可扣除费用：

（1）固定百分比法：可至多根据不动产转让收益的 80% 作为可扣除费用。

（2）实际成本法：与该不动产直接相关且有证明文件的支出，可据实扣除。

转让除不动产以外的其他资产，可根据实际成本法据实扣除直接相关的费用。财产收益税以转让收益为计税基础，按20%税率进行征税。

应纳财产收益税额＝（转让资产所得－可扣除费用）×税率（20%）

如果居民纳税人从其在海外的资产中获得财产收益，且该财产收益已在海外纳税，则该居民纳税人需要根据上述计算方式计算应纳税额并补缴税额。

纳税人应在财产收益实现后的3个月内向柬埔寨税务局提交纳税申报表并及时缴纳税费。

【例题】某柬埔寨企业为财产收益税纳税人，2023年转让一栋闲置的办公楼，取得转让收益1 100万瑞尔，转让该办公楼发生与之直接相关且有证明文件的支出350万瑞尔。计算该企业应纳的财产收益税额。

【解析】

应纳财产收益税额＝（1 100－350）×20%＝150（万瑞尔）。

十六、社保费

柬埔寨国家社会保障基金由以下三个部分组成。

（一）职业保险

职业保险涵盖了雇员在工作中发生的事故或由职业引起的疾病。如果事故发生在雇员的工作场所或往返于工作场所的途中，无论任何原因都将被认定为与工作有关的事故。雇主应于开始经营后30天内向柬埔寨国家社会保障基金登记其海内外雇员。

雇主须根据职业保险要求按月向柬埔寨国家社会保障基金支付职业保险金，职业保险金为雇员月平均工资的0.8%。此外，雇主应在每月20日前向柬埔寨国家社会保障基金报告其雇员数量。

雇员无须缴纳职业保险金。

（二）医疗保险

医疗保险涵盖预防性健康服务、医疗服务以及因疾病治疗、与工作无关的事故，以及生育而暂停工作期间的津贴。医疗保险涵盖人员包括柬埔寨国家社会保障基金的成员及其配偶和受抚养子女。

雇主须在次月15日前根据医疗保险要求按月向柬埔寨国家社会保障基金支付医疗保险金，医疗保险金为雇员月平均工资的2.6%。

（三）退休养老金

根据规定，雇主及雇员均须根据退休养老金要求按月向柬埔寨国家社会保障基金支付退休养老金。退休养老金的缴纳比例如下：

（1）开始缴费之日起 5 年内，为税前工资的 2%（雇员及员工合计为 4%）。

（2）开始缴费之日后第 6～第 10 年，为税前工资的 4%（雇员及员工合计为 8%）。

（3）开始缴费之日后第 11 年开始，缴纳比例每 10 年上涨 2.75%。

第四节　柬埔寨的税收征收管理

一、税务登记

柬埔寨企业必须在开展经济活动后的 15 日内到柬埔寨税务局登记注册。

注册完成时，柬埔寨税务局应出具税务登记证，其中包括纳税人身份识别号。为规范起见，与政府机构签订的合同须标明纳税人身份识别号。

柬埔寨税务局有权要求依法应注册未注册的柬埔寨企业进行注册。

关于公司地址、形式、主管或负责税务事项人员的变更，以及公司业务转让、停业等事项，应在 15 日内通知柬埔寨税务局。

二、纳税申报

（一）纳税期限

通常而言，柬埔寨的会计年度和纳税年度默认为公历年度，更改会计年度需要得到国家会计理事会的批准。实际纳税机制下纳税人可以以会计年度为纳税年度。各税种纳税申报期限表，如表 3－7 所示。

对于新成立公司，其营业第一年的纳税期间为自营业开始至该年的 12 月 31 日。在获得相关部门批准的情况下，集团下属公司可以使用与公历年度不同的纳税年度。

表 3 - 7 各税种纳税申报期限

税种	纳税申报期限
企业所得税	纳税人须在纳税年度终了后 3 个月内向柬埔寨税务局申报前一个纳税年度所取得的利润
预提所得税	次月 20 日前完成申报
工资税	发放工资次月 20 日前完成申报
增值税	次月 20 日前在线填报、提交本月增值税申报表及增值税退税表等相关文件
土地闲置税	每年 9 月 30 日前完成申报缴纳

（二）违反纳税申报规定相关处罚

柬埔寨税务局于 2018 年 3 月发布了对于违反纳税申报规定行为的相关处罚条例，具体如表 3 - 8 所示。

表 3 - 8 违反纳税申报规定相关处罚

违反纳税申报规定行为	处罚
逾期申报但已缴纳税款	提出警告并记录留档，且处以 200 万瑞尔（500 美元）罚款
正常申报但未缴纳税款	提出警告并记录留档，且处以 200 万瑞尔（500 美元）罚款
逾期申报并逾期缴纳税款	提出警告并记录留档，且重新评估额外 10% 税款
逾期申报不超过 6 个月	重新评估额外 10% 税款及每月 2% 的滞纳金，且处以 200 万瑞尔罚款
逾期申报超过 6 个月	重新评估额外 10% 税款及每月 2% 的滞纳金，且处以每月 200 万瑞尔罚款

【拓展阅读 3 - 1】

柬埔寨资本利得税明年 1 月 1 日起生效实行

柬埔寨国家税务局副总监甘宋帕于日前与多个省市税务局官员召开会议，要求负责官员深入了解资本利得税征管法规，以便能有效执行任务。

他表示，政府已决定从 2024 年 1 月 1 日起，正式征收资本利得税（capital gain tax），因此国税局与纳税人应做好准备。

他称，尽管政府多次推迟资本利得税生效日期，但国税局并未中断相关准备工作。"我们成立的专门单位在此期间仍在不断研究和完善法规，并积极向公共和私人领域进行宣传，以为资本利得税正式生效执行创造良好条件。"

他强调，过去 10 年来国税局致力于开展改革工作，不断提升税务征管效率，成为表现最好的政府部门之一。"尽管面对俄罗斯和乌克兰战争，以及新冠疫情冲击，去年（2022 年）国税局税收仍达到两位数增长率（22.57%）。"

柬埔寨政府于 2020 年 8 月宣布，将从 2021 年 1 月 1 日起开始征收资本利得税，向出售包括房地产在内的资本所得利润征以 20% 税务。然而，有关宣布引起多个商业组织和业主的担忧，资本利得税也成为各界关注的课题。其中，屋业开发商协会认为，在国家和各个经济领域遭受新冠疫情重创之际，若政府决定向房地产交易利润征税，势必将打击正处于"低潮"的房地产市场。

在资本利得税下，税务居民从事的资产买卖活动，包括房地产、资产租赁、资产投资、企业商标、知识产权和外国货币，都将被征收资本利得税；只有政府和外国大使馆资产，或税务居民拥有的常驻居所（只限一间，且持有时间不能少于 5 年），将可豁免征收资本利得税。

在私人领域陈情下，洪森首相于 2020 年 10 月 9 日决定，推迟实行资本利得税的生效日期，为期一年（至 2022 年 1 月 1 日）。

随后，为了推动经济在新冠疫情后复苏，洪森首相于 2021 年决定再次推迟征收资本利得税，为期两年，至 2024 年 1 月 1 日生效。

资料来源：中华人民共和国驻柬埔寨王国大使馆经济商务处．柬埔寨资本利得税明年 1 月 1 日起生效实行 [EB/OL]．（2023 -02 -24）[2024 -07 -01]．http：//cb. mofcom. gov. cn/jpzjj/qt/art/2023/art_950069becfeb49008352402ecfa57615. html.

【思考题】

1. 柬埔寨为什么要征收最低税？
2. 分析柬埔寨税收制度的特点。
3. 柬埔寨税制与其他东盟国家税制有什么异同？

泰国的税收制度

第一节　泰国的社会经济

一、泰国简况[①]

泰王国（The Kingdom of Thailand）位于中南半岛中南部。与柬埔寨、老挝、缅甸、马来西亚接壤，东南临泰国湾（太平洋），西南濒安达曼海（印度洋），属热带季风气候，全年分为热、雨、凉三季，年均气温27℃。

国土面积51.3万平方公里。全国分中部、南部、东部、北部和东北部五个地区，共有77个府，府下设县、区、村。首都曼谷（Bangkok）是唯一的府级直辖市。各府府尹为公务员，由内政部任命。曼谷市长由直选产生。

全国人口6 790万（2024年1月）。全国共有30多个民族。泰族为主要民族，占人口总数的40%，其余为老挝族、华族、马来族、高棉族，以及苗、瑶、桂、汶、克伦、掸、塞芒、沙盖等山地民族。泰语为国语。90%以上的民众信仰佛教，马来族信奉伊斯兰教，还有少数民众信仰基督教、天主教、印度教和锡克教。

---

① 中华人民共和国外交部. 泰国国家概况［EB/OL］.（2024 - 04 - 01）［2024 - 07 - 01］. https：// www. mfa. gov. cn/web/gjhdq_676201/gj_676203/yz_676205/1206_676932/1206x0_676934/.

其资源主要有钾盐、锡、褐煤、油页岩、天然气，还有锌、铅、钨、铁、锑、铬、重晶石、宝石和石油等。

交通运输以公路和航空运输为主。各府、县都有公路相连，四通八达。湄公河和湄南河为泰国两大水路运输干线。全国共有 47 个港口，其中海港 26 个，国际港口 21 个。主要包括廉差邦港、曼谷港、宋卡港、普吉港、清盛港、清孔港、拉农港和是拉差港等。海运线可达中国、日本、美国、欧洲各国和新加坡等。全国共有 57 个机场，其中国际机场 8 个。曼谷素万那普国际机场投入使用后，取代原先的廊曼国际机场，成为东南亚地区重要的空中交通枢纽。国际航线可达欧、美、亚及大洋洲 40 多个城市，国内航线遍布全国 20 多个大、中城市。

二、泰国的经济文化[①]

泰国 2022 年人均 GDP 为 6 908.8 美元，GDP 增长率为 2.6%，失业率约 1.1%（截至 2023 年 6 月）。根据世界银行标准划分，属于中高等收入国家。泰国为传统农业国，是世界天然橡胶最大出口国，农产品是外汇收入的主要来源之一。

其支柱产业为汽车行业。占泰国 GDP 10% 左右，行业从业人员占泰国就业人员 10% 左右。2022 年，泰国汽车产量 188 万辆，其中 84 万辆内销，约 100 万辆出口。泰国是东南亚地区最大的汽车生产国，2022 年全年泰国对外出口汽车及零部件总额达 52 亿美元。

近年来重点支持或优先发展产业有数字经济、绿色经济、智能电子、智慧农业、自动化和智能机器人、医疗、新能源汽车等。

2016 年，泰国政府提出"泰国 4.0"战略，国家投资政策将向"核心技术、人才、基础设施、企业和目标产业"五大领域倾斜。十大目标产业将成为泰国经济发展的新引擎，分别为汽车制造、智能电子、高端旅游与医疗旅游、农业与生物技术、食品深加工、工业机器人、航空与物流、生物能源与生物化工、数字经济、医疗中心。2022 年，增加了人力资源开发与教育、国防两个行业。

2022 年，泰国对外贸易额 5 895.5 亿美元，其中出口 2 838.2 亿美元，进口 3 057.3 亿美元。根据中国商务部数据，2022 年，中泰双边贸易总额 1 350

---

① 中华人民共和国商务部外贸发展事务局：泰国贸易指南：2023 年［ED/OL］.（2023 - 09 - 01）［2024 - 07 - 01］. https：//www.tdb.org.cn/u/cms/www/202309/28153625qyno.pdf.

亿美元，同比增长 3%，其中中方出口额 784.8 亿美元，同比增长 13.4%，进口额 565.2 亿美元，同比下降 8.6%。泰国主要出口商品有：自动数据处理设备及其部件、载人机动车辆、集成电路、成品油、新的充气橡胶轮胎等，主要进口商品：原油、集成电路、石油气及其他烃类气、金（非货币用）、未锻轧的精炼铜及铜合金等。

第二节　泰国税收制度概述①

泰国关于税收的根本法律是 1938 年颁布的《税法典》。该法典主要管理个人所得税、企业所得税、增值税、特别营业税和印花税。另外，《石油税法》管理石油和燃气的特许经营行为，《海关法》管理关税和进出口行为，遗产税、土地和建筑税、招牌税依照各自法律或条例管理。财政部有权修改《税法典》条款。同时各立法机关根据经济发展情况，国际公约或涉及公共安全紧急问题时，可以通过制定皇家法令草案对《税法典》进行修改和修订，并由泰国内阁最终批准后立法实施。

泰国税务厅负责依法实施征收和管理职能。泰国的税收管理遵循自我评估原则，纳税人有法定义务向当局申报其收入并缴纳税款，对于纳税人故意偷漏税款或者伪造虚假信息逃税的行为将处以严厉的惩罚。

泰国为吸引投资、扩大就业、提高国内产能，陆续推出了一系列税收优惠政策。特别是泰国经济内阁自 2019 年起批准了"一揽子"激励计划—"泰国＋"激励措施，包括制定税收优惠政策、为个别国家设立投资特区、修订外商经营法等。

"泰国＋"激励计划为投资于东部经济走廊的企业提供最长达 13 年的免税或减税优惠，为在科学技术等领域雇佣高端人才、为雇员提供职业培训、投资于自动化系统及机器人产业等各类企业提供企业所得税加计扣除优惠，为工业 4.0 相关的捐赠支出提供加计扣除，免除企业所得税、增值税等优惠。

---

① 国家税务总局国际税务司国别（地区）投资税收指南课题组. 中国居民赴泰国投资税收指南［EB/OL］.（2023－05－01）［2024－07－01］. https：//www.chinatax.gov.cn/chinatax//n810219/n810744/n1671176/n1671206/c2582271/5116206/files/10c817960a774ab7b780f8551c451e5d.pdf.

第三节　泰国主要税种的征收制度①

一、企业所得税

泰国企业所得税是对在泰国经营或未在泰国经营但取得来源于泰国的特定收入的企业征收的一种直接税。

（一）纳税义务人

1. 居民企业

在泰国境内按照泰国法律设立的企业为泰国居民企业。具体包括：

（1）私人有限公司。

（2）上市公司。

（3）有限合伙企业。

（4）在册普通合伙企业。

（5）合资企业、基金会或协会。

（6）其他经财政部核准并经政府公报发布的法人。

2. 非居民企业

除符合居民企业要求之外的企业列为非居民企业。具体为按照外国法律成立的法人公司或合伙企业：

（1）按照外国法律成立的，在泰国及其他地区经营业务的法人公司或合伙企业。

（2）按照外国法律成立的，在泰国及其他地区经营国际运输业务的法人公司或合伙企业。

（3）按照外国法律成立的未在泰国经营业务，但有从泰国取得或支付应纳税所得的法人公司或合伙企业。

---

① 本节所引资料，除非特别说明，均来自国家税务总局国际税务司国别（地区）投资税收指南课题组. 中国居民赴泰国投资税收指南 ［EB/OL］.（2023－05－01）［2024－07－01］. https：//www.chinatax. gov. cn/chinatax//n810219/n810744/n1671176/n1671206/c2582271/5116206/files/10c817960a774ab7b780f8551c451e5d. pdf.

（4）按照外国法律成立的因在泰国拥有雇员、办事代表或业务联络员而在泰国取得收入或收益的法人公司或合伙企业。

（5）以商业或营利为目的而开展业务的以下机构：外国政府；依照外国法律成立的法人组织。

（二）征税范围

泰国居民企业应就其来源于泰国境内外全部经营所得，在泰国计算缴纳企业所得税。

非居民企业的征税范围包括：

（1）按照外国法律设立的，在泰国境内经营的企业，就其来源于泰国的所得计算缴纳企业所得税。

（2）按照外国法律设立的，未在泰国境内经营的企业，就其来源于泰国的特定所得扣缴企业所得税，由付款方在支付时直接扣缴应缴税款。

（3）依照外国法律成立的公司或合伙企业运营国际旅客或货物运输业务所得到的收入。

（三）应纳税所得额的确定

泰国企业所得税每年进行两次申报纳税，以应税收入减去相关费用、扣除项目后的余额作为应纳税所得额。

1. 收入范围

居民企业应就其来源于泰国境内及境外的全部经营所得计算缴纳企业所得税。

2. 不征税和免税收入

详见税收优惠部分。

3. 税前扣除

除《税法典》另有规定外，与经营业务相关的费用，可列为费用或损失：

（1）与经营业务相关的员工费用、特许权使用费、服务管理费、研发费用及利息费用等，在合理范围内可列为费用或损失。

（2）符合条件并按规定程序核销的坏账，可以在税前列为损失。

（3）符合规定的招待费用可以按实际发生金额列为费用，但在一个会计年度内可扣除的招待费总额不得超过总收入或销售收入或实收资本的0.3%，最高限额为1 000万泰铢。

（4）以下捐赠支出可以在税前列为费用：

①向社会慈善机构或经批准的公共福利事业的捐赠，扣除金额不得超过净利润的2%；

②向经批准的教育或运动事业的捐赠，扣除金额不得超过净利润的2%；

③按不同的时段要求，通过电子捐赠系统向教育机构、科学技术发展基金、泰国研究基金、计量系统发展基金或卫生系统研究基金等的捐赠支出允许额外扣除。

（5）其他支出扣除项目。

①在没有适用税收协定的情形下，跨国公司海外分支机构在境外支付的税款；

②为员工在教育机构、由政府设立或财政部指定的职业培训中心接受教育或培训的支出，可按照200%扣除；

③用以建设免费的公园、操场或运动场馆的支出，可加计扣除100%的费用，扣除金额不得超过净利润（扣除捐赠前）的10%；

④2021年1月1日至2022年12月31日派遣员工参加经指定机构认证的培训课程的费用，可加计扣除150%；

⑤2021年1月1日至2022年12月31日采购自动化系统相关的设备或电脑软件的支出，可加计扣除100%；

⑥2021年1月1日至2022年12月31日对高端人才（科学、技术、工程或数学领域）的薪资支出，可加计扣除50%，每月扣除金额不超过10万泰铢；

⑦2019年1月1日至2024年12月31日，购买可生物降解塑料产品的支出，可加计扣除25%；

⑧2023年1月1日至2025年12月31日，用于电子代扣税系统或者电子发票收据系统的投资及电子代扣税系统或电子发票收据系统供应商服务的服务费可加计扣除100%。

（6）折旧费用。

①固定资产须按购置成本的一定比率分年列支为折旧费用，若企业按照自身会计方法采用的折旧比率低于税法规定的最高折旧比率，则仅可列支按照企业会计方法计算的折旧费用。固定资产计提折旧可采用直线法、年数合计法及定率递减法计算。各项资产每年可计提的法定最高折旧比率如表4-1和表4-2所示。

表 4 - 1　　　　　　　　　建筑物法定折旧比率最高限额

建筑物类别	折旧比例（%）
建筑物	5
临时建筑物	100
可耗竭性天然资源	5

表 4 - 2　　　　　　　　　资产法定折旧比率最高限额

资产类别		折旧比例
无租赁合约或租赁合约有自动展期条款		10%
有租赁合约（无自动展期条款，或为附有特定期间条件的展期条款）		100%/总使用年数（原始租约的使用年数及约定展期使用年数）
无形资产（技术使用权、配方、商誉、商标、营业执照、著作权、专利权或其他权利）	无特定使用期限	10%
	有特定使用期限	100%/总使用年数
其他资产（不包括土地及存货）		20%

②特定资产的特殊折旧方法：用于研发活动的机器设备首次可以按购置成本的40%计提折旧费用，往后年度则按每年度以最高20%的比例计提。电脑软件以及硬件可以按3年计提折旧费用。

③中小型企业特殊折旧方法：除土地外的固定资产不超过2 000万泰铢且雇员人数不超过200人的企业可适用以下特殊折旧方法：

一是机器设备首次可以按购置成本的40%计提折旧费用，往后年度则按每年度以最高20%的比例计提；

二是电脑硬件及软件首次可以按购置成本的40%计提折旧费用，剩余部分在以后3年计提折旧费用；

三是厂房首次可以按购置成本的25%计提折旧费用，以后年度则按每年度以最高5%的比例计提。

（7）不允许在税前列支的项目。

①任何非专为在泰国开展业务产生的费用；

②泰国的分支机构向其海外总部或其他分支机构支付的服务费用或补偿金（符合特定条件的除外）；

③不符合要求的招待费、服务费；

④计提的准备金；

⑤对除公积金以外的基金提拨款；

⑥私人性质的费用及赠送；

⑦所得税费用；

⑧增值税（特定情况除外）；

⑨罚款、罚金及滞纳金；

⑩支付给股东超过合理范围的薪酬；

⑪虚假的支出；

⑫与资本、公积金及公司专款提拨金相关的利息支出；

⑬无合理凭证的支出；

⑭会计年度结束后再确定或支付的归属于上一会计年度的费用；

⑮未按规定确认的坏账费用；

⑯已取得保险或赔偿的灾害损失。

4. 亏损弥补

企业年度亏损抵扣的期限为往后 5 个年度内，不适用于抵减以前年度税额。企业集团内各个法人实体的亏损分别计算及各自抵扣，不得合并计算。企业股东持股变动不影响该企业亏损抵扣。

（四）税率

泰国的法定企业所得税的税率为 20%。可以适用更低税率的情形包括：

（1）符合以下条件的中小型企业（SME），适用表 4 - 3 税率。

①实收资本不超过 500 万泰铢；

②年度销售商品或提供服务的收入总额不超过 3 000 万泰铢。

表 4 - 3　　　会计期间自 2017 年 1 月 1 日起适用以下所得税税率

应纳税所得额（泰铢）	所得税税率（%）
0 ~ 300 000（含）	0
300 001 ~ 3 000 000（含）	15
超过 3 000 000	20

（2）银行从国际银行设施（IBF）中取得的净利润，按 10% 税率缴税。

（3）国际运输公司就在泰国收取的出口运费和航空运费总收入，按 3% 的税率缴税。

（4）不在泰国经营的外国公司收到来自泰国的股息收入，按 10% 的税率缴税。

（5）不在泰国经营的外国公司收到来自泰国的股息以外的收入，按 15% 的税率缴税。

（6）外国公司将利润汇出泰国，按 10% 的税率缴税。

（7）盈利的基金或协会，按 2% 或 10% 的税率缴税。

非居民企业除特殊规定，适用税率同居民企业。

（五）税收优惠

1. 免税所得

可以免征企业所得税的收入主要包括：

（1）泰国居民企业取得自另一家泰国居民企业、在特定法规下设立的泰国共同基金或金融机构、合资公司的股息或分红收入的 50% 免征企业所得税。免税条件是在收到股息前至少持有该股份 3 个月及分配股息后至少持有 3 个月。

（2）在泰国证券交易所上市的公司取得泰国居民企业发放的股息，或非上市公司，在未有直接或间接交叉持股的情况下，取得持有表决权 25% 以上的公司发放的股息。免税条件是在收到股息前至少持有该股份 3 个月及分配股息后至少持有 3 个月。

（3）公司发行股票的溢价。

（4）证券化过程中取得的收入。

（5）法定合并收入，或业务转让、公司合并后收到的资金。

（6）法定合并或业务转让导致的法人公司或合伙企业的股权增值。

（7）外国政府的金融机构根据特定法律组织并由外国政府全资拥有的外币贷款利息。

（8）未在泰国经营业务的外国公司收到的政府债券、泰国银行债券和金融机构发展基金债券的利息。

（9）泰国或外国公司从非法人合资企业中获得的，在泰国开展业务所获得的股息或利润分成。

（10）向房地产投资信托基金转让有回购条款的财产所得。适用于自 2022 年 7 月 18 日起两年内转让，并在出售之日起 5 年内回购的财产转让所得。

（11）转让目标公司的股份、转让投资于目标公司的风险投资公司的股份，或转让投资于目标公司的风险投资信托基金的股份单位所获得的收入。要求转让方在转让前至少持有该股份或股份单位 24 个月，目标公司的经营业务必须是政府持续推动的业务，且该业务收入占比不低于总收入的 80%。

2. BOI（泰国投资促进委员会）优惠政策

根据投资促进法规（Investment Promotion Act）和竞争力提高法规（Competitiveness Enhancement Act），BOI 向符合条件的投资提供奖励措施及优惠待遇：

（1）基本优惠。根据行业类别，BOI 为企业提供最长 13 年的企业所得税免税优惠。A1＋类，A1 类行业免税优惠无上限，其他类别行业的免税优惠以投资成本为上限（不含土地成本及运营资金）。

（2）为提高企业竞争力项目的额外优惠。针对七类项目（技术创新研发，使用泰国国内研发技术所支付的费用，产品及包装制品设计，向泰国国内技术及人力资源、教育和科技培训机构提供基金支持，为实习生提供培训或实习基地，先进技术培训、为泰国当地原材料或零部件生产商提高能力）提供企业所得税免税限额增加，按投资情况或行业类别延长企业所得税免征期限（总期限不超过 13 年）的额外优惠。

（3）低收入地区的额外税收优惠。若投资项目位于列明的 20 个人均收入偏低的地区，可按行业类别享受以下附加投资优惠。

①企业所得税免征期延长（总期限不超过 13 年）；

②免征企业所得税期结束后，可享有额外 5 年的企业所得税减半优惠；

③运输费、水电费按照成本的两倍扣除，期限 10 年；

④公共设施的安装或建设费按照投资额的 25％ 在成本中扣除；

（4）工业园的额外税收优惠。若项目位于享受投资优惠的工业园区或工业区内，可按行业类别享受企业所得税免征期增加一年的优惠。

（5）南部边境地区及模范城市额外税收优惠。在南部边境地区及模范城市的投资提供的企业所得税优惠主要包括：

①免征企业所得税 8 年，无免税额上限；

②免征企业所得税期结束后，可享有额外 5 年的企业所得税减半优惠；

③双倍扣除水电费和运输费，期限为 15～25 年；

④用于公共便利设施安装和建设费用可扣除 25％。

（6）经济发展特区（SEZ）额外税收优惠。BOI 为符合条件的企业提供的企业所得税优惠包括：

①免征企业所得税最长 8 年；

②免征企业所得税期结束后，可享有额外 5 年的企业所得税减半优惠；

③运费、水电费按成本的两倍扣除，为期 10 年；

④用于公共便利设施安装和建设费用可扣除 25％。

经营一般鼓励业务的 SEZ 企业，在以上企业所得税优惠之外，BOI 额外提供 3 年的税收减免优惠，但合计不得超过 8 年；若原先的税收优惠已达 8 年，则额外提供 5 年的企业所得税减半的优惠政策。

（7）东部经济走廊（EEC）额外税收优惠。根据投资促进法，在 EEC 促进优惠下的公司将享受长达 13 年的企业所得税减免优惠。在 BOI 标准奖励的基础上，额外提供的企业所得税优惠包括特定行业最长 3 年企业所得税免税期。免税期结束后，可以享受最长 5 年的企业所得税减半优惠政策或免征 1 年的企业所得税优惠政策。

EEC 激励措施不能与工业园区的税收优惠同时使用。

（8）四个新经济走廊特区（NEC、NeEC、CWEC、SEC），设于新经济走廊区的项目可根据行业类别享受的企业所得税优惠。

①免征企业所得税最长 13 年。

②免征企业所得税期结束后，最长可享有额外 5 年的企业所得税减半优惠或 1 年的企业所得税豁免优惠政策。

（9）BOI 其他投资优惠政策。

①支持建设高技能人才培养机构。符合条件的科学、技术、工程和数学方面高技能专业人才教育或培训机构，投资规模不低于 100 万泰铢（不包括土地资金和流动资金），根据项目类别，可享受 5 年的企业所得税豁免或设备进口税豁免优惠政策及其他非税收优惠。

②产业保留和扩展方案。在过去 15 年中，至少有 3 个项目获得投资优惠，投资额合计不少于 100 亿泰铢，并且必须有投资额不少于 5 亿泰铢扩建项目的企业可获得额外税收优惠。对于 A1＋类、A3 类、A4 类和 B 类活动，额外免征 3 年的企业所得税；对于 A1 类和 A2 类的活动，在企业所得税豁免期满后的 5 年内，减免 50% 的企业所得税。

③搬迁方案。决定将企业迁入（即生产设施、区域总部和研发中心）泰国的外国投资者，符合特定条件，根据迁入泰国的企业类型，额外免征 3～5 年的企业所得税（总计不超过 8 年）以及非税收优惠。

④经济复苏阶段投资促进措施。适用于 A1～A4 行业类别下符合特定条件，自推广证书颁发之日起 12 个月内，实际投资资本不低于 10 亿泰铢的企业，在免征企业所得税到期后的 5 年内，额外减免 50% 的企业所得税。

⑤加快产业向智能化和可持续化升级。旨在鼓励泰国制造业和服务业向工业 4.0 的发展和转型。适用于现有项目，项目投资总额不低于 100 万泰铢（不包括土地资金和流动资金）。符合条件的企业可豁免机器进口税及免征企业所得税 3 年（以投资成本的 50%～100% 为限）。

⑥鼓励创办中小企业。符合条件的中小企业（如最低投资额不低于 50 万泰铢，泰国股东应持有不少于注册资本 51% 的股份）可获得以下优惠政策：

企业所得税豁免，上限为投资资本的200%（不包括土地资金和流动资金）；进口税豁免；非税收优惠。

⑦医疗创新区投资促进措施。投资于指定医疗创新区目标行业的企业，符合特定条件，可在企业所得税豁免到期日起获得额外5年的企业所得税减半优惠。

⑧促进社区及社会发展投资促进措施。鼓励企业参与当地社区和社会的发展，符合条件的企业可豁免3年的企业所得税（以投资成本的120%～200%为限）及其他非税收优惠。

3. 国际商务中心（IBC）

IBC的税收优惠（适用于15个会计年度）主要包括：

（1）泰国发生的年度成本或费用支出达到6 000万泰铢、3亿泰铢或6亿泰铢的，公司所得税税率分别降至8%、5%或3%；

（2）从关联公司获得的股息免征企业所得税；

（3）免除海外股息分红的预提税；

（4）免除财务中心（再转借给关联公司）的借入资金支付的利息预提税。

4. 其他税收优惠

（1）债务重组税收减免；

（2）创业融资；

（3）法人公司或合伙企业处置不动产时，支付方会对处置收益预扣缴1%的税款。该预扣税款可以从法人公司或合伙企业的整体税负中进行抵减。

（六）预提所得税

预提所得税是指依法登记的法人组织在向特定收入类型的供应商支付款项时须代扣对方的企业所得税，此部分代扣税金须在支付给对方的同时扣除，并在次月依照税法要求申报缴纳。各项收入预提所得税税率表，如表4-4所示。

表4-4　　　　　　　　各项收入预提所得税税率

收入类型		支付方	收款方	税率（%）
股息	股息/分红	泰国法人公司或合伙企业、共同基金、特定金融机构	泰国法人公司或合伙企业	10
			在泰国经营的外国公司或合伙企业	10
			在泰国证券市场上市的公司	0
			持有支付方有表决权股份的25%，且没有交叉持股	0
	股东减资收入	法人公司或合伙企业	法人公司或合伙企业	15

续表

收入类型		支付方	收款方	税率（%）
利息	债券、存款、信用债券、贷款利息	商业银行、金融和证券公司、信贷公司	在泰国经营的除商业银行、金融和证券公司、信贷公司以外的法人公司或合伙企业	1
			基金或协会（除有特殊规定）	10
	债券、信用债券利息	除商业银行、金融和证券公司、信贷公司以外的其他法人组织	商业银行、金融和证券公司、信贷公司	1
	石油税法下预扣缴后剩余的债券、信用债券、票据、存款、贷款利息	除商业银行、金融和证券公司、信贷公司以外的其他法人组织	在泰国经营的除商业银行、金融和证券公司、信贷公司以外的法人公司或合伙企业	1
			基金或协会（除有特殊规定）	10
特许权使用费		任何法人组织	在泰国经营的法人公司或合伙企业	3
特定农产品销售收入（如橡胶产品，木薯、玉米、甘蔗、咖啡豆和大米）		法人公司和合伙企业	法人公司和合伙企业	0.75
不动产销售收入		自然人或任何法人组织	法人公司和合伙企业	1
租金（不包括抵押的房屋建筑）		任何法人组织	自然人以及在泰国经营的法人公司或合伙企业	5
			基金或协会（除有特殊规定）	10
根据用于国际运输促进海上贸易法的租船收入		任何法人组织	法人公司和合伙企业	1
租赁费（租赁期3年以上，出租方注册资本6 000万泰铢以上）		实收资本6 000万以上且为增值税纳税人的法人公司和合伙企业	任何法人组织	0
专业服务收入（法律、医学、工程、建筑、会计和艺术）		任何法人组织	在泰国经营的法人公司或合伙企业	3
			基金或协会（除有特殊规定）	10
雇佣收入		法人组织或合伙企业	法人公司	3
			基金或协会（除有特殊规定）	10
一般服务费（不适用于酒店、餐馆服务费以及人寿保险费）		任何法人组织	在泰国经营的法人公司或合伙企业	3
非人寿类保险费		任何法人组织	非人寿保险公司	1
比赛、竞赛、抽奖或其他类似活动的奖品		任何法人组织	法人公司或企业所得税纳税合伙企业	5

收入类型	支付方	收款方	税率（%）
其他收入	任何法人组织	海外艺人	10
		其他艺人	5
提供给经销商的促销折扣或奖品	任何法人组织	在泰国经营的法人公司或合伙企业	3
公共交通以外的货物乘客运输	任何法人组织	在泰国经营的法人公司或合伙企业	1
所有收入	政府组织或机构	在泰国经营的法人公司或合伙企业	1

自 2023 年 1 月 1 日起至 2025 年 12 月 31 日期间，如通过电子代扣税系统付款，原预扣税率为 5% 或 3% 的降至 1%。

在泰国经营的非居民企业与居民企业适用同样的预提所得税税率。

非居民企业向不在泰国经营的外国公司支付款项时适用的预提所得税税率如表 4 - 5 所示。

表 4 - 5　　　　　　　　各项收入预提所得税税率（境外支付）

收入类型	税率（%）
股息	10
利息	1（支付给基金或协会为 10）
特许权使用费	15（支付给基金或协会为 10）
广告费	2
专业服务费	5（支付给在泰国有永久分支机构的外国公司为 3）
奖品	5

按照与泰国签订的税收协定，外国企业可按税收协定规定免除或降低扣缴税率。

（七）应纳税额计算

居民企业以收入总额扣除相关成本费用后的净利润作为应纳税所得额计算缴纳企业所得税。

应纳税额 =（收入总额 - 可扣除相关成本费用）× 应税税率

非居民企业根据不同情况，分别计算企业所得税：

（1）在泰国经营的非居民企业就其来源于泰国的收入计算缴纳企业所得税。

（2）未在泰国经营的非居民企业就以下收入按规定税率缴纳预提所得税：佣金，服务费，特许权使用费，利息、股息及资本利得，租金。

（3）分公司将其利润汇回其外国总公司时，须就汇回的利润另外计算缴纳10%的所得税。外国银行的泰国分行利润的汇回，免征前述10%的分公司预提所得税。

（4）按照外国法律成立的公司或合伙企业经营国际旅客或货物运输业务取得的收入，以未扣除任何支出的总收入为应纳税所得额，按3%税率计算缴纳企业所得税。

【例题】甲企业为泰国居民企业，2023年年收入总额为500万泰铢。其可扣除相关成本费用为100万泰铢，其中与经营业务相关的员工费用和研发费用共20万泰铢，招待费用3.5万泰铢，计提的准备金10万泰铢，向社会慈善机构或经批准的公共福利事业的捐赠10万泰铢。适用税率为20%，计算甲企业的企业所得税应纳税额。

【解析】

与经营业务相关的员工费用、特许权使用费、服务管理费、研发费用及利息费用等，在合理范围内可列为费用或损失；

符合规定的招待费用可以按实际发生金额列为费用，但在一个会计年度内可扣除的招待费总额不得超过总收入或销售收入或实收资本的0.3%，最高限额为1 000万泰铢，扣除限额 = 500 × 0.3% = 1.5（万泰铢）< 3.5万泰铢，扣除金额为1.5万泰铢。

计提的准备金不可以扣除；

向社会慈善机构或经批准的公共福利事业的捐赠，扣除金额不得超过净利润的2%，扣除限额 = (500 − 100) × 2% = 8（万泰铢）< 10（万泰铢），扣除金额为8万泰铢；

应纳税所得额 = 500 − 100 + 3.5 − 1.5 + 10 + 10 − 8 = 414（万泰铢）

企业所得税应纳税额 = 414 × 20% = 82.8（万泰铢）。

（八）其他

泰国企业取得来源于境外的所得，已经按照所得来源国税法的规定计算缴纳的企业所得税，可以在计算泰国所得税应纳税额时抵扣，抵扣限额为境外所得按照泰国税法所计算的应纳税额。

二、个人所得税

泰国个人所得税是对个体收入征收的一种直接税。

（一）纳税义务人

1. 居民纳税人

泰国居民指在一个纳税年度内，在泰国境内居住满 180 天的单位或个人。泰国居民包括：自然人、死亡但未分配遗产者、未登记的普通合伙组织、非法人团体等。

2. 非居民纳税人

非居民个人纳税人指在一个纳税年度内，在泰国境内居住不满 180 天的单位或个人。

（二）征税范围

1. 应税所得

无论所得是否在泰国境内支付，泰国居民应就其在泰国境内受雇或从事业务所取得的应税所得缴纳个人所得税；泰国居民取得的来源于境外的所得，仅就其取得的所得中在所得年度汇入泰国境内的部分计算缴纳个人所得税。个人的应纳税所得主要包括以下八项：

（1）工资薪金所得（包括股票期权所得、住房租金及其他附加福利金）。

（2）劳务所得。

（3）特许权使用费（包括经营权、著作权、商誉、专利、其他特许权及年金收入等）。

（4）利息、股息、红利、合伙企业分配所得、因投资合并、收购、解散或转让股权、股份或虚拟货币的所得。

（5）租赁所得及因分期付款买卖合同产生的违约金所得。

（6）自由职业所得，包括会计、法律、医疗、建筑、工程服务、艺术等。

（7）工程服务所得（工程主要材料由委托方提供）。

（8）除上述所得外的其他经营所得。

2. 免税所得

（1）符合免税规定的资本所得：

①在泰国证券交易所中买卖上市公司股票及出售信托基金相关投资所产生

的资本利得；

②出售企业发行的无息债券、公司债或其他债权工具所产生的资本利得（不包括首次出售且出售价格低于赎回价格的情况）；

③在东盟国家所属的证券交易所中买卖上市的公司股票所产生的资本利得，不包括短期国库券、债券、公债或公司债。

（2）符合规定的赠与资产免税：

①子女（不包括养子女）自父母无偿取得的不动产所得，每个子女取得的不动产所得每年不超过2 000万泰铢的部分；

②从直系亲属、直系卑亲属及配偶取得的受赠所得，每年不超过2 000万泰铢的部分；

③从直系亲属、直系卑亲属及配偶以外的对象，取得依习俗惯例或社会礼节或场合获得的礼金，每年不超过1 000万泰铢的部分；

④依法将受赠资产捐赠给符合条件及规定的宗教、教育或其他公共福利事业。

受赠所得超过前述限额的部分，应按5%的税率缴纳个人所得税，该部分受赠所得不并入个人所得总额计算。

父母无偿转让不动产所有权予其法定子女（不包括养子女），就其不动产价值超过2 000万泰铢的部分计算及缴纳5%的个人所得税；在非上述情况下无偿取得不动产所有权时，在每次转让时依一般个人所得税的累进税率计算预提所得税金额。

3. 特定所得

（1）因受雇产生的日常支出、差旅费及附加福利金（如医疗费用）；

（2）在符合特定条件下，年金基金、退休基金、长期权益基金、国家储蓄基金、保险及社会保险基金、在泰国银行存款利息以及根据伊斯兰教义在伊斯兰银行业务中取得的存款回报；

（3）固定收益共同基金向个人投资者分配利润。

非居民个人纳税义务人应就其在泰国境内受雇或从事经营取得的应纳税所得在泰国计算缴纳个人所得税，无论所得是否在泰国境内支付。

（三）应纳税所得额的确定

泰国个人所得税按纳税年度计算缴纳，以应税收入减去费用扣除项、所得扣除项后的余额为应纳税所得额。

泰国居民个人所得税扣除项目包括基本扣除项及额外扣除项：

1. 基本扣除项

（1）工资薪金所得、劳务所得及特许权使用费中因商誉、著作权及其他特许权取得的所得，可扣除额为各项所得总额的50%，每人每年的扣除额不得超过10万泰铢；

（2）租赁所得及因分期付款买卖合同产生的违约金所得，根据出租资产的类型，可扣除额为该类所得总额的10%~30%；

（3）自由职业所得、工程服务所得及其他所得，根据所得及从事行业，可扣除额为该类所得总额的30%~60%；

（4）特许权使用费中因商誉、著作权、其他特许权利而取得的所得，租赁所得，因分期付款买卖合同产生的违约金所得，自由职业所得，工程服务所得及其他所得，若可提供税务局的证明文件，可以实际发生的费用作为相关收入的费用扣除额。

2. 额外扣除项

个人所得扣除费用扣除项后，可再扣除以下三类所得扣除项：

（1）个人扣除项，如表4-6所示。

表4-6　　　　　　　　　　　个人扣除额列表　　　　　　　　　　单位：泰铢

纳税人状况	可扣除金额
本人	6万
配偶（配偶未取得应纳税所得）	6万
纳税人或配偶的未成年子女，按照子女人数计算	3万/每位
对纳税人或配偶的法定子女的额外补贴，自2018年或之后出生的第二个孩子起	3万/每位
纳税人的养子女，按照子女人数计算，（上限3人）（若纳税人同时抚养亲生子女及养子女，扣除额以亲养子女数合计3人为上限）	3万/每位
父母赡养费，按照父母人数计算	3万/每位
赡养伤残的亲属，按照人数计算赡养残	6万/每位
赡养残疾人（非亲属），按照人数计算	6万/每位
65周岁及以上的泰国居民	不超过19万
纳税人或配偶的产前护理和分娩	不超过6万/每次

（2）特定扣除项。

①人寿保险。

纳税人支付泰国保险公司10年期以上的人寿保险费用，每人每年扣除金额以不超过 10 万泰铢为限。若该人寿保险为储蓄型保险，且可提供 20% 以上的年回报率，则该笔保费不得作为人寿保险扣除金额。

存入银行的类似上述人寿保险的 10 年期储蓄可作为人寿保险扣除金额，但其扣除金额（须加计其他符合规定的人寿保险费用及健康保险费用）每人每年以不超过 10 万泰铢为限。

此外，若纳税人替无收入的配偶支付人寿保险费用，可最多增加 1 万泰铢的扣除金额。

②健康保险。

纳税人支付给泰国保险公司的关于其本人的健康保险费用，每人每年扣除数额不得超过 2.5 万泰铢。

若纳税人为父母或其配偶的父母支付的健康保险费用，则最多可增加 1.5 万泰铢的扣除额。

人寿保险（包括人寿保险类型的银行储蓄）和健康保险的累计扣除金额不得超过 10 万泰铢。

③长期投资基金。

纳税人投资于规定种类的基金或退休年金保险时，给予特定扣除金额。按以下情况每人每年扣除额不得超过 50 万泰铢：

a. 支付泰国保险公司符合资格的退休人寿保险，扣除金额不得超过应纳税所得额合计的 15%，且以不超过 20 万泰铢为限；

b. 公积金的缴款，扣除金额不得超过其应纳税所得合计的 15%，且以不超过 50 万泰铢为限；

c. 对退休基金（RMF）的缴款，扣除金额不得超过应纳税所得合计的 30%，且以不超过 50 万泰铢为限；

d. 对国民储蓄基金（NSF）的缴款，扣除金额以不超过 50 万泰铢为限；

e. 对超级储蓄基金（SSF）的缴款，扣除金额不得超过应纳税所得合计的 30%，且以不超过 20 万泰铢为限。

④房贷利息。

购买或建造位于泰国境内且用于居住的房产产生的贷款利息支出，每年扣除限额为 10 万泰铢。

⑤社会保险。

对政府社会保障基金的缴款，可作为所得扣除项目。

（3）捐赠支出。

①下列性质的捐赠行为按发生金额的 200% 进行扣除，但扣除金额不超过应纳税所得净额的 10%。如：

a. 以支持教育为目的捐赠（如学校建设、电脑、书籍等），其他经教育部核准专项方案下的捐赠；

b. 对公立医院的捐赠等。

②向政党的现金捐赠、资产或其他形式的福利捐赠，以支持政党筹集资金的活动，最高限额为 1 万泰铢。

（四）税率

泰国个人所得税按 5% 到 35% 的七级超额累进税率征收。个人所得税税率，如表 4 - 7 所示。

表 4 - 7　　　　个人所得税税率（自纳税年度 2017 年起实施适用）

应纳税所得额（泰铢）	税率（%）
0 ~ 150 000	免税
150 001 ~ 300 000	5
300 001 ~ 500 000	10
500 001 ~ 750 000	15
750 001 ~ 1 000 000	20
1 000 001 ~ 2 000 000	25
2 000 001 ~ 5 000 000	30
5 000 000 以上	35

（五）税收优惠

（1）东部经济走廊某些区域内工作或经营业务的具有特殊知识或能力的专家可享受个人所得税减免。符合条件的外籍员工和泰国员工，在东部经济走廊内因任职受雇取得的收入按 17% 的固定税率缴纳个人所得税。

（2）外籍人员就因受雇于泰国境内符合资格的国际商业中心而向其在泰国境内外的分支机构或关联企业提供管理、技术或支持服务的情况下，外籍人员的个人所得税税率可以适用 15% 固定税率。此优惠税率的有效期为国际商业中心享受税收优惠之日起至外籍人员从国际商业中心离职之日为止或至国际商业中心所享受的税收优惠到期为止。

（3）适用于自 2018 年 5 月 14 日起通过泰国财政部批准的数字资产交易平台上，按照泰国税务局规定的方法、程序和条件移转的加密货币或数字代币所得。在同一纳税年度转让加密货币或数字代币获得的净利润免税。

（4）自 2021 年 1 月 1 日起到 2026 年 12 月 31 日符合条件的债务重组的收入可享受个人所得税减免优惠。

（5）泰国内阁公布法案，针对特定群体增设长期居留签证（LTR），同时将特殊技能的外籍专家人才的个人所得税税率降至 17%。

（六）应纳税额的计算

纳税人以纳税年度收入总额减去个人所得税扣除项目后的净收入作为应纳税所得额计算缴纳年终个人所得税金额。

应纳税额 =（收入总额 - 个人所得税扣除项目）× 应税税率

【例题】某居民纳税人工资收入总额为 40 万泰铢，从父母那无偿取得不动产所得 800 万泰铢。支付给泰国保险公司的关于本人的健康保险费用 3.5 万泰铢，对政府社会保障基金缴款 1 万泰铢，计算该居民纳税人个人所得税应纳税额。

【解析】

工资薪金所得基本扣除额不超过 10 万泰铢；本人额外扣除金额 6 万泰铢；

子女（不包括养子女）自父母无偿取得的不动产所得，每个子女取得的不动产所得每年不超过 2 000 万泰铢的部分免税；

纳税人支付给泰国保险公司的关于其本人的健康保险费用，每人每年扣除数额不得超过 2.5 万泰铢；

对政府社会保障基金的缴款，可作为所得扣除项目。

应纳税所得额 = 40 - 10 - 6 - 2.5 - 1 = 20.5（万泰铢）

应纳税额 =（205 000 - 150 000）× 5% = 2 750（泰铢）。

（七）其他

泰国居民个人在收到国内企业发放的股息时，可以选择就股息已缴纳的预提所得税抵免该年度的应纳税额。在此情形下，预提所得税应被计入该泰国居住居民的应纳税所得中计算年度个人所得税，再以预提所得税抵免该年度的应纳税额。除税收协议另有规定外，在国外缴纳税额不得抵减泰国税额。

三、石油所得税

石油所得税是对在泰国开采或生产石油业务的企业征收的一种直接税。

（一）纳税义务人及征税范围

国际石油企业于取得特许核准、生产分成合同或服务合同后，允许在泰国境内从事开采及产制石油业务。《石油税法》（Petroleum Income Tax Acts, PITA）中规定，经营石油买卖业务的特许企业，或以生产分成合同取得业务资格的企业（以下简称"石油企业"）须缴纳石油所得税。签署服务合同的石油公司无须缴纳石油所得税，但需要根据企业所得税法缴纳企业所得税。

（二）税率

取得特许营业资格的石油企业按照其石油业务的年净利润（包括经营特许权移转收益及其他由石油业务衍生的收益）按50%税率计算缴纳石油所得税。

以生产分成合同取得业务资格的石油企业，依照其石油业务的年净利（包括权利转让收益，包括因权利转让而产生的年金或其他固定收益）征收20%的石油所得税。

企业如果已经根据 PITA 缴纳石油税，则其免于缴纳企业所得税。石油企业在根据 PITA 征收所得税及预提所得税的期间，无须再依照泰国企业所得税法缴纳企业所得税。

（三）应纳税额的计算

纳税义务人在经营石油业务中发生的正常及必要的支出、折旧、资本支出、石油特许权使用费等可在计算应税所得前扣除。与一般企业所得税规定不同的是：

（1）出口原油的销售收入按照实际价格或税收参考价格孰高确定，税收参考价格是指原油牌价减去生产前 9 年发生的折扣。

（2）境内外销售天然气和其他石油的收入按照实际价格确定。

（3）纳税人可以选择每年扣除钻探费用，或将其作为资本化支出。

（4）亏损可以向后结转 10 个会计年度，以及抵减前 10 个会计年度的应税所得。

（5）利息费用不可扣除。

（6）出口原油的特许权使用费可列支为费用扣除，境内销售原油和其他石油的特许权使用费可以抵减石油所得税。

（7）计算方法：

取得特许营业资格的石油企业按照其石油业务的年收入（包括经营特许权移转收益及其他由石油业务衍生的收益）减去可扣除相关成本费用后的净

利润作为应纳税所得额计算缴纳年终个人所得税金额。

应纳税额 =（石油业务年收入总额 – 可扣除相关成本费用）× 应税税率

【例题】某石油企业年收入总额为 1 100 万泰铢，其可扣除相关成本费用为 600 万泰铢，其中利息支出 50 万泰铢，适用税率为 50%，计算该石油企业石油所得税应纳税额。

【解析】

利息费用不可扣除。

石油所得税应纳税额 =（1 100 – 600 + 50）× 50% = 275（万泰铢）

四、增值税

增值税是对纳税义务人在泰国销售货物和提供劳务取得的所得征收的一种间接税。自 1992 年 1 月 1 日起开始实施征收，取代原有的商业税。

任何年营业额超过 180 万泰铢的个人或单位，在泰国销售货物或提供劳务，都应在泰国缴纳增值税。原则上，增值税纳税义务人取得与经营相关的收入所产生的销项税可与进项税相抵。

泰国颁布《数字服务法》，于 2021 年 9 月 1 日正式生效。该法要求，达到一定条件的外国数字企业于 2021 年 9 月起缴纳增值税。根据该法，在泰国提供数字服务、年收入超过 180 万泰铢（约合 38.7 万元人民币）的外国数字服务公司或平台，须缴纳 7% 的增值税。[①]

（一）纳税义务人

（1）在泰国境内的销售货物、提供劳务的单位或个人为增值税纳税义务人。

（2）根据电子服务增值税的规定，增值税纳税义务人分为两类：

①非居民（外国）电子服务提供商，该主体从境外向在泰国使用此类服务的非增值税注册客户提供电子服务。

②电子平台，该主体代替在电子平台上运营的外国供应商承担增值税，向在泰国境内使用此类服务的非增值税注册客户提供电子服务。

（二）征税范围

在泰国境内销售商品、提供劳务和进口商品到泰国境内的行为均属于增值

---

① 商务部对外投资和经济合作司，商务部国际贸易经济合作研究院，中国驻泰国大使馆经济商务处. 对外投资合作国别（地区）指南——泰国：2023 年版［EB/OL］.（2023 – 04 – 01）［2024 – 07 – 01］. http://www.mofcom.gov.cn/dl/gbdqzn/upload/taiguo.pdf.

税征收范围。在泰国境内提供的劳务，只要劳务提供方或接收方任意一方在泰国境内，则属于在泰国境内提供劳务。

（三）税率

泰国法定的增值税税率为10%，自1999年4月1日起实际采用的增值税税率为7%。2021年泰国内阁批准了关于"降低增值税（延长降低增值税限期）"的法令草案，即在2021年10月1日至2023年9月30日期间继续征收7%的增值税，以减轻经营者、民众在疫情局势下的负担。2023年泰国内阁批准财政部关于继续维持7%增值税税率的建议，适用期间自2023年10月1日到2024年9月30日为止。[①]

（四）税收优惠

1. 以下情况适用零税率

（1）向境外销售货物。

（2）在泰国境内提供在境外使用（包括部分或全部）的劳务。

（3）国际运输的航运或海运。

（4）向政府代理机关或外国补助项目下的国营企业销售货物或劳务。

（5）向联合国或联合国组织的代理机构，包括大使馆及领事馆销售货物或提供劳务。

（6）保税仓库之间、保税区企业之间，或保税仓库与保税区企业之间销售货物或提供劳务。

2. 纳税义务人从事以下经营活动可免征增值税

（1）注册为增值税纳税义务人，年营业额低于180万泰铢。

（2）注册为增值税纳税义务人，销售未经加工农产品。

（3）注册为增值税纳税义务人，销售农耕相关产品，如肥料、饲料及农药。

（4）注册为增值税纳税义务人，销售报纸、杂志及教科书。

（5）注册为增值税纳税义务人，销售动物（不论是否为活体）。

（6）从事教育服务，包括公立及私立学校。

（7）从事艺术及文化服务。

（8）从事医疗、审计及司法辩护服务。

---

① 【新闻速递】泰国近期税务新闻－VAT税率维持7%和增加泰国税务居民的应税收入范围［EB/OL］.（2023－10－05）［2024－07－01］. https：//mp. weixin. qq. com/s/MLp5tBvsZGOtXJtybTChYA.

（9）从事健康照护服务，包括公立及私立医院及诊所。

（10）从事研究及技术服务。

（11）从事图书馆、博物馆、动物园及业余体育活动。

（12）从事公开表演。

（13）泰国境内交通事业。

（14）国际陆运交通。

（15）不动产租赁。

（16）政府（或地方政府）代理机构的服务收入，且该收入在扣除费用之前全部向政府提交。

（17）宗教活动或公益慈善事业。

（18）进口货物至免税区。

（19）依关税法相关规定免征进口关税的货物。

（20）进口商品经海关押审并退回国外的货物。

2022 年 4 月 1 日至 2023 年 12 月 31 日，通过数字资产交易中心转让加密货币或数字代币免征增值税。

（五）应纳税额的计算

增值税纳税义务人销售货物或提供劳务，按照收取的金额及规定计算销项税额；增值税纳税义务人购买货物或劳务，按照支付的金额及规定计算进项税额。纳税义务人当期销项税额，减去进项税额的余额，为当期应纳增值税额：

$$当期应纳增值税额 = 销项税额 - 进项税额$$

纳税义务人当期销项税额大于进项税额，应缴纳增值税；若其当期进项税额大于销项税额，纳税义务人可选择退还增值税，或作为下期的留抵税额。

【例题】某增值税纳税义务人当期销售货物或提供劳务的金额为 1 000 万泰铢，不动产租赁的金额为 300 万泰铢，购买货物或劳务的费用为 500 万泰铢，适用税率为 7%，计算该增值税纳税义务人增值税应纳税额。

【解析】

不动产租赁可免征增值税。

应纳增值税额 = （1 000 × 7% - 500 × 7%）= 35（万泰铢）。

五、特别营业税

特别营业税是一项在消费活动中征收的间接税，自 1992 年起与增值税一起开始执行。特别营业税是对纳税义务人在泰国从事指定经营活动取得的所得征收的一种税。从事指定经营活动取得的所得计算缴纳特别营业税的，无须计算缴纳增值税。

（一）纳税义务人

从事特别营业税征税范围业务的个人或单位，包括自然人、法人、政府机关或其代理机关、其他法人。

（二）征税范围及税率

特别营业税税目税率，如表 4 - 8 所示。

表 4 - 8 特别营业税税目税率

业务	税率
商业银行、金融及类似的信贷业务	3 银行部分特定收入（如债务票据利息收入）的特别营业税税率为 0.01
人寿保险	2.5
典当业务	2.5
不动产销售	3
在证券市场买卖证券	免征
回购业务、保理业务	3

注：除以上税率外，另按特别营业税税额的 10% 加征地方税。

（三）税收优惠

纳税义务人从事以下业务可免征特别营业税：

（1）泰国银行、储蓄银行、住房救济银行、农业合作社银行的业务。

（2）泰国工业资金公司的业务。

（3）储蓄合作社的业务，仅限于给会员或其他储蓄合作社提供借贷的业务。

（4）根据《生活储备基金法》成立的生活储备基金的业务。

（5）国家住房部出售或出租不动产的业务。

（6）部委、厅、局或地方政府机关的典当业务。

（7）其他免征特别营业税的业务。

（四）应纳税额的计算

特别营业税以纳税义务人的收入总额乘以适用税率计算，同时还要缴纳地方税，地方税税额为特别营业税税额的10%。

$$应纳税额 = 应税业务收入总额 \times 适用税率 \times 1.1$$

【例题】某公司提供信贷业务和人寿保险业务，其中信贷业务收入总额为30万泰铢，人寿保险业务收入总额为20万泰铢。不考虑其他因素，计算该公司特别营业税的应纳税额。

【解析】

应纳税额 = （30×3% + 20×2.5%）×1.1 = 1.54（万泰铢）。

六、货物税

货物税是泰国针对特定货物（一般为奢侈品）或劳务的销售行为征收的一种消费税。货物税的纳税时点为境内产品生产出厂时，或境外进口商品进口时。

（一）纳税义务人

销售货物税应税范围货物或劳务的单位或个人。

（二）征税范围及税率

货物税税目税率，如表4-9所示。

表4-9　　　　　　　　　货物税税目税率

应税项目	从价征收税率（%）	从量计税
石油及石油制品	0	每公升或每公斤0~6.5泰铢
特定非酒精性饮料	0~14	每公升0~44泰铢
特定电气产品	0	/
电池	0~8*	/
水晶玻璃制品	0	/
车辆	0~40	/
摩托车	0~20	/
船	0	/
香水及化妆品	0~8	/
羊毛地毯	0	/
大理石及花岗岩	0	/
破坏臭氧层之物品	0~30	/

续表

应税项目	从价征收税率（％）	从量计税
酒精性饮料	0～22	每公升纯酒精0～1 500泰铢
烟草	0～40	每件或每公克0.005～1.2泰铢
扑克牌	0	每100张牌，课征2～30泰铢
娱乐服务	0～10	服务场地每平方公尺3 000泰铢
赛马场及彩票	0～20	／
高尔夫球场	0～10	／
通信事业	0	／

注：*为据曼谷邮报2023年2月3日报道，泰国国家电子汽车政策委员会，也被称为电动汽车委员会，同意将电动汽车电池的消费税从目前的8%降至1%，同时向电动汽车电池生产行业提供240亿泰铢的补贴。

上述应税项目除烟草及扑克牌外，须依应纳货物税的金额计算缴纳10%的地方税。针对烟草及酒精性饮料中特定类别的商品，有可能须缴纳其他费用，如健康费或泰国公共传播费等。

（三） 应纳税额的计算

泰国货物税包括两种计税方式，即从价计税或从量计税，纳税金额为两者孰高者。

（1） 从价计税的计算公式如下：

进口货物应纳货物税税额＝（货物价格＋进口关税）

×适用税率/（1－1.1×适用税率）

本地货物应纳货物税税额＝产品出厂价×适用税率/（1－1.1×适用税率）

注：货物价格为CIF价，包括货物成本，运费及保险费；上述公式不适用于酒精性饮料的货物税计算。

（2） 从量计税参照表4－9征收范围及税率表格中各商品所对应计税规则计算。

2017年3月20日公布的货物税新规于2017年9月16日起生效。所有货物（包括进口货物）将以货物的建议零售价格为计税基础，计算公式如下：

应纳货物税税额＝建议零售价格×适用税率

注：适用税率参照表4－9货物税税目税率表各商品所对应税率计算。

【例题】某公司销售一辆小汽车，产品出厂价为30万泰铢，适用税率为20%；销售一辆摩托车，产品出厂价为3万泰铢，适用税率为10%。不考虑其他因素，计算这两件货物的货物税应纳税额。

【解析】

应纳税额 = 30 × 10%/（1 − 1.1 × 10%）+ 3 × 10%/（1 − 1.1 × 20%）= 3.7554（万泰铢）。

七、关税

关税是根据泰国海关法（Customs Act）及海关关税法令（Customs Tariff Decree）对进口货物及部分的出口货物征收。进口商品根据国际商品统一分类制度分类。

（一）纳税义务人

进口货物及出口关税证书范围内货物的个人或单位。

（二）征税范围

对进口货物及部分的出口货物征收。

（三）税率

关税的征收方式包括特殊方式及从价计征，关税的计征以两者孰高为原则。从价课税的税率介于0%～80%。

（四）税收优惠

符合海关关税法令列举的免征关税的进口商品可享受免征关税优惠。

除此之外，泰国对于不同情况有多种关税优惠措施，具体包括：

（1）关税补偿。

（2）用于生产外销品的进口原料的关税可予退还。

（3）进口商品在相同状态下复出口，该商品进口关税可予退还。

（4）经关税局或工业局核准设立的自由贸易区、保税工厂、保税仓库、BOI奖励专案、自由贸易协定（Free Trade Agreement，FTA）约定的进口关税优惠。

（五）应纳税额的计算

一般而言，进口货物的完税价格以到岸价格（包括货物成本，保险费及运费）作为计税基础计算，出口货物则以离岸价格计算。

泰国已执行世界贸易组织的关税估价协定（WTO Valuation Agreement）。关税的完税价格主要以该进口货物的交易价格作为计算基础，以进口货物的实付或应付价格，对特定项目进行调整后的金额作为完税价格。其中，货物进口后的运输费用，进口货物应缴的关税及税款等费用项目，不应包括于完税价格中用以计算关税。

以下项目未计入进口货物的实付或应付价格，但可能须将其计入完税价格：与进口货物相关的权利金；由买方负担的佣金；劳务费（如进口货物相关的设计及开发费用）；其他规定的项目。

若进口货物申报的完税价格明显低于合理价格，或有证据显示其完税价格不合理，泰国海关有可能对该完税价格提出质疑。

自 2021 年 9 月 21 日起，泰国海关总署启用数字退税系统，进出口企业可通过网上渠道领取电子退税券，于下次缴纳进出口关税时使用。

$$应纳税额 = 关税完税价格（含货物成本、保险费及运费）$$
$$\times 适用税率（从价计征）$$

【例题】某公司进口一批完税价格为 100 万泰铢的货物，采用从价计征方式，适用税率为 25%。不考虑其他因素，计算这批货物的关税应纳税额。

【解析】

应纳关税税额 $= 100 \times 25\% = 25$（万泰铢）。

八、印花税

（一）纳税义务人

一般情况下，合同的接收方为印花税的纳税义务人。

（二）征税范围

《税法典》规定对 28 种凭证及文件征收税印花税。其中，缴纳印花税的凭证及文件包括：

（1）合同、契约：租赁土地或建筑；雇佣采购；雇佣关系；借款；合伙契约。

（2）金融、商业文件：股权/债权转让；商业汇票；本票/借据；海运提单；有价证券或债券；支票/旅行支票；信用证；银行计息存款收据；提货收据；保证/担保；抵押品；仓库收据；出货单。

（3）代理、委任状。

（4）文件的副本。

（5）有限公司组织的备忘录。

（6）代理投票委托书。

（7）保险证书。

（8）不动产转让契约或所有权转让证书。

（9）车辆所有权转让证书金融/商业文件。

（三）税率

印花税根据凭证及文件的性质不同而使用不同的税率。例如，租赁合同、雇佣合同、股票、债券转让文件的税率为 0.1%；贷款合同的税率为 0.05%（上限为 1 万泰铢）。

（四）应纳税额的计算

应纳印花税的凭证或文件，需要按照规定贴足印花税票。

$$应纳税额 = 合同列明金额 \times 适用税率$$

【例题】某公司签订了一份租赁合同，合同所列金额为 100 万泰铢；签订了一份贷款合同，合同所列金额为 50 万泰铢。不考虑其他因素，计算两份合同的应纳税额。

【解析】

应纳印花税额 = 100 × 0.1% + 50 × 0.05% = 0.125（万泰铢）。

九、遗产税

遗产税是向遗产继承者征收遗产税，而在被继承人死亡前所征收的遗赠财产税则属于所得税的范畴。

（一）纳税义务人

遗产税是对从遗嘱人取得的遗产净额超过 1 亿泰铢的继承人（无论是否为泰国籍）征收的一种税。适用遗产税的遗产免征个人所得税。

（二）征税范围

纳税义务人从被继承人取得的遗产净额超过 1 亿泰铢的以下所得：不动产；有价证券；金融机构存款或其他类似权益；经登记的车辆；金融资产。

（三）税率

直系亲属继承人适用 5% 的遗产税税率，其他继承人适用 10% 的遗产税税率。

（四）税收优惠

遗嘱人的配偶取得的遗产免征遗产税。

（五）应纳税额的计算

$$应纳税额＝应税遗产收入×适用税率$$

【例题】直系亲属继承人从被继承人处取得的应税遗产收入共计1 000万泰铢，不考虑其他因素，计算遗产税的应纳税额。

【解析】

应纳遗产税额＝1 000×5％＝50（万泰铢）。

十、土地和建筑税

（一）纳税义务人

拥有土地或建筑的个人和法人（包括公寓单元）需要缴纳土地和建筑税。

（二）税率

土地和建筑税税率根据土地使用情况和其价值波动，如表4－10所示。

表4－10　　　　土地和建筑税税率　　　　单位：泰铢

土地或建筑物使用类型	价值（百万泰铢）	税率（％）（2020～2021年）	税率上限（％）（2022年以后）
农业（法人）	0～75	0.01	不超过0.15
	75～100	0.03	
	100～500	0.05	
	500～1 000	0.07	
	大于1 000	0.1	
住宅（首套）	小于10	0	不超过0.3
	10～50	0.02	
	50～75	0.03	
	75～100	0.05	
	大于100	0.1	

续表

土地或建筑物使用类型	价值 （百万泰铢）	税率（%） （2020～2021年）	税率上限（%） （2022年以后）
商业、工业	0～50	0.3	不超过1.2
	50～200	0.4	
	200～1 000	0.5	
	1 000～5 000	0.6	
	大于5 000	0.7	
空置（或不作任何用途）	0～50	0.3	不超过1.2
	50～200	0.4	
	200～1 000	0.5	
	1 000～5 000	0.6	
	大于5 000	0.7	

（三）税收优惠

拥有自住土地价值不超过5 000万泰铢，并主要用于居住的个人可免税，但新法对未使用的土地有特定的规定。2020～2022年，农业用地的个人所有人可享受三年免税和特定税率的优惠。

（四）应纳税额的计算

应纳税额 =（土地、建筑物或公寓单位评估价值 - 免税部分）× 适用税率

【例题】某公司2021年拥有一栋评估价值为1亿泰铢的办公用楼和一处评估价值为5亿泰铢的生产用厂房，其中厂房的免税部分为5 000万泰铢。不考虑其他因素，计算该公司2021年的土地和建筑物税应纳税额。

【解析】

应纳税额 = 10 000 × 3% +（50 000 - 5 000）× 3% = 1 650（万泰铢）。

十一、招牌税

（一）纳税义务人及征税范围

招牌税是对用于广告或宣传，标示企业名称、商标或商品的招牌征收的一种税。

（二）税率

招牌税针对广告招牌大小及使用的语言适用不同税率计征：泰文招牌的税率为每 500 平方厘米 3 泰铢；泰文与外文并用的招牌税率为每 500 平方厘米 20 泰铢；外文招牌的税率则为每 500 平方厘米 40 泰铢。

（三）税收优惠

以下招牌免征招牌税：政府机关所有的招牌；位于私立学校附属校区的招牌；宗教团体或慈善机构的招牌；临时展销会内所树立的招牌；电影院或戏院中的宣传广告；产品或容器上的卷标；位于企业营业场所内部的招牌；农产品广告；交通工具、人体或动物上标示的广告。

（四）应纳税额的计算

$$应纳税额 = 招牌面积 \times 适用定额税率$$

【例题】某公司使用一块面积为 5 平方米的泰文招牌和一块面积为 3 平方米的泰文与外文并用的招牌，不考虑其他因素，计算该公司须缴纳的招牌税。

【解析】

应纳招牌税税额 = 500 000/500 × 3 + 30 000/500 × 20 = 1 500（泰铢）。

第四节　泰国的税收征收管理

一、居民纳税人税收征收管理

（一）税务登记

已经持有国民身份证号码的个人以及由商业发展部门颁发持有法人注册号的公司或其他法人组织不需要再重新注册登记纳税人识别号，上述个人国民身份证号码或法人注册号可直接作为纳税人识别号。以下单位或个人需要在 60 天内完成注册登记纳税人识别号，包括：

（1）外国个人，未分割遗产者，非法人普通合伙、非法人团体。

（2）希望登记成为增值税或特别营业税纳税人的个人或组织。

（3）在支付时有义务进行代扣代缴的个人或组织。

除此之外，部分税种根据相关要求进行税务登记：

（1）增值税。

（2）特别营业税。

（二）纳税申报

按各税种具体要求进行纳税申报。

（三）税务检查

在提交纳税申报表之日起两年内，如果税务稽查人员合理怀疑纳税申报表中包含虚假或不充分的信息，税务稽查人员有权发出税务事项通知书，要求相关负责人或申报表相关人员到税务机关配合调查，提供会计账目及其他相关证据。税务事项通知书送达后，相关人员应于 7 日内准备材料或作出回复。

二、非居民纳税人税收征收管理

登记备案，在泰国开展业务的外国企业，无论是设立分公司还是办事处，都必须向泰国税务局申请注册纳税人识别号。注册申请表及其他相关文件，如公司注册执照、房屋登记证等，应在注册或经营之日起 60 日内提交至地区税务机构。

（一）所得税管理及源泉扣缴

泰国纳税义务人在向外国法人实体支付特定收入时，须代扣代缴税金。

（二）增值税管理

外国企业非经常性地向泰国境内销售货物或提供劳务，或在泰国境外向泰国境内使用者提供劳务，应由泰国境内购买方负责在对外付款日的次月 7 日内缴纳相关增值税。购买方代缴该增值税的金额可作为购买方的进项税额用以抵减其销项税额。

【拓展阅读 4 - 1】

泰电车委出台电动卡车巴士 2 倍抵税政策

据泰国中华网 2024 年 2 月 21 日报道，泰国投资促进委员会（BOI）秘书长纳立透露，在由总理兼财长塞塔主持的国家电动汽车政策委员会会议上讨论并通过了刺激企业采购大型商用电动卡车和巴士的减税优惠措施，即企业或具有法人实体购买全进口或国内组装的电动巴士/卡车都将获得当年企业所得税的减免额。

如果是买全进口电动卡车/巴士抵税额为车款全额的 1.5 倍；如果是购买泰国国内组装的则可获得最高车款 2 倍的抵税额。他表示，这也是政府推动国内电动汽车产业投资加快落实净零目标的最新举措。

而在该抵税优惠措施下，泰国国内电动卡车和巴士的销售将获得提振，预计会产生 6 000 辆电动巴士和 4 000 辆电动卡车的销售量。该措施将持续到 2025 年底，税务部门将会公布指导方针及具体的实施细节。

自政府实施 EV 电动汽车行业刺激措施以来，截至 2023 年底全泰电动汽车注册登记数量已经达到 7.6 万辆，并比上年增长了 6.5 倍。令人满意的是还吸引了一批中国新能源汽车来泰投资建厂。

据 BOI 统计数据，到 2023 财年末，累计批准的电动汽车相关促投项目合计 103 个，总投资金额 771.92 亿泰铢。其中电车项目 18 个，总投资额 400.04 亿泰铢；电动摩托车 9 个，总投资额 8.48 亿泰铢；电动卡车和巴士 3 个，总投资额 22 亿泰铢；电车关键配件 20 个，总投额 60.31 亿泰铢；充电服务站 14 个，总投资额 42.05 亿泰铢。

资料来源：中华人民共和国驻泰王国大使馆经济商务处．泰电车委出台电动卡车巴士 2 倍抵税政策［EB/OL］．（2024 - 02 - 21）［2024 - 07 - 01］．http：//th. mofcom. gov. cn/zcfg/ss/art/2024/art_62ae9b0e5a4d46a4ac79687d06194f33. html.

【思考题】

1. 简述泰国石油所得税与企业所得税的不同。

2. 泰国的货物税与我国的消费税有什么差异？

3. 哪些企业和个人需要在泰国进行税务申报？

缅甸的税收制度

第一节　缅甸的社会经济

一、缅甸简况[①]

缅甸联邦共和国（The Republic of the Union of Myanmar）位于中南半岛西部。东北与中国毗邻，西北与印度、孟加拉国相接，东南与老挝、泰国交界，西南濒临孟加拉湾和安达曼海。海岸线长 3 200 公里。总面积约 67.66 万平方公里，是东盟第二大国。

缅甸人口 5 417 万（截至 2024 年），共有 135 个民族，主要有缅族、克伦族、掸族、克钦族、钦族、克耶族、孟族和若开族等，缅族约占总人口的65%。各少数民族均有自己的语言，其中克钦、克伦、掸和孟等族有文字。华人华侨约 250 万人。全国 85% 以上的人信奉佛教，约 8% 的人信奉伊斯兰教。全国分 7 个省、7 个邦和联邦区。省是缅族主要聚居区，邦多为各少数民族聚居地，联邦区的首都是内比都，人口约 129 万人。

缅甸矿产资源主要有锡、钨、锌、铝、锑、锰、金、银等，宝石和玉石在世界上享有盛誉。石油和天然气在内陆及沿海均有较大蕴藏量。森林植被丰

---

① 中华人民共和国外交部. 缅甸国家概况［ED/OL］.（2024 – 05 – 01）［2024 – 07 – 01］. https：//www. mfa. gov. cn/web/gjhdq_676201/gj_676203/yz_676205/1206_676788/1206x0_676790/.

富，伊洛瓦底江、钦敦江、萨尔温江三大水系纵贯南北，水利资源丰沛。

缅甸交通运输主要有陆运、水运和空运。缅交通和铁道部门数据显示，截至 2012 年 11 月，缅甸全国公路里程为 2.13 万英里。铁路总长 3 579 英里。截至 2012 年 11 月，内河航道约 9 219 英里，主要港口有仰光港、勃生港和毛淡棉港。主要航空公司有缅甸航空公司、缅甸国际航空公司、曼德勒航空公司、仰光航空公司、甘波扎航空公司、蒲甘航空公司、金色缅甸航空公司等。主要机场有仰光机场、曼德勒机场、内比都机场、蒲甘机场、丹兑机场等。仰光、内比都和曼德勒机场为国际机场。

二、缅甸的经济文化[①]

缅甸于 1948 年独立后到 1962 年实行市场经济，1962～1988 年实行计划经济，1988 年后实行市场经济。2022 年国内生产总值（GDP）为 593.6 亿美元，人均国内生产总值为 1 095.8 美元，经济增长率为 3%。货币名称为缅币（Kyat），汇率为 1 美元约等于 2 090 缅币（截至 2023 年 7 月）。

农业是缅甸国民经济的基础。主要农作物有水稻、小麦、玉米、花生、芝麻、棉花、豆类、甘蔗、油棕、烟草等。主要林产品有柚木、花梨等各类硬木和藤条等。缅出口的主要农产品为豆类和大米。畜牧渔业以私人经营为主。缅甸政府允许外国公司在划定的海域内捕鱼，向外国渔船征收费用。水产品出口多个国家和地区。

缅甸主要工业有石油和天然气开采、小型机械制造、纺织、印染、碾米、木材加工、制糖、造纸、化肥等。

2021/2022 财年，缅甸对外贸易额 162.7 亿美元，其中出口 83.1 亿美元，进口 79.6 亿美元。主要贸易伙伴：中国、泰国、新加坡、日本和韩国。中国为缅第一大贸易伙伴。根据中国商务部数据，2022 年，中缅双边贸易额 251.1 亿美元，同比增长 34.9%，其中中方出口额 136.2 亿美元，同比增长 29.9%，进口额 114.9 亿美元，同比增长 41.5%。缅甸主要出口商品有：天然气、大米、玉米、豆类、水产品、橡胶、皮革、矿产品、木材、珍珠、宝石等，主要进口商品有：燃油、工业原料、化工产品、机械设备、零配件、五金产品和消费品。

缅甸有 5 家国有银行，分别为：缅甸中央银行（1948 年成立，前身为缅甸联邦银行，1990 年改称中央银行）、缅甸农业银行（1953 年成立）、缅甸经

---

① 中华人民共和国商务部外贸发展事务局：缅甸贸易指南：2023 年［ED/OL］.（2023 - 12 - 01）［2024 - 07 - 01］. https：//www.tdb.org.cn/u/cms/www/202312/12111757iew6.pdf.

济银行（1967 年成立）、缅甸外贸银行（1967 年成立）和缅甸投资与商业银行（1989 年成立）。从 1992 年起，允许私人开办银行，2016 年开始允许外国银行在缅设立代表处。目前已有中国银行、中国工商银行、越南投资与发展银行、新加坡大华银行、日本东京三菱银行、韩国产业银行等外国银行在缅开设分行。

缅甸文化深受佛教文化影响，缅甸多个民族的文字、文学艺术、音乐、舞蹈、绘画、雕塑、建筑以及风俗习惯等都留下佛教文化的烙印。缅甸独立后，始终维护民族文化传统，保护文化遗产。缅甸主要文化机构和设施有：国家舞剧团、国家图书馆、国家博物馆、昂山博物馆等。

第二节 缅甸税收制度概述

缅甸税制较为全面，但税基狭窄，主要税种包括所得税、资本利得税、商业税、特殊商品税、关税、印花税等。由于税基狭窄，为加强税收，2015 年 4 月通过《税收法》修正案，规定除特殊商品及免征税商品外的所有国产及进口商品征收 5% 商业税。根据国际货币基金组织公布数字，缅甸 2016 年税收收入占 GDP 比重为 6.4%，在世界范围内处于较低水平，总体税负低于东盟的平均水平。[①]

缅甸的税收体系包括对国内产品和公共消费征税、对收入和所得征税、关税以及国有财产使用权征税四个主要项目，涉及四大类 15 种税费。[②] 缅甸纳税实行属地及属人原则，纳税义务人按月或按季度，按照缅甸计划与财政部要求纳税。缅甸的财政税收体系包括四个主要项目，分别为：

（1）生产及消费类：商业税与特殊商品税、印花税、珠宝税、进口许可费、国家彩票税、运输税。

（2）收入及所有权类：所得税和不动产税。

（3）海关类：关税。

（4）国有资产使用类：土地税、水资源税、矿产税、渔业税。[③]

---

① 李勇. 在缅中国企业税收风险防范 [J]. 中国总会计师, 2018 (9): 105 - 106.
② 凌曙明, 金晓扬, 李晓晖, 等. 缅甸投资环境与税制介绍 [J]. 国际税收, 2019 (11): 68 - 72.
③ 国家税务总局国际税务司国别（地区）投资税收指南课题组. 中国居民赴缅甸投资税收指南 [EB/OL]. (2023 - 06 - 01) [2024 - 07 - 01]. https://www.chinatax.gov.cn/chinatax//n810219/n810744/n1671176/n1671206/c2581311/5116178/files/da910ae516fc44dc921ec9bd55222047.pdf.

第三节 缅甸主要税种的征收制度①

一、企业所得税

（一）纳税义务人

1. 居民企业

（1）判断标准及扣缴义务人。

居民企业主要是指在缅甸建立，控制和管理机构都在缅甸的公司。纳税主体主要有国有经济组织、合作社和经特别许可的外国组织，以及外国企业分支机构、合伙企业、合资企业等。一般情况下，合伙企业是一个独立的纳税人。外国投资企业依法在缅甸投资成立的合伙企业应缴纳企业所得税。根据《外国投资法》开展经营活动的外商投资企业被视为居民企业。

（2）征收范围。

居民企业应当就其来源于缅甸境内与境外的所有所得缴纳企业所得税。

2. 非居民企业

（1）判断标准及扣缴义务人。

非居民企业是指依照外国（地区）法律成立，但有来源于缅甸收入的企业。外国企业的分支机构视为非居民企业。

（2）征收范围。

非居民企业应当仅就其来源于缅甸境内的所得缴纳所得税。

（二）课税对象

缅甸公司所得税的课税对象是企业来源于缅甸境内境外的所得。居民企业应当就其来源于缅甸境内与境外的所有所得缴纳企业所得税。非居民企业应就其来源于缅甸境内任意资产所产生的收入及来源于缅甸境内的其他全部收入为

---

① 本节所引数据资料，除非特别说明，均来自国家税务总局国际税务司国别（地区）投资税收指南课题组. 中国居民赴缅甸投资税收指南［EB/OL］.（2023－06－01）［2024－07－01］. https：//www.chinatax.gov.cn/chinatax//n810219/n810744/n1671176/n1671206/c2581311/5116178/files/da910ae516fc44dc921ec9bd55222047.pdf.

计税基础计征企业所得税。

（三）应纳税所得额的确定

1. 应纳税所得额

企业应纳税所得额是指应税扣除各项可扣除费用后的所得。缅甸所得税法规定，收入分为专业所得、经营所得、财产收益、资本利得、其他所得及未公开的所得等。其中资本利得应单独计算，来自动产的所得视为经营所得，利息收益同样被视为经营所得。

2. 免税收入

根据《2023 年缅甸联邦税法》，下列收入免征企业所得税：

（1）宗教或慈善机构所取得的收入。

（2）地方政府收入。

（3）根据保险政策收到的保险收入。

（4）除资本利得和从企业取得的收入之外的偶然和一次性所得。

（5）法人团体（如合伙企业、合资企业、公司等）的股息红利。

3. 准予扣除项目

企业实际发生的与取得收入有关的、合理的支出，包括成本、费用、税金、损失和其他支出，准予在计算应纳税所得额时扣除（包括但不限于）：

（1）与收入相关的成本费用。

（2）折旧。

根据所得税法规定，企业按照规定计算的固定资产折旧，准予税前扣除，如表 5－1 所示。

表 5－1 　　　　　　　　　　资产折旧率汇总

资产种类			折旧率（%）
建筑物	一类建筑物（钢筋混凝土和特选材料重工建造）	工厂	2.5
		其他建筑物	1.25
	二类建筑物（中等重型施工强度）	工厂	5
		其他建筑物	2.5
	木构建筑（瓷砖或波状钢房顶）	工厂	10
		其他建筑物	5
		竹构建筑物	其重置成本可作为日常经营支出

续表

资产种类		折旧率（%）
家具及建筑物内的固定设施	杯具、玻璃器具，棉布及塑料布	5
	用于宾馆、电影院和寄宿公寓的银器、厨房设施，家具及配件	6.25
	各类机器设备	2.5～20
机器及器具	一般	5
	机器设备及各类工具	2.5～20
交通工具	飞机	12.5
	水运	5～10
	陆运	10～20

注：未在表格中列明的机器设备、工具以及其他资本性资产，每年按照资产原值的5%进行折旧。资本性资产的损失和法人联合体的损失份额除外的其他损失都可以从当年的其他收入中抵扣。在一年之内无法全部抵扣的损失可以结转至未来三年进行抵扣。资本性资产的损失和法人联合体的损失份额不得抵扣收入，也不得进行结转。

（3）利息。

（4）为获取专业服务而支付的成本费用。

（5）捐赠支出（向宗教、慈善机构或基金组织捐赠发生的支出，在不超过营业收入总额25%以内部分准予在计算应纳税所得额时扣除）。

（6）特许权使用费等。

4. 不可税前扣除的项目（包括但不限于）：

（1）资本性支出。

（2）私人性质的支出。

（3）与生产经营无关的支出。

（4）支付给公司、合作组织机构及其他法人组织机构成员的款项。

（5）向股东分配的股息、红利。

（6）为取得自身利益而向政府官员或其相关人员赠送礼品或提供业务招待而发生的费用支出（政府官员包括缅甸公务员及外国政府公务员，立法、司法和行政人员，政府任命的委员会成员和董事会成员，以及国际公共组织人员）。

（7）计提的各项准备金。

（8）其他不合理支出。

（9）不符合条件的捐赠支出。

其中，不可税前扣除的捐赠支出包括：

（1）向不符合条件的非宗教团体或慈善机构提供的捐赠支出。

（2）以获取货物或服务、利益或机会为目的的捐赠支出。

（3）直接向学校、图书馆、医院或公共场所捐赠发生的支出，或直接向社区捐赠器械发生的支出。

（4）向私人公司捐赠用于慈善活动的支出。

（5）向政府机构和部门捐赠发生的支出。

（6）向个人、部门主管、公务员及其家属捐赠发生的支出。

（7）用于传统节日及体育活动的捐赠支出。

（8）向海外宗教组织及慈善团体捐赠发生的支出。

（四）税率

企业所得税税率，如表 5 - 2 所示。

表 5 - 2 企业所得税税率

企业类型	企业经营所得	资本利得	
居民企业	22%	普通企业	石油石化类企业
非居民企业（外国企业在缅甸的境内分支机构）	22%	10%*	40%～50% 的累进税率
		10%	

注：*为居民企业仅在交易额 1 000 万缅币以上的情况时征税。

1. 居民企业

根据《2023 年缅甸联邦税法》，居民企业应就净利润按 22% 的税率缴纳企业所得税。对于在仰光证券交易所上市的企业，其企业所得税减按 17% 缴纳。不动产租赁收入，按 10% 的税率纳税。对于合作社（初级合作社除外），按 22% 的税率纳税。

对于从事石油、天然气勘探和生产的企业，其企业所得税按 25% 的税率缴纳。

2. 非居民企业

非居民企业应当就其来源于缅甸境内的经营所得，按 22% 的税率计算征收企业所得税。

非居民企业出售、交换和转让资产取得的所得，无论以缅币或外币形式，统一以 10% 的税率征收企业所得税。

（五）税收优惠

1. 投资激励税收优惠政策

对于按照《外国投资法》注册成立并获得了投资委员会许可的公司，可享受以下税收优惠政策：

（1）根据投资地区不同提供不同的所得税免税优惠：

①欠发达地区（1区），自生产经营之日起连续7年内可免征企业所得税；

②中等发达地区（2区），自生产经营之日起连续5年内可免征企业所得税；

③发达地区（3区），自生产经营之日起连续3年内可免征企业所得税。

（2）制造企业或服务企业自生产经营之日起连续3年内可免征企业所得税；投资委员会可根据企业的经营情况，酌情考虑适当延长免税期。

（3）企业取得的利润在一年内再投资的，该部分再投资利润可免征企业所得税。

（4）机器、设备及厂房等资产可享受加速折旧。

（5）对于产品出口所得盈利，企业所得税减免幅度可高达50%。

（6）可将为外籍员工代扣代缴的个人所得税从企业应税收入中扣除。

（7）可将在缅甸境内发生的研发费用从企业应税收入中扣除。

（8）若企业亏损，可从企业亏损发生之年后连续3年内结转弥补亏损。

2. 经济特区税收优惠政策

（1）自由贸易区外资企业在前7年可享受企业所得税税收减免，经济开发区外资企业在前5年可享受企业所得税税收减免。

（2）自由贸易区及经济开发区的外资企业自所得税免税期结束起5年内可享受50%所得税减免。

（3）若外资企业成立储备基金，将其利润保留在储备基金中，并在基金成立1年内将其利润进行再投资，则其可在未来5年内享受50%所得税减免。

（4）若企业亏损，可从企业亏损发生之年后连续5年内结转弥补亏损。

（5）企业在第2个5年，销往海外的产品利润享受50%所得税减免。

（6）企业用于再投资的海外销售盈利，其所得税在之后的5年可减免50%。

3. 外商投资企业公司优惠政策

根据《外国投资法》开展业务并获得缅甸投资委员会许可的 MIL 公司（根据《外国投资法》开展经营活动的外商投资企业）为缅甸发展发生的研究费用、开发费用可从其应纳税所得额中扣除。

4. 中小型企业优惠政策

根据《2023 年缅甸联邦税法》，自生产经营之日起连续 3 年内，净收入未超过 1 500 万缅币的中小型企业免征企业所得税。净收入超过 1 500 万缅币的部分仍应计算缴纳企业所得税。

（六）应纳税额的计算

$$应纳税额 = 应纳税所得额 \times 税率$$

出售不动产及动产或转让股权所产生的资本利得，

$$企业所得税应纳税额 = [出售价格 - (账面价格 - 累计折旧)] \times 税率$$

【例题】缅甸首都一家居民企业主要从事生产销售彩色电视机。假定 2023 年度的销售收入为 60 000 000 缅币，销售成本 2 600 000 缅币，向慈善机构捐赠 300 000 缅币，年末给公司合伙人 A 先生支付 2 000 000 缅币。则 2023 年度该企业应缴纳企业所得税多少缅币？

【解析】

应缴纳企业所得税（60 000 000 - 2 600 000 - 300 000）× 22% = 12 562 000（缅币）

销售成本 2 600 000 是企业实际发生的合理支出，准予扣除；向慈善机构捐赠 300 000 缅币不超过销售收入的 25%，属于免税收入，可在税前依法扣除；向公司合伙人分配的 2 000 000 缅币属于不可税前扣除的项目。

二、个人所得税

（一）纳税义务人

1. 居民纳税人

居民纳税人分为缅甸居民及外籍缅甸居民。

所有缅甸公民都被视为纳税居民，应就其全球范围内的收入纳税。

外籍人士某纳税年度内在缅甸居住时间超过 183 天，即构成外籍缅甸居民纳税人。若外籍人士在依据《外国投资法》下成立的公司里工作，不论其当年在缅甸的居住时间是否超过 183 天，均属于外籍缅甸居民纳税人。

2. 非居民纳税人

一个纳税年度内，在缅甸境内居住不满 183 天的个人为非居民纳税人。雇主对于雇员的个人所得税负有代扣代缴义务。同时，雇主也可以为雇员承担税款。非居民纳税人的财产所得、个人资本利得和其他所得由支付人向非居民支付相关款项时预提个人所得税。

（二）课税对象

居民纳税人应就其取得来源于缅甸境内或境外的全部所得缴纳个人所得税。个人应税所得包括工资薪金所得、职业报酬所得、经营所得、财产所得、个人资本利得和其他所得。其中，经营所得包括动产所得和利息所得。个人应纳税所得额为减除可扣除费用和损失后的个人所得。纳税义务人全年工资薪金所得不超过 480 万缅币的，免征个人所得税。

非居民纳税人仅就其来源于缅甸境内的所得缴纳个人所得税。与居民纳税人应纳税收入相同，非居民个人应税所得包括工资薪金所得、职业报酬所得、经营所得、财产所得、个人资本利得和其他所得。其中，经营所得包括动产所得和利息所得。

（三）应纳税所得额的确定

以下收入准予在计算居民纳税人应纳税所得额时扣除：

（1）居民纳税人或其配偶有关人寿保险的保险费用。

（2）向宗教或慈善机构，或向被缅甸计划与财政部认证或由不同级别政府组织的与此相类似的基金或事项捐赠不超过总收入 25% 的捐款。"慈善机构"包括教育机构、卫生机构及贫困人口福利机构。

上述费用不能从外国居民纳税人的外币收入中扣除，但销售货物、开展业务或服务所产生的收入除外。

应纳税所得额 = 个人所有收入 - 法定扣除项目 - 免税扣除额

（四）税率

1. 居民纳税人

根据《2023 年缅甸联邦税法》，缅甸居民纳税人工资薪金所得，适用于 0% ~ 25% 的超额累进税率，如表 5 - 3 所示。

表 5 - 3 　　　　　　　 居民纳税人工资薪金所得税税率

应纳税所得额（缅币）	税率（%）
不超过 2 000 000	0
2 000 000 ~ 10 000 000（含）	5

续表

应纳税所得额（缅币）	税率（%）
10 000 000 ~ 30 000 000（含）	10
30 000 000 ~ 50 000 000（含）	15
50 000 000 ~ 70 000 000（含）	20
超过 70 000 000	25

居民纳税人的职业报酬所得、经营所得和其他所得也适用于工资薪金所得的超额累进税率。居民纳税人源于土地、建筑物及公寓租赁的收入，在扣除税收减免及可税前扣除费用后的金额按照 10% 计缴个人所得税。自 2018 年 7 月 1 日起，向居民纳税人支付以下费用应缴纳所得税，适用税率如表 5-4 所示。

表 5-4　　　　　　　　　　居民纳税人个人所得税税率

收入类型	税率
股息、红利	0
利息	0
特许权使用费	10
采购商品或劳务的共同收入	0

按照上述规定缴纳的所得税非最终税款，已缴纳的所得税可在居民纳税人年度应纳税额中抵减。

2. 非居民纳税人

非居民纳税人的工资薪金所得适用于 0% ~25% 的超额累进税率，且无权享受家庭津贴。如若属于经营所得和职业报酬所得应按照 22% 税率征收个人所得税，且不允许任何扣除。以外币形式取得的所得，应以外币形式缴纳个人所得税。非居民纳税人收到来自缅甸以外的工资薪金所得免征个人所得税。但非居民纳税人收到来自缅甸以外的非工资薪金所得应按照 10% 计缴个人所得税，且不允许任何扣除。税率具体如表 5-5 所示。

表 5-5　　　　　　　　　非居民纳税人预提个人所得税税率

收入类型	税率（%）
股息、红利	0
利息	15

续表

收入类型	税率（%）
特许权使用费	15
资本利得	10
与政府机构、国有企业或与政府机构互利合作的企业的境内商品及劳务采购	2.5

按照上述规定缴纳的预提所得税为最终税款。

（五）税收优惠

居民纳税人每项所得可享受 20% 的免税额，但全年免税总额不得超过 1 000 万缅币。此外，有配偶和子女的个人可享受一定的扣除额。居住在境外的居民纳税人所取得的资本利得，应以外币的形式缴纳占总收入 10% 的个人所得税。税收减免优惠，如表 5 - 6 所示。

表 5 - 6　　　　　　　　　　　税收减免优惠

减免类型		额度
基础型		20%（不超过 10 000 000 缅币）
家庭	父母（必须与纳税义务人居住）	每人 1 000 000 缅币
	受扶养配偶	1 000 000 缅币
	受抚养子女	每人 500 000 缅币

受扶养配偶须满足配偶未就业这一条件，才能享受对应税收优惠。

受抚养的子女须满足以下条件，才能享受对应税收优惠：

（1）未婚。

（2）收入未达个人所得税起征点。

（3）未满 18 岁或虽满 18 岁但仍在接受全职教育。

如下规定的收入或收入类型免征所得税：

（1）逮捕毒贩的奖励。

（2）逮捕非法货物交易者的奖励。

（3）随同国家颁发的奖章一起发放的奖励。

（4）退休所取得的养老金和退休金。

（5）通过国营彩票取得的奖金。

（6）因发现古代文物而收到国家发放的奖金。

（7）因死亡或受伤而取得的赔偿金。

（六）应纳税额的计算

所得税额 = 应纳税所得额 × 适用税率

【例题】缅甸公民 A 在公司任职，月工资 1 500 000 缅币。自行购买的人寿保险费用 230 000 缅币。2023 年应缴纳多少个人所得税？

【解析】

应纳税所得额为 1 500 000 × 12 × 80% － 230 000 = 14 170 000（缅币）。应纳税额为 400 000 +（14 170 000 － 10 000 000）× 10% = 817 000（缅币）。

三、商业税

（一）纳税义务人

在缅甸境内生产商品和提供服务且年度应纳税所得额超过 5 000 万缅币的纳税义务人应缴纳商业税。

在判断年度应纳税所得额是否超过 5 000 万缅币时，应考虑适用商业税 0% 税率的收入，但不考虑享受商业税免税的收入。纳税义务人同时从事生产、贸易或服务等多项业务的，应包括其从事所有业务取得的收入。

（二）课税对象

缅甸政府对进口及本地生产和销售货物、贸易及提供服务所产生的收入以营业额为基础征收商业税。①

（三）应纳税所得额的确定

商业税的计税基础为：

（1）进口商品：以商品到岸价为计税基础（即成本、保险、运费和关税之和）。

（2）本地生产商品：以商品实际销售价格为计税基础。缅甸《商业税法》规定了对某些行业商业税的起征点。在合作部门和私营部门，若销售和服务营业额没有超过下列标准，则免征商业税。

---

① 商务部对外投资和经济合作司，商务部国际贸易经济合作研究院，中国驻缅甸大使馆经济商务处. 对外投资合作国别（地区）指南——缅甸：2023 年版［EB/OL］.（2023 － 04 － 01）［2024 － 07 － 01］. http：//www. mofcom. gov. cn/dl/gbdqzn/upload/miandian. pdf.

①产品生产和国内销售在一个财政年度内，销售额未达到 5 000 万缅币；

②在一个财政年内，服务收入未达到 5 000 万缅币；

③在一个财政年内，贸易额未达到 5 000 万缅币。

（四）税率

商业税默认税率为 5%。

根据《2023 年缅甸联邦税法》部分行业税率如下：

（1）建设项目销售所得、基础设施维修或销售所得的商业税税率为 3%。

（2）提供酒店及旅游服务所得的商业税税率为 3%。

（3）黄金首饰类的商业税税率为 1%。

（4）互联网服务收入的商业税税率为 15%。

（5）销售 SIM 卡及提供 SIM 卡激活服务为 20 000 缅币的定额商业税。

（五）税收优惠

出口商业税默认税率为 0%，即出口环节不征收商业税。但电力、原油等出口时应缴纳出口环节的商业税。几乎绝大部分出口的商品都可以享受出口退商业税的待遇。

（六）应纳税额的计算

$$商业税应纳税额 = 计税基础 \times 商业税税率$$

【例题】A 先生在缅甸境内从事出口贸易。2023 年 5 月出口了 2 000 斤大米，并于 8 月底全部销售，取得销售收入合计 1 744 980 缅币。则 A 先生 2023 年应缴纳商业税多少缅币？

【解析】

因为大米属于免税商品，所以 A 先生 2023 年应缴纳商业税为 0。

四、特殊商品税

（一）纳税义务人

在缅甸境内生产和进出口应税特殊商品的企业和个人，为特殊商品税的纳税义务人。

（二）课税对象

特殊商品税仅对部分特殊商品征收，征收范围主要包括：烟草、酒精

（烈酒、红酒和啤酒等）、香烟、木材、汽车和成品油等。

自 2019 年 10 月 1 日起，珠宝和玉石的销售或进口应缴纳珠宝税，不再缴纳特殊商品税。

（三）应纳税所得额的确定

特殊商品税的计税基础为：

（1）进口商品：以商品到岸价为计税基础（即成本、保险、运费和关税之和）；

（2）出口商品：以截至商品装箱出口时所发生的全部费用为计税基础；

（3）本地生产商品：以商品实际销售价格或者由税务机关核定价格孰高者为计税基础。税务机关有权根据市场价格对销售价进行调整，从而影响特殊商品税的计税基础。

（四）税率

特殊商品税税率不低于 5%。特殊商品，如酒精，是根据酒瓶的体积（容量）按照累进税率进行征收。

进口特殊商品税税率如表 5-7 所示。

表 5-7　　　　　　　　进口特殊商品所适用税率

序号	商品	税率
1	香烟	从 10 缅币/支至 27 缅币/支
2	烟草	60%
3	弗吉尼亚烟草、烤烟	60%
4	平头雪茄烟	1 缅币/支
5	雪茄	80%
6	烟斗烟草	80%
7	槟榔咀嚼原料	80%
8	烈酒	从 209 缅币/升至销售额的 60%
9	啤酒	60%
10	红酒	从 92 缅币/升至销售额的 50%
11	原木及各类木材	5%
12	排量为 1 501cc～2 000cc 的货车、大型轿车、小型轿车、旅行车、双座轿车（纯电动汽车、小型皮卡除外）	10%
13	排量为 2 001cc～4 000cc 的货车、大型轿车、小型轿车、旅行车、双座轿车（纯电动汽车、小型皮卡除外）	30%

续表

序号	商品	税率
14	排量为4 000cc以上的货车、大型轿车、小型轿车、旅行车、双座轿车（纯电动汽车、小型皮卡除外）	50%
15	汽油、柴油及喷气式发动机料	5%
16	天然气	8%

（五）税收优惠

几乎大部分特殊商品都可以享受出口退税的待遇，即出口商品的默认特殊商品税率为0%。以下情况除外，如表5－8所示。

表5－8　　　　　　　　　　出口特殊商品所适用税率

序号	商品	税率（%）
1	原油	5
2	天然气	8
3	原木及各类木材	10
4	电能	8

（六）应纳税额的计算

特殊商品税应纳税额＝计税基础×特殊商品税税率

【例题】甲公司从事原木出口贸易，2023年出口原木取得收入合计30 000 000缅币，则2023年应缴纳特殊商品税多少缅币？

【解析】

2023年应缴纳特殊商品税为30 000 000×10% ＝3 000 000（缅币）。

五、关税

关税的法律依据是2017年颁布的《关税法》。关税由隶属于缅甸计划与财政部的缅甸海关进行征收管理。

（一）纳税义务人

货物进口方应缴纳关税。

（二）课税对象

原则上所有的进口物品均应缴纳关税。

（三）应纳税所得额的确定

根据缅甸关税税则，进口物品 CIF（成本加保险费加运费）价格的基础上加成 0.5% 为关税的计税基础，但一部分进口物品对应的关税税率为 0%。

（四）税率

根据缅甸关税税则，对缅甸进出口货物征收 0 ~ 50% 不等的关税。

（五）税收优惠

1. 投资激励税收优惠政策

对于按照《外国投资法》注册成立并获得缅甸投资委员会许可的公司，可享受以下税收优惠政策。享受下述优惠政策，外国投资法要求注册资本不得低于 30 万美元。

（1）对于企业在经营过程中，因经营目的而进口的机器设备、仪器、机器零配件、原材料等，提供关税或其他国内税的减免优惠。

（2）企业建成投产后的前 3 年，可减免企业进口原材料所征收的关税或其他国内税。

2. 经济特区税收优惠政策

《经济特区法》中规定了如下与关税相关的优惠政策：

（1）免除特定货物的关税。

（2）对于自由贸易区内的外资企业，针对其原材料、机械、设备以及特定进口货物免除其关税及其他国内税。

（3）对于经济开发区内的外资企业，自经营开始日起，5 年内就经营所需而进口的机器设备及仪器享受关税减免优惠；自第 6 年起，5 年内享受关税及其他国内税减免 50% 的优惠。

3. 外交人员使用的进口车辆，免征进口关税

（六）应纳税额的计算

关税应纳税额 = 计税基础 × 关税税率

【例题】2023 年 4 月 1 日某公司进口一批化妆品，成交价格为 6 000 000

缅币，从起运地至输入地起卸前的运费为 300 000 缅币，进口货物的保险费为 875 000 缅币，则该公司缴纳进口环节税金的计税基础是多少？

【解析】

计税基础为（6 000 000 + 300 000 + 875 000）×（1 + 0.5%）= 7 210 875（缅币）

六、印花税

（一）纳税义务人

如果合同、协议中没有规定印花税承担方，则由合同受益方缴纳印花税。

（二）课税对象及税率

根据缅甸《印花税法》以及相关规定，按照合同金额或核定金额，对所有书据征收印花税，部分税率如下：

（1）合同、协议的印花税为 300 缅币或合同金额的 1%（且不超过 15 万缅币）。

（2）转让资产（动产），为转让金额或资产价值的 2%。

（3）转让股权，为股权价值的 0.1%。

（4）转让有价证券，为股权价值的 0.1%。

（5）抵押债券，为担保价值的 0.5%。

（6）出售或转让不动产为转让价值的 5%，但仰光地区为 7%。

【例题】 缅甸公民甲 2023 年 3 月出售一套 100 平方米的住房，合同中注明以 58 000 000 缅币转让给乙。则甲应缴纳多少印花税？

【解析】

出售或转让不动产印花税率为转让价值的 5%，因此甲应缴纳印花税 58 000 000 × 5% = 2 900 000（缅币）。

七、不动产税

（一）纳税义务人

财产所有人应缴纳不动产税。

外国公司不允许持有缅甸的不动产产权，因此不涉及不动产税。

（二）课税对象

位于缅甸仰光发展区内的私有及国有不动产（包括土地及建筑物）应征收不动产税。不动产税由乡镇发展管理办公室统一管理，按照年度评估值的固定比例分月度、季度或两年度征收不动产税。不动产税包括一般税、照明税、水税和卫生税。

（三）税率

按如下规定征收不动产税，如表5-9所示。

表5-9 不动产税征收办法

序号	不动产类型	计税基础	适用税率
1	普通住宅用地、建筑及公寓	土地价值的3%或建筑物价值的6%	13%（其中包括8%的一般税和5%的照明税）
2	工厂、车间、工业区及加油站	土地价值的3%或建筑物价值的6%	13%（其中包括8%的一般税和5%的照明税）
3	酒店、汽车旅馆、客栈及青年旅舍	每月向酒店及旅游部门所提交的损益表中的房屋租金收入减去扣除额，扣除额包括所得税的10%、商业税的10%、服务费的10%、房屋租金及银行手续费的4%	6%
4	100%外商投资的公寓、塔楼及住宅	每月租金收入减去扣除额，扣除额包括房屋租金、所得税的10%、维修费的25%、一般费用的25%和手续费的20%	13%（其中包括8%的一般税和5%的照明税）
5	100%外商投资的购物中心	每月租金收入减去扣除额，扣除额包括房屋租金、所得税的10%、维修费的25%、一般费用的25%	13%（其中包括8%的一般税和5%的照明税）
6	自用土地、建筑物和公寓	仰光地区土地价值的3%或建筑物价值的6%	13%（其中包括8%的一般税和5%的照明税）
7	租赁或营业用途的土地、建筑物和公寓	租金收入减去所得税的10%、维修费的25%和一般费用的25%	13%（其中包括8%的一般税和5%的照明税）
8	国有土地、建筑物及公寓	仰光市发展区土地价值的3%或建筑物价值的6%	基础税率8%、照明税5%、卫生税6.5%~8.5%
9	缅甸港务局	对位于仰光市发展区内不动产收取的杂费年收入	5%

【例题】缅甸某公民在仰光发展区内经营着一家轮胎制造厂，厂房占地面积为 1 500 平方米，其市场价值为 120 000 000 缅币。请问应缴纳多少不动产税？

【解析】

工厂按照其土地价值的 3% 或建筑物价值的 6% 作为计税基础，税率为 13%，应缴纳不动产税 120 000 000×6%×13% =936 000（缅币）。

八、土地税

（一）纳税义务人

使用土地的企业和个人应缴纳土地税。

（二）课税对象及税率

不同类型用途的土地在获取土地使用权之日起，按年依照如下规定缴纳土地税，如表 5-10 所示。

表 5-10　　　　　　　　　土地税适用税率

土地类型	适用税率	
	一般土地税率	免征期后的土地税率
农业用地	（1）占地面积不大于 50 英亩：3 000 缅币/英亩； （2）占地面积大于 50 英亩：10 000 缅币	（1）用于耕种长期生长果树的土地：3 000 缅币/英亩； （2）用于耕种园地作物的土地：2 000 缅币/英亩； （3）用于耕种季节性/工业性作物的土地：1 000 缅币/英亩
水产养殖用地	10 000 缅币/英亩	（1）用于养殖鱼、虾、蟹的土地：3 000 缅币/英亩； （2）用于牲畜养殖的土地：1 000 缅币/英亩
矿业用地	10 000 缅币/英亩	5 000 缅币/英亩
其他政府许可用地	10 000 缅币/英亩	按照联邦政府或相关部门规定的税率缴纳

注：仅适用于可享受税收减免优惠的土地用地。

（三）应纳税额的计算

土地税应纳税额 = 占地面积×每英亩税率

【例题】甲水产养殖公司 4 月购买 0.3 英亩土地改造成水池用于养殖淡水虾，该公司应缴纳多少土地税？

【解析】

该公司应缴纳土地税为 0.3 × 10 000 = 3 000（缅币）。

（四）税收优惠

对投资用于不同用途的土地，税收优惠政策如下：

1. 种植业

（1）种植长年果树用地，从开始种植之年起，8 年内免征土地税。

（2）种植园林植物用地，从开始种植之年起，6 年内免征土地税。

2. 养殖业

（1）养鱼用地，从开始使用之年起，3 年内免征土地税。

（2）家禽牲畜饲养业用地：

①水牛、黄牛、马的饲养用地，从开始使用之年起，8 年内免征土地税；

②绵羊和山羊的饲养用地，从开始使用之年起，4 年内免征土地税；

③饲养场，从开始使用之年起，3 年内免征土地税；

④鸡、鸭的饲养场，从开始使用之年起，4 年内免征土地税。

九、珠宝税

（一）纳税义务人

自 2019 年 10 月 1 日起，持有珠宝、玉石许可和执照的人，在销售或进口宝石原石、宝石成品、珠宝及宝石制品等时，应缴纳珠宝税，不再缴纳特殊商品税。

（二）课税对象及税率

珠宝税的适用税率如表 5-11 所示。

表 5-11 珠宝税适用税率

序号	珠宝的类型	税率（%）
1	玉石原石	11
2	红宝石原石、蓝宝石原石和其他宝石原石	9

续表

序号	珠宝的类型	税率（%）
3	玉石、红宝石、蓝宝石和其他宝石的成品，以及用玉石、红宝石、蓝宝石和其他宝石制成的装饰物或首饰	5
4	由宝石制成的成品	5

根据《缅甸玉石珠宝法》，珠宝的类型的解释如下：

（1）其他宝石原石，是指宝石原石、精炼或切割的宝石、抛光的宝石、宝石原石的碎片。

（2）其他宝石成品，是指在制作为装饰品或首饰之前，经过刻面、抛光、设计后的宝石。

（3）玉石、红宝石、蓝宝石和其他宝石制成的饰品/珠宝装饰物或首饰，是指由抛光宝石组成的饰品/珠宝。

（4）由宝石制成的成品，指任何由宝石制成或含有宝石的产品。

根据《2023年缅甸联邦税法》，钻石和绿宝石不再享受豁免，应纳入珠宝税的征税范围。

（三）应纳税所得额的确定

珠宝税的计税基础如下：

（1）珠宝销售：应纳税所得额为珠宝或玉石实际销售价格，或者缅甸珠宝企业的核定价格孰高者；

（2）珠宝进口：应纳税所得额为珠宝或玉石的到岸价格。

（四）应纳税额的计算

珠宝税应纳税额 = 计税基础 × 适用税率

【例题】甲珠宝商2023年销售玉石原石0.3吨，取得销售收入合计58 166 000缅币，应缴纳多少珠宝税？

【解析】

应缴纳珠宝税58 166 000×11% = 6 398 260（缅币）。

十、社保费

（一）纳税义务人

根据缅甸《社会保障法》的规定，拥有五位或五位以上员工的雇主应注册登记缴纳社会保障金。社会保障金分为雇主缴纳部分和员工缴纳部分，其中针对员工缴纳部分，雇主有义务为员工代扣代缴。

（二）征税范围

社会保障金包括健康与社保金、医疗保险金、工伤津贴、退休养老金福利、失业津贴以及其他社会保障金。

（三）税率

社会保障金按照工资一定比例或者最低计缴额的执高者缴纳，具体如表 5-12 所示。

表 5-12 社会保障金征收办法

项目	征收比例	最低计缴额/人（缅币）
员工缴纳部分	工资的 3%	9 000
雇主缴纳部分	工资的 2%	6 000

（四）应纳税额的计算

上述社会保障金的计缴基础均为员工工资薪金总额。所有员工的计缴基础不得超过 30 万缅币/月。

【例题】缅甸某公民在仰光发展区内经营着一家轮胎制造厂，有 130 名员工，每位员工月工资为 1 160 000 缅币。请问 2023 年代扣代缴多少社保费？

【解析】

为员工代扣代缴的部分为工资的 3%，则代扣代缴社保费为 130 × 1 160 000 × 12 × 3% = 54 288 000（缅币）。

十一、其他小税种

除上述所提及的税种以外，缅甸所存在的其他税种，包括但不限于以下税种：

（1）进口许可费：个别货物在进口时须取得进口许可，根据进口货物价值计算缴纳。

（2）国家彩票税：根据国营彩票的销售额计算缴纳（外资企业不可参与

国营彩票的代理销售）。

（3）运输税：车辆登记时计算缴纳。

（4）水资源税：通过灌溉设施获得灌溉用水，按照相关土地面积的一定比例计算缴纳。

（5）矿产税：就矿产资源的采掘及利用，依照采掘量等计算缴纳。

（6）渔业税：从事捕捞渔业而需获得许可时计算缴纳。

第四节　缅甸的税收征收管理

一、税务登记

根据缅甸政府 1990 年颁布的《商业税法》，凡是从事须纳税的产业和服务性行业的纳税义务人须到有关乡镇税务机关登记注册，并附开业通知书。另外，根据缅甸税务总局发布的 2022 年第 2 号公告，已进行商业税登记的纳税人需每年对其税务登记信息进行更新。2019 年缅甸联邦议会颁布的《税收征管法》对纳税管理及纳税申报等方面进行了具体规定，所有纳税人都应取得纳税人识别号（TIN），用于纳税申报及税款缴纳。此外，代扣代缴义务人也可以获得纳税人识别号。纳税人须在纳税申报表或其他税务文件中注明纳税人识别号，也必须向其税务代理提供纳税人识别号。税务机关也须在向纳税人发送的与其纳税义务相关的所有书面文件中注明其纳税人识别号。在纳税人不主动登记的情况下，乡镇税务机关可依其职权通知纳税人前来登记注册和送交开业通知书。缅甸税务机关是决定纳税人登记注册的最终裁决者。

二、纳税申报

2021 年 8 月，缅甸政府发布公告规定自 2021 年 10 月 1 日起，财政年度由 10 月 1 日至次年 9 月 30 日变更为 4 月 1 日至次年 3 月 31 日。

各税种纳税申报期限如表 5 - 13 所示。

表 5 – 13   各税种纳税申报期限

税种	纳税申报期限
企业所得税 个人所得税	(1) 年度申报：自财政年度结束之日起 3 个月内； (2) 资本利得申报：自转让资本之日起 30 日内； (3) 停业登记：自停业之日起 1 个月内
商业税	(1) 季度申报：自相关季度结束之日起 1 个月内； (2) 年度申报：自相关财政年度结束之日起 3 个月内
特殊商品税	自每个季度结束之日起 10 日内
其他税（费）	按照缅甸税务总局要求进行申报

三、税务检查

1. 税务评估

根据缅甸企业所得税法的规定，如果发现纳税义务人有意偷逃税款，税务机关可以随时对该项被偷逃税款的收入进行重新评估核算所得税。有意偷逃税款包含以下行为：

（1）对取得的应税收入不申报纳税。

（2）不按税务机关要求，没有在限期内向税务机关提交账册、纳税申报表以及损益表。

（3）提交伪造的票据文件等。

根据《税收征管法》规定，自 2019 年 10 月 1 日起，纳税评估可在相关纳税年度结束后 6 年内对以前年度的纳税评估结果进行修正。如果纳税人存在纳税申报信息不完整、虚假申报或故意逃税的情形，纳税评估和重新评估的法定时效为 12 年。

根据《税收征管法》第三十二条规定，缅甸税务总局在税务评估中对于以避税为目的的人为或虚构的交易，可根据交易的经济实质进行判断和调整。缅甸税务总局发布的 2022 年 3 号公告对避税的定义进行了明确。避税指纳税义务人在了解税法的情况下，以避税、减少应税收入或纳税义务为目的而违反税收道德。避税的情形包括：

（1）未按公允价值披露有关资产、财产、服务或收益。

（2）跨境交易转让定价不符合独立交易原则。

（3）以减少集团整体应纳税额为目的，在纳税主体和关联企业之间分配收入。

（4）以减少、免除或推迟缴纳税款为目的进行组织架构重组。

（5）滥用双边或多边税收协定避税。

如果纳税人对税务机关或其他机构所作的处理结果有异议，可自收到通知书之日起30日内向缅甸税务总局提起复议。如果纳税人对缅甸税务总局所作的处理结果有异议，可自收到通知书之日起90日内向税务上诉法庭（以下简称为"法庭"）起诉。如果纳税人向缅甸税务总局提交申请90日后仍未收到缅甸税务总局就同意重新评估作出的回复，纳税人可在90日期限届满之日起30日内向法庭起诉。

2. 税务稽查

根据缅甸商业税法的规定，税务机关的税务检查权主要有以下三个方面：

（1）税情询问权，即税务机关有权询问纳税义务人与纳税有关的问题和情况。

（2）实地检查权，即税务机关有权到任何公共场所或纳税人的生产经营场所和货物存放场所实地检查纳税人应纳税商品、货物或其他资产及有关经营情况。

（3）资料检查和取得权，即税务机关有权检查纳税人的账簿、印章和有关资料，并有权拍照、摘抄和复印。税务机关有权责成纳税人提供与纳税相关的账簿、文件、证明材料和相关资料，如纳税人不提供上述资料，乡镇税务机关的税务官员在得到省邦税务机关的税务官员的同意后，有权对任何建筑物或工作场所进行搜查并将有关账簿或文件带回税务机关。在紧急情况下，乡镇税务机关税务官员可从乡镇地方法官处取得搜查证后行使搜查权，并将在搜查中发现的情况及时通报乡镇地方法官和相关省邦税务机关税务官员；在实施上述搜查时，须有纳税人或纳税人代理或其他两名证人在场，如须带走账簿或文件资料，必须出具收条并保存好上述账本或文件资料。

【拓展阅读 5 –1】

《2022 年联邦税法》及其修正案

2022年3月30日，国家行政委员会颁布《2022年联邦税法》，并于11月17日由第48号修正案进一步修订，该规定自2022年10月1日至2023年3月31日生效。

2022年，缅甸更新了一系列税收及关税政策，其中最值得关注的包括对纯电动汽车（BEV）的商业税、特殊货物税和关税豁免，以及对在缅甸从事石油、天然气勘探和生产的公司增加的特殊商业所得税等。此外，缅甸还公布了最新的2022年《关税规定》，缅甸税务局发布了关于避税、少缴税款、虚假陈述和逃税的相关政策。

该修正案还规定，在缅甸从事石油和天然气勘探和生产的公司，其净利润总额须缴纳 25% 的特殊商业所得税，该规定自 2022 年 4 月 1 日至 2023 年 3 月 31 日生效。

资料来源：国家税务总局网站（https：//www. chinatax. gov. cn/）。

【拓展阅读 5 - 2】

关于避税、少缴税款、虚假陈述和逃税的相关政策

2022 年 11 月 16 日，缅甸国税局出台新的公共条例，针对避税、少缴税款、虚假陈述税务信息以及逃税等问题明确了处理规定。该条例基于缅甸《税收管理法》，对上述问题作了进一步细化规定。

（1）避税是指纳税义务人违反税务合规的规定，通过减少应税收入或须缴纳税款来避免应缴税款的发生。具体包括：未能按市场价格对权利、资产、服务或利益进行估值；在跨境转让定价中进行非独立交易；在纳税义务人和关联企业之间分配收入，以减少收入的应纳税额总额；以及通过滥用国家之间的税收协定来避税。

（2）疏忽或欺诈性少缴税款是指纳税义务人在提交纳税申报表时疏忽或欺诈性地少报应缴税款。具体包括：长时间未提交申报表；少报收入和销售额；欺诈性申请补贴；出示错误的会计凭证；错误地申请进项税抵免；需要加盖税章的特定商品缺乏税章，以及个人或设备输入账户的错误等行为。

（3）税务信息虚假陈述是指纳税义务人向税务机关工作人员提交虚假或误导性陈述，以减税、避税或获得本无权获得的退税，税务机关工作人员误以为此类信息是正确的，而虚假的税务信息陈述可能会导致税款低于实际应付金额或退款高于实际应付款金额。具体包括遗漏收入和销售额；提交不正确的信息；提供不准确的账目；转移资产以避免征税；拥有一份以上的财务报表，以及隐藏既有的银行账户。

（4）逃税是指纳税义务人故意违反税法相关规定，反复避税或少缴税款，或由于任何类型的税收违规行为导致国家损失大量税收。根据《税收管理法》，逃税或将面临罚款和刑事诉讼。

资料来源：国家税务总局网站（https：//www. chinatax. gov. cn/）。

【拓展阅读 5 - 3】

退税政策

2022 年 10 月 7 日，缅甸规划与财政部发布了第 1/2022 号公共条例，明确了《税收管理法》规定的所得税、商业税和特殊商品税的退税政策。纳税义务人可在以下情

况下申请退税:

1. 所得税

如果缴纳的所得税（在从事出口或进口业务时，作为资本利得税或作为预扣税每季度核算）超过评估应缴纳的所得税（可以申请所得税退税）。

2. 商业税

在缅甸进、出口货物或在缅甸购买出口货物时支付的商业税超过该出口货物应缴纳的商业税。以及，如他国驻缅甸外交官或大使馆工作人员根据互惠原则通过外交部申请退还商业税。

3. 特殊商品税

如果根据《特殊商品税法》第8条每月或任何其他指定时间支付的特殊商品税超过评估税。此外，如果税款多付或计算错误，任何人都可以要求退款。

需要注意的是，上述所得税、商业税或特殊商品退税须在抵销负债、利息和罚款的基础上进行。

资料来源：国家税务总局网站（https：//www.chinatax.gov.cn/）。

【拓展阅读 5-4】

免除电动汽车关税的相关政策

2022年11月2日，缅甸规划和财政部出台第90/2022号通知（以下简称《通知》），免除对电动车及其配件征收关税。根据《通知》，以下类型的进口电动车关税税率已降至零，包括：半挂车用公路拖拉机、10人或以上（含司机）的客运车辆、卡车、客车、三轮乘用车、三轮货运车辆、两轮电动摩托车、两轮电动自行车、救护车、囚车和灵车。与上述车型相关的车辆配件企业在获得电力部门进口批准后可申请关税优惠政策，其他备件经工业部进口批准后也可申请豁免。

除上述新修和变化外，税收和关税税率政策的修订在很大程度上受到国家经济和政治情况的影响。近年来，所得税纳税范围的修订对纳税义务人更为有利，是考虑到在新冠疫情影响下疲软的经济现状。预计明年，缅甸在税收领域还会出台新政策，一定程度也取决于其国内形势的稳定与经济发展的情况。

资料来源：国家税务总局网站（https：//www.chinatax.gov.cn/）。

【思考题】

1. 缅甸税制结构有何特点？
2. 简述缅甸与中国税制结构的异同点。
3. 思考缅甸税制现状与改革路径。

马来西亚的税收制度

第一节　马来西亚的社会经济

一、马来西亚简况[①]

马来西亚（Malaysia）位于东南亚，国土被南海分隔成东、西两部分。西马位于马来半岛南部，北与泰国接壤，南与新加坡隔柔佛海峡相望，东临南海，西濒马六甲海峡。东马位于加里曼丹岛北部，与印度尼西亚、菲律宾、文莱相邻。全国海岸线总长 4 192 公里，总面积约 33 万平方公里。

马来西亚人口 3 300 万（截至 2023 年底），有 30 多个民族，主要有马来人、华人、印巴人及土著民等，其中马来裔占 70%，华裔 22.7%，印度裔 6.6%，其他种族 0.7%。马来语为国语，英语为通用语言，华语使用也比较广泛。伊斯兰教为国教，另有佛教、印度教和基督教等。马来西亚货币为林吉特（也称"令吉"，Ringgit Malaysia）。外商可到银行及货币兑换所兑换林吉特，马来西亚所有银行都能兑现旅行支票。目前林吉特不允许海外自由兑换。截至 2023 年 6 月 1 日，1 美元约合 4.61 林吉特。全国分为 13 个州和 3 个联邦直辖区，首都吉隆坡（Kuala Lumpur）位于西马西海岸中部，为全国政治、经

① 中华人民共和国外交部. 马来西亚国家概况［EB/OL］.（2024 - 04 - 01）［2024 - 07 - 01］. https：//www. mfa. gov. cn/web/gjhdq_676201/gj_676203/yz_676205/1206_676716/1206x0_676718/.

济和文化中心。

二、马来西亚的经济文化①

根据马来西亚统计局公布的数据，2022 年，马来西亚 GDP 1.79 万亿林吉特（按现价计算），同比上升 8.7%；人均国民总收入 54 863 林吉特；通货膨胀率为 3.3%。

马来西亚是世界第二大棕榈油及相关制品的生产国和出口国，世界第三大天然橡胶出口国，也曾是世界的产锡大国。马来西亚石油和天然气储量丰富，铁、金、钨、煤、铝土、锰等矿产储量也很丰富，同时也盛产热带硬木。

20 世纪 70 年代以来，马来西亚不断调整产业结构，大力推行出口导向型经济，电子业、制造业、建筑业和服务业发展迅速，成为马来西亚的主要产业。制造业是马来西亚国民经济发展的主要动力之一，主要包括电子、石油、机械、钢铁、化工及汽车制造等行业。2022 年，制造业产值占马来西亚 GDP 的 24.1%。服务业是马来西亚经济中最大的产业部门，吸收就业人数占马来西亚雇佣员工总数六成以上。其中，旅游业是服务业的重要部门之一。2022 年，服务业产值占马来西亚 GDP 的 58.3%。同时，农业、采矿业和建筑业也在马来西亚的经济中占有比较重要的位置。2021 年，农业、采矿业和建筑业在 GDP 中所占比例分别为 7.2%、6.7% 和 3.7%。

第二节　马来西亚税收制度概述②

马来西亚的税收环境比较宽松，税种比较简单，其税收体系包含了公司所得税、个人所得税、石油所得税、销售税、服务税、不动产利得税、印花税等几个税种。尽管如此，税收收入仍然是政府财政收入的主要来源，占比超过 70%，其中企业所得税、个人所得税是税收中的重中之重。

马来西亚联邦政府和各州政府实行分税制。联邦财政部统一管理全国税务事务，负责制定税收政策，由其下属的内陆税收局负责征收直接税，主要依照

---

① 中华人民共和国商务部外贸发展事务局：马来西亚贸易指南：2023 年［ED/OL］.（2023 – 09 – 01）［2024 – 07 – 01］. https：//www.tdb.org.cn/u/cms/www/202309/281535099f4m.pdf.
② 国家税务总局国际税务司国别（地区）投资税收指南课题组.中国居民赴马来西亚投资税收指南［EB/OL］.（2023 – 06 – 30）［2024 – 07 – 01］. https：//www.chinatax.gov.cn/chinatax//n810219/n810744/n1671176/n1671206/c3317853/5116147/files/c29d5d5a7ade4b1e8a617ee7c59a8a0d.pdf.

165

法律：《1967 年所得税法》《1967 年石油所得税法》《1976 年不动产利得税法》《1986 年投资促进法》《1949 年印花税法》和《1990 年纳闽岛商业活动税法》；由马来西亚皇家海关总署负责征收间接税，主要依照法律：《2018 年销售税法》《2018 年服务税法》《1967 年关税法》等。

第三节　马来西亚主要税种的征收制度[①]

一、公司所得税

（一）纳税义务人

1. 居民企业

马来西亚税法上的居民企业是指公司董事会每年在马来西亚召开、公司董事在马来西亚境内掌管公司业务的法人。居民企业履行无限的纳税义务，就其来源于马来西亚境内外的所得向政府缴税。

2. 非居民企业

非居民企业是指不在马来西亚组建的或者其控制和管理地不在马来西亚的公司。非居民企业仅就来源于马来西亚的所得缴纳公司所得税。

（二）征税对象

1. 居民企业

根据马来西亚《所得税法》，法人取得的经营所得，股息、利息等投资所得，资产租赁费、使用费、佣金等资产所得以及其他具有所得性质的利得或收益都是所得税的征税范围，都要缴纳所得税。

2. 非居民企业

非居民企业公司所得税的征税范围包括利息、特许权使用费、技术服务费等，但不包括股息（马来西亚不对股息征收预提所得税）。非居民企业来源于

[①]　本节所引资料，除非特别说明，均来自国家税务总局国际税务司国别（地区）投资税收指南课题组. 中国居民赴马来西亚投资税收指南［EB/OL］.（2023 - 06 - 30）［2024 - 07 - 01］. https：//www. chinatax. gov. cn/chinatax//n810219/n810744/n1671176/n1671206/c3317853/5116147/files/c29d5d5a7ade4b1e8a617ee7c59a8a0d. pdf.

马来西亚的利息须缴纳预提税，但是非居民企业为马来西亚中央政府、州政府、地方当局或法定实体提供信贷收取的利息不交预提税。

（三）应纳税所得额的确定

1. 居民企业

（1）收入范围。公司所得税以每一纳税年度的收入总额减除为取得收入发生的费用、损失和允许扣除的支出后的余额作为应纳税所得额，按照适用税率计算征收。其中，所得方面大致分为4种：经营所得；股息、利息所得；租赁费、特许权使用费、佣金所得；其他利得和收益所得。

（2）税前扣除。扣除方面，哪些项目可以列支，马来西亚税法并没有明确规定，实务上的判断标准是：

①所得税法或其他法律没有特别规定不得列支；

②该支出与经营活动有关；

③该支出是在当期经营年度内发生的；

④该支出是为创造所得发生的；

⑤该支出不是资本性支出。

具体税务上的扣除项目主要包括：

①折旧。税务机关依法认可的折旧资产有：工业用建筑、机械及设备。部分地区对机械设备购进时的期初折旧采用20%的年折旧率，而进口重型机械设备则按购进成本的10%每年计提折旧。机械设备在使用过程中按每年10%～20%的比率提取折旧。加速折旧适用于计算机、通信技术设备、环保设备和资源再生设备。

②亏损处理。经营亏损可在当期从其他经营所得以及投资或资产所得中扣除。不足扣除的经营亏损可以在以后年度无期限结转，但只能冲抵经营所得。

③向国外子公司的支付。对国外子公司支付的特许权使用费、管理服务费和利息费用经申请可以从公司所得税中扣除，但必须采用独立交易价格（即非关联公司之间的交易价格）。

2. 非居民企业

马来西亚对非居民企业主要采用预提方式征收所得税，即对非纳税居民在马来西亚境内所获取的某些特定性质的收入征收预扣税。

（四）税率

1. 居民企业

马来西亚公司所得税税率为24%。2020纳税年度起，当中小型居民公司 *167*

实收资本低于 250 万林吉特且一个纳税年度业务收入总额不超过 5 000 万林吉特时，对其取得的 60 万林吉特以内的应税所得适用 17% 的所得税税率，超过的部分适用 24% 的所得税税率。

2. 非居民企业

非居民企业的预扣税税率为 10% ~ 25%。具体款项及适用税率如表 6 - 1 所示。

表 6 - 1　　　　　　　所得税应税（预扣税）款项及其适用税率

款项类型	预扣税税率	中马协定税率
利息	15%/5%	10%
特许权使用费	10%	—
股息/分支机构利润汇款	马来西亚将不针对股息征收预扣税	
其他所得	10%	—
特殊类别的所得	10%	—
合同款项	10% + 3%	—
非居民公共娱乐人员所得	15%	—
房地产投资信托	24%	—
家庭基金	25%	—

（五）税收优惠

对于 2023 纳税年度①，马来西亚成立的中小型居民企业②，其取得的首笔 15 万林吉特的所得可以适用 15% 的税率，150 001 ~ 600 000 林吉特以内的所得可以适用 17% 的税率，超过部分适用 24% 的税率。

（六）应纳税额的计算

应纳税额的计算方式为应纳税所得额乘以适用税率。根据法规按照核定利润率征收所得税的纳税人，应将收入乘以核定利润率计算应纳税所得额。

【例题】甲生产企业为 2020 年在马来西亚成立的企业，符合马来西亚中小型居民企业条件。成立当年亏损 30 万林吉特，2021 年经营所得为 20 万林吉特，2022 年实现营业收入 120 万林吉特，发生与经营活动相关的支出 20 万林吉特，取得利息所得 10 万林吉特。计算 2022 年度甲企业应缴纳的公司所

---

① 2022 日历年中获得的收入。
② 实收资本不高于 250 万林吉特，且营业总收入不超过 5 000 万林吉特。

得税。

【解析】

根据所得税法的规定，居民企业经营亏损可在当期从其他经营所得以及投资或资产所得中扣除。不足扣除的经营亏损可以往以后年度无期限结转冲抵经营所得。因此，2020 年的亏损可结转冲抵。甲企业 2022 年度经营所得 = 120 - 20 - 10 = 90（万林吉特）；应纳税所得额 = 90 + 10 = 100（万林吉特）；甲企业属于在马来西亚成立的中小型居民企业，2022 年度取得的收入可享受首笔 15 万林吉特的所得适用 15% 的税率，150 001 ~ 600 000 林吉特以内的所得适用 17% 的税率，超过部分适用 24% 的税率的优惠政策。因此，甲企业 2022 年度应纳公司所得税 = 15 × 15% + (60 - 15) × 17% + (100 - 15 - 60) × 24% = 15.9（万林吉特）。

二、个人所得税

马来西亚个人所得税是对居住在马来西亚的自然人取得的所有收入或非居住在马来西亚的自然人取得来自马来西亚的收入按年估值进行征收的税种。

（一）纳税义务人

1. 居民纳税人

居民纳税人采用居住地和居住时间等判定标准，具体而言，符合以下四种情况之一的即为居民纳税人：

（1）在一个纳税年度（公历年，下同）中在马来西亚居住至少 182 天。

（2）在一个纳税年度中在马来西亚居住不足 182 天，但与相邻纳税年度连续居住之和至少 182 天。

（3）在四个纳税年度中有三个纳税年度居住不少于 90 天。

（4）在该纳税年度的前三年是居民纳税人。

2. 非居民纳税人

如果一年内在马来西亚逗留不到 182 天，不论公民身份或国籍如何，都是马来西亚税法上的非居民纳税人。

（二）征税范围

1. 居民纳税人

马来西亚个人所得税采用综合所得税制，应税所得为来自马来西亚的所有所得，包括贸易或经营的所得或收益、受雇所得、股息、利息、租金、特许权使用费、保费和其他所得。

2. 非居民纳税人

非居民纳税人就其在马来西亚所取得的所得按照不同的适用税率缴纳个人所得税。

（三）应纳税所得额的确定

居民纳税人主要享有以下几个方面的扣除：

（1）个人津贴。

①基础扣除：9 000 林吉特，即个人免税额为 9 000 林吉特；

②残障人士额外扣除：6 000 林吉特。

（2）配偶（共同评估）。

①基础：4 000 林吉特；

②残疾配偶：5 000 林吉特。

（3）孩子。

①普通（每名 18 岁以下儿童）：2 000 林吉特；

②每名接受全日制高等教育的 18 岁以上儿童：8 000 林吉特；

③残疾儿童：6 000 林吉特；

④接受高等教育的残疾儿童：14 000 林吉特。

（4）寿险保费或伊斯兰教保险费；个人对公积金的自愿缴款（自 2023 纳税年度生效）；或两者均有：3 000 林吉特。

（5）向经批准的退休金或公积金供款（自 2023 纳税年度起，包括私营部门雇员、自雇人士或应计退休金人员的自愿供款）：4 000 林吉特。

（6）对私人退休计划或延期年金保费的供款（2012～2025）：3 000 林吉特。

（7）父母的照顾费用：1 500 林吉特。

（8）医疗和教育保险费：3 000 林吉特。

（9）医疗费。

①父母：8 000 林吉特；

②本人、配偶或子女的严重疾病（包括本人或配偶的生育治疗）：10 000 林吉特（自 2023 纳税年度生效）。其中，本人、配偶或子女的体检费用和某些疫苗接种以及精神健康检查或咨询所产生的费用，不超过 1 000 林吉特；在马来西亚为 18 岁或以下的儿童进行学习障碍干预而产生的费用，不超过 4 000 林吉特；

③残疾人辅助设备（自己、配偶、子女或父母）：6 000 林吉特。

（10）纳税人认可课程的教育费：7 000 林吉特。

（11）生活方式减免（购买或订阅阅读材料、个人电脑、智能手机、平板电脑、互联网订阅、运动和健身器材以及健身房会员费）：2 500 林吉特。

（12）购买运动器材、任何运动设施的租金或入场费以及任何体育比赛的注册费的额外减免：500 林吉特。

（13）购买母乳喂养设备：1 000 林吉特。

（14）6 岁及以下儿童的托儿所和幼儿园费用：3 000 林吉特（适用于2020～2024 纳税年度）。

（15）为纳税人子女的利益向国家教育储蓄计划（Skim Simpanan Pendidikan Nasion，SSPN）存款：8 000 林吉特（直至2024 纳税年度）。

（16）对马来西亚社会保险机构（Social Security Organization，SOCSO）的供款（包括从 2022 课税年起对就业保险系统的供款）：250 林吉特（自 2022 纳税年度起为 350）。

（四）税率

1. 居民纳税人

居民纳税人个人所得税税率如表 6 - 2 所示。

表 6 - 2 　　　　　　　　**2023 年马来西亚个人所得税累进税率**

应纳税所得的区间段（林吉特）	税率（%）	各区间段应缴税金（林吉特）	累进税金（林吉特）
5 000 以下	0	0	0
5 001～20 000	1	150	150
20 001～35 000	3	450	600
35 001～50 000	6	900	1 500
50 001～70 000	11	2 200	3 700
70 001～100 000	19	5 700	9 400
100 001～400 000	25	75 000	84 400
400 001～600 000	26	52 000	136 400
600 001～2 000 000	26	392 000	528 400
超过 2 000 000	30	—	—

2. 非居民纳税人

非居民纳税人个人所得税税率如表 6 - 3 所示。

表 6 – 3   非居民个人所得税税率

所得类型	税率
商业、贸易或（需要高等教育或专门技能的）职业所得	30%* （自 2020 年 1 月生效）
受雇所得	
股息	
租金	
公共艺人所得	15%
利息	
特许权使用费	
与使用从非居民处购买的任何工厂或机械的经营财产或与安装有关的服务的支付	10%
与技术管理或任何科学或商业经营、创业、项目或计划的技术管理或管理相关的技术咨询、协助或服务的支付	
租用任何动产的租金或其他付款	

注：*2020 年 1 月 20 日马来西亚内陆税收局对此项非居民个人所得税税率进行了上调，其他类型税率不变。

（五）税收优惠

根据马来西亚《所得税法》，以下情况无须纳税：

（1）在马来西亚工作不到 60 天。

（2）在马来西亚的船上工作。

（3）年龄满 55 岁，并领取马来西亚退休养老金。

（4）收到银行的利息。

（5）收到免税的股息。

（六）应纳税额的计算

马来西亚个人所得税应纳税额的计算方式为应纳税所得额乘以适用税率，应纳税所得额按照总所得额减去各种扣除后的余额计算。

【例题】约翰为在马来西亚某外商投资企业工作的外籍人士，2023 年 1 月 1 日到马来西亚工作，2023 年 12 月底结束工作离开马来西亚。约翰 2023 年取得的收入及部分支出情况如下：

（1）从马来西亚境内任职的外商投资企业取得工资收入 20 万林吉特。

（2）从马来西亚境内另一外商投资企业取得红利 8 万林吉特。

（3）在马来西亚境内购买彩票中奖 1 万林吉特。

（4）到马来西亚后重新购买了一部智能手机，价格为 5 000 林吉特。

（5）购买部分运动器材，价格为 300 林吉特。

（6）在马来西亚体检、接种疫苗费用合计 1 200 林吉特。

要求：根据上述资料，计算约翰 2023 年应缴纳的个人所得税。

【解析】

约翰为马来西亚居民纳税人，马来西亚个人所得税采用综合所得税制，应税所得为来自马来西亚的所有所得，即应税总所得 = 20 + 8 + 1 = 29（万林吉特）。居民纳税人购买智能手机扣除限额为 2 500 林吉特；购买运动器材扣除限额为 500 林吉特；本人的体检费用和某些疫苗接种以及精神健康检查或咨询所产生的费用扣除限额为 1 000 林吉特；因此，可扣除项目金额 = 2 500 + 300 + 1 000 = 3 800（林吉特）；应纳税所得额 = 290 000 - 3 800 = 286 200（林吉特）；应纳个人所得税 = （286 200 - 100 000）× 25% + 9 400 = 55 950（林吉特）。

三、销售税

（一）纳税义务人

销售税的纳税人是制造应税商品，并且在 12 个月内应税商品总销售额超过 50 万林吉特的注册制造商。

"制造"的定义为：

（1）以手工或机械的方法，改变原材料的大小、形状、成分、性质或质量，将其材料转化为新产品，包括将零件组装成一件机器或其他产品，但不包括以施工为目的的机器安装或设备安装。

（2）石油制造，包括分离、提纯、转化、精炼和混合等一系列过程。

任何满足以下条件的制造商都应注册登记：

（1）应税商品制造商：12 个月内，应税商品总销售额超过 50 万林吉特。

（2）从事应税商品分包工作的制造商：在 12 个月内完成的工作价值超过 50 万林吉特。

没有达到上述销售额的制造商，或者获豁免注册的人士，可以自愿申请登记成为注册制造商。

（二）征税范围

销售税适用于整个马来西亚，但是不包括指定地区（纳闽、兰卡威和刁曼）和特殊地区。对以下应税商品进行销售税单环节征收：

（1）由注册生产商在马来西亚生产并在本地销售、自己使用或处置的商品。

（2）任何进口到马来西亚的商品。无论进口到马来西亚商品是否被征收了关税，只要其属于应税商品就具有纳税义务，都应缴纳销售税。

（三）销售额的确定

1. 销售额

根据《2018 年销售税法》，应税商品的销售额按照以下规定确定：

（1）对于在马来西亚境内生产并销售或者自己使用、处置的商品，按其销售价值确认销售额。

（2）对于进口到马来西亚的应税商品，应税商品的销售额应为以下金额之和：

①根据《1967 年海关法》确定的该商品的价值；

②该商品已支付或将要支付的关税（如有的话）；

③该商品已支付或将要支付的消费税（如有的话）。

2. 扣除额

扣除应该满足以下条件：

（1）产品购买自非关联供应商。

（2）购买的来自供应商的产品已经缴纳了销售税。

（3）从供应商处取得产品时应同时取得相关发票。

（4）从供应商处购买的产品应用于生产可扣除进项税额的应税产品。

（5）注册制造商应当将关于销售税扣除的相关的所有记录保留 7 年，以确保税务官员可以随时检查。

销售税扣除额，如表 6 - 4 所示。

表 6 - 4　　　　　　　　　　　　销售税扣除额

分类	扣除额
征收 5% 销售税的应税商品	应税商品购入时价值的 2%
征收 10% 销售税的应税商品	应税商品购入时价值的 4%

（四）税率

销售税是从价税，不同的应税商品适用不同的税率，税率为 5% 或 10%，石油行业的销售税给予特殊税率。比如多种谷物混合酪乳粉、燕麦（原味）、浓茶饼干、卷饼干和宣纸等商品销售税税率为 5% 的销售税；含可可的燕麦、浴帽、可生物降解杯和啤酒盒等商品销售税税率为 10%。

（五）税收优惠

免征销售税的商品通常包括活的动物如马、驴、骡子和羊；未加工食品和蔬菜；抗生素如青霉素、红霉素、氯霉素和链霉素；某些机械比如用于涉及温度变化的工艺处理材料的机械，用于木材、纸浆和纸板的烘干机，用于医用、外科或实验室的消毒器和蒸馏或精馏设备等。

（六）应纳税额的计算

根据销售税法，马来西亚销售税按照以下公式计算：应纳税额 =（销售额 – 扣除额）× 税率。

【例题】某宣纸生产厂为马来西亚居民企业，2023 年 12 月在马来西亚境内实现销售收入总额 18 万林吉特，内陆税收局核定该月宣纸的销售价值为 20 万林吉特。无满足条件的扣除额。试计算该宣纸生产厂 12 月应缴纳的销售税税额。

【解析】

对于在马来西亚境内生产并销售或者自己使用、处置的商品，按其销售价值确认销售额，宣纸销售税税率为 5%。因此，该宣纸厂 12 月应缴纳的销售税 = 20 × 5% = 1（万林吉特）。

四、服务税

服务税于 2018 年 9 月 1 日起实施，替代原有的消费税。服务税是一种施加于特定应税服务或者商品上（如食物、饮料、烟草等）的间接税。除指定区域、自由区、许可仓库、许可制造仓库和马来西亚—泰国联合开发区（JDA）外的整个马来西亚均适用服务税法。

（一）纳税义务人

纳税义务人是指根据《2018 年服务税法》第 12 节被定义为纳税义务人的任何人。纳税义务人可以是任何个人、企业、合伙企业、俱乐部、信托机构、合作社、协会等。如果应纳税服务营业额连续 12 个月超过或者预期超过规定注册门槛，则该个人或企业有义务注册缴纳服务税。

任何提供应税服务并超过相应门槛的纳税人员都必须进行登记，具体如

表 6 - 5 所示。

表 6 - 5　　　　　　　　应税服务注册门槛

组别	纳税义务人	规定注册门槛（林吉特）
A	住宿。包括酒店、旅店、寄宿、酒店式公寓、家庭寄宿及任何其他类似机构或场所，但不包括： （1）联邦政府、任何法定机构或地方当局或根据《1996 年私立教育机构法》注册为教育、培训或福利设施的任何私立高等教育机构； （2）由雇主提供给雇员的设施； （3）在马来西亚社团注册处或根据任何成文法律注册的从事宗教或福利活动，而非商业用途活动的任何宗教或福利机构	500 000
B	餐饮。包括： （1）餐厅、酒吧、小吃店、食堂、咖啡厅或任何提供餐饮场所的经营者（包括店内享用或外卖，不包括教育机构或宗教机构经营的食堂）；（2）提供餐饮服务的人员；（3）美食中心的经营者	1 500 000
C	夜总会、舞厅、保健中心、按摩院、酒吧与啤酒屋的经营者，但不包括： （1）任何根据 1998 年《私人医疗设施与服务法》注册的提供类似活动的设施；（2）任何政府医疗设施；（3）根据《1971 年大学和大学学院法案》或《1976 年技术学院 MARA 法案》设立的任何在大学管理下的医疗设施	500 000
D	私人俱乐部经营者	500 000
E	高尔夫俱乐部和高尔夫练习场的经营者	500 000
F	博彩活动（如投注及博彩供应商，包括投注、彩票、抽奖、博彩游戏机或投机游戏等）的服务提供者	500 000
G	专业服务提供者，如： （1）辩护律师、事务律师； （2）伊斯兰法律师； （3）公共会计师； （4）有执照的或注册的测量师； （5）专业工程师； （6）建筑师； （7）咨询服务提供者，不包括研发公司； （8）信息技术服务提供者； （9）管理服务提供者，但不包括：由开发商、联合管理体或管理公司对在分层地契下的建筑拥有者提供的服务；在马来西亚证券委员会持牌或注册从事基金管理活动的人士；或者任何人士、政府机构、地方当局、法定团体，以宗教、福利、丧亲、健康或公共交通服务为目的管理服务； （10）职业介绍所； （11）私人机构； （12）数字服务	500 000
H	信用卡或签账卡服务提供者	无营业额要求
I	海关代理	无营业额要求

续表

组别	纳税义务人	规定注册门槛（林吉特）
J	其他服务提供者，如： （1）保险及伊斯兰保险； （2）电信和付费电视服务提供商； （3）停车场运营商； （4）提供汽车维修服务或汽车维修中心的经营者； （5）快递服务经营者； （6）机动车租驾和租赁服务； （7）广告服务； （8）为马来西亚国内提供输配电的电力供应商，不包括在每个计费周期为至少28天的前600千瓦时电力； （9）国内航班，除乡村航空服务外	500 000

（二）征税范围

服务税适用于应税人提供的应税服务（若未被规定为应税服务，则不会征税）。应税服务包括国内航空客运、电信服务、提供住宿、食品和饮料、健康和保健中心、高尔夫俱乐部服务、数字服务以及某些专业服务。马来西亚境内任何企业从马来西亚境外的任何供应商购买的进口应税服务也需要缴纳服务税，对该服务的马来西亚接收方必须根据反向收费机制征税，进口应税服务的服务税通过以下两个阶段征收：

（1）企业对企业（B2B）交易：从2019年1月1日起，通过反向征收对马来西亚客户征收6%的服务税。

（2）企业对消费者（B2C）交易：从2020年1月1日起，海外服务供应商须注册成为纳税人并缴纳6%的服务税。

（三）应税服务价值的确定

服务税是根据为应税服务收取的费用、溢价或价值计算的。服务的价值或收费，包括对提供给任何人的任何应税服务征收的保费，应缴纳服务税。应缴纳服务税的金额应按以下方式确定：

（1）销售货物的应税服务：

①服务的接受人与提供服务的人（即应税人）没有关联的，按照实际销售货物的价格确定收取服务税的价值；

②如果该项服务的接受人与该应税人有关联，或者如果该等货物的提供不收取任何费用，则收取服务税的价值须以该货物售予非关联方的价格为基础确定。

（2）对于销售货物以外的应税服务，采用与销售货物提供应税服务类似的估价基础。

（3）提供其他应税服务的费用、保险费或价值的确定如下：

①服务接受者与应税人没有关联的，按照提供应税服务的实际价格或者按照保险范围支付的实际保险费或者出资额确定收取服务税的价值；

②服务接受者与应税人有关联或者无偿提供服务的，按照提供给非关联方的应纳税服务的公开市场价值，确定服务税的价值。

（四）税率

服务税税率为6%（除信用卡与签账卡有特别税率，主卡与附属卡每年需要分别缴纳25林吉特服务税外）。

（五）应纳税额的计算

服务税的应纳税额的计算方式为应税服务价值乘以适用税率。

【例题】M广告公司为马来西亚居民企业，2023年12月取得广告收入60万林吉特，试计算M公司12月应缴纳的服务税。

【解析】

M公司提供广告服务的价值按照实际取得的收入确定，即应税服务价值为60万林吉特，税率为6%。因此，M公司12月应缴纳的服务税＝60×6%＝3.6（万林吉特）。

五、石油所得税

（一）纳税义务人

石油所得税征收对象为在马来西亚从事石油领域上游行业的企业，包括马来西亚国家石油公司或与马来西亚—泰国联合机构签署石油行业相关协议的纳税个体。

对公司而言，纳税义务人和扣缴义务人是指：（1）在马来西亚的经理或其他主要人员；（2）董事；（3）秘书；（4）任何行使（1）~（3）职能的人。对群体而言，纳税义务人和扣缴义务人是指：（1）管理者；（2）财务主管；（3）秘书；（4）拥有其控股权的成员。

（二）征税范围

与每一个纳税人相关的"应税石油"指开采或者通过纳税人的石油运营

获得的天然气和出售的管道石油，以及在马来西亚精炼、销售及出口的原油。依照《石油所得税法》，被称为石油所得税的税收按每年每个纳税人从石油运营中获得的评估收入进行征收。

（三）应纳税所得额的确定

根据《石油所得税法》第二十二条规定，应纳税所得按照以下的规定确定：

（1）纳税人在纳税年度的应纳税所得，须由该年度的应税评估收入总额减去相当于该纳税年度纳税人向政府、州政府、地方当局或经批准的机构或组织提供的赠与的款额。前提是涉及的纳税人从应纳税所得中扣除送给批准的组织或机构的赠与的价值不超过其石油运营收入的7%。

（2）纳税人在纳税年度的应纳税所得应包括其当年的应纳税所得减去由马来西亚博物馆或国家档案馆确定的其在评估年基期制作的送给政府或中央政府工艺品、手稿或画的价值。

（3）纳税人在纳税年度的应税所得应包括当年的应纳税所得减去赠与的现金或者其在纳税年度的基期为残疾人的利益向政府或州政府提供的公共基础设施的实物款项。

（4）纳税人在纳税年度的应纳税所得应包括当年的应纳税所得减去纳税人在该纳税年度向经卫生部批准的医疗机构捐款或者捐赠自产的医疗设备成本或价值（经卫生部核证），但该金额不得超过2万林吉特。

（5）纳税人在纳税年度的应纳税所得应包括当年的应纳税所得减去其在该纳税年度捐赠给国家艺术馆或任意一个州的美术馆的画的价值（由国家艺术馆或任意一个州的美术馆决定）。

（6）纳税人在纳税年度的应纳税所得应包括当年的应纳税所得减去相关人员在该年度向经财政部部长同意的任意体育活动或者向依照1997年《体育发展法案》任命的体育专员批准的任何体育团体捐赠的金钱或实物捐赠费用，但是依据本条作出的扣除金额不应该超过相关人员法定所得的7%和依据第（1）点和第（7）点所扣除的总金额之间的差额。

（7）一个纳税年度纳税人的应纳税所得应包括当年的应纳税所得减去相当于有关人员在该纳税年度基期捐赠给财政部批准的任何与国家利益有关的项目的任何现金或实物的价值，但是根据本条作出的扣除不应该超过相关人员法定所得的7%与依据第（1）点和第（6）点所扣除的金额之间的差额。

本部分中的"批准的组织"和"批准的机构"分别指内陆税收局局长就有关所得税的现行法律批准的组织和机构。

（四）税率

根据《石油所得税法》第 23 条，税率规定如下：

（1）纳税人每个评估年应纳税额应是该评估年应纳税所得的 38%。

（2）对纳税人在任意一个评估年来源于联合发展区域石油运营收入的应纳税额按以下计算：

①生产前 8 年收入中确定的应税所得的 0%；

②生产 8 ~ 15 年收入中确定的应税所得的 10%；

③生产 15 年以上收入中确定的应税所得的 20%。

（五）税收优惠

1. 豁免和其他税收减免

（1）减免税。

（2）避免双重征税协定（安排）。

（3）在重叠区域达成协议的豁免。

（4）有关失误或过错的税收减免。

2. 符合条件的勘探支出的资本支出免税[①]

除另有规定外，符合条件的勘探支出是由纳税人就其石油作业或准备石油作业而形成的开支：

（1）取得石油矿床或石油矿床内部或石油矿床之上的权利。

（2）寻找、发现和测试或获取石油储量。

（3）建造任何在其建造的石油作业不再进行时可能具有极少或毫无价值的工程或建筑物。

（4）在由该纳税人或其代理人首次出售或处置应税石油的日期之前或在应税石油没有充分生产的任何期间内发生的管理费用。

以上符合条件的勘探支出可以根据具体情况获得《石油所得税法》规定的相应的资本支出扣除额。

3. 符合条件的工厂支出或建筑支出的资本支出

符合条件的工厂开支或建筑支出，是指由纳税人为提供用于石油作业的机械或工业而发生的资本支出，包括：

（1）纳税人为更换现有建筑物而安装该机械或设备而发生的支出，以及

---

① 符合条件的勘探资本支出的扣除额，比如在进行石油勘探时发生的一些资本支出，允许纳税人在纳税时从其石油运营收入中扣除。

因其安装而偶然发生的其他支出。

（2）纳税人为准备安装该机械或工厂的场地而在准备、切割、挖掘或平整土地过程中所发生的开支，即为石油经营的目的发生的不超过其本身总额及任何其他开支（符合条件的工厂支出）的10%的部分。

（3）纳税人为提供或建造固定的海上平台以进行钻井、生产或其他石油作业而发生的支出（但仅就本分段而言，不包括安装在该平台上的机械或设备）。

如果是机动车辆，但不是由有关当局批给货物或乘客商业运输的汽车，则在1991年纳税年度基准期的首日或之后发生的符合条件的工厂支出最高限额为五万林吉特。但是，如果符合条件的工厂支出是在2000年10月28日或以后购买的机动车辆上发生的，且该汽车在购买前没有使用，且机动车辆的总成本不超过十五万林吉特，则工厂支出最高限额须增至不超过十万林吉特。

（六）应纳税额的计算

石油税应纳税额的计算方式为年应纳税所得额乘以适用税率。

【例题】假设一家在马来西亚运营的石油公司在一个年度内从其石油业务中获得了8 000万林吉特的收入，该年度纳税人向马来西亚政府捐赠了一批物资，价值为640万林吉特，发生符合条件的勘探支出500万林吉特，试计算该公司该年度应缴纳的石油所得税。

【解析】

纳税人向政府、州政府、地方当局或经批准的机构或组织提供的赠与的款额可以扣除，前提是涉及的纳税人从应纳税所得中扣除送给批准的组织或机构的赠与的价值不超过其石油运营收入的7%。即扣除限额 = 8 000 × 7% = 560（万林吉特）；公司发生的符合条件的勘探支出可税前扣除。因此，应纳税所得额 = 8 000 − 560 − 500 = 6 940（万林吉特）；应纳石油所得税 = 6 940 × 38% = 2 637.2（万林吉特）。

六、不动产利得税

不动产利得税是指马来西亚内陆税收局对纳税人处置不动产所得收益征收的一种税种，受《1976年不动产利得税法》及其相关修正案的约束。该法案于1975年11月颁布，取代了《1974年土地投机税法》，主要是为了限制不动产投机活动。

（一） 纳税义务人

不动产利得税适用于在马来西亚出售土地和任何产权、选择权或其他与土地相关的权利的情形。纳税人无论是否居住在马来西亚，均可就该纳税年度处置任何应纳税资产的相关应纳税收入进行纳税。

1. 团体、合伙和共同所有人

合伙企业或法人团体，依照不动产利得税法的规定，应就合伙企业或法人的任何应纳税资产的处置产生的任何应纳税收入纳税。

2. 无行为能力的人

由法院委任的接管人，以及代表无行为能力的人指示、控制或管理任何资产的受托人、监护人、策展人或委员会，均须按假设该无行为能力的人有行为能力的情形下进行税款评估和缴税的相同程度进行税款评估和纳税。

3. 统治者和元首

除本段另有规定外，为执行本法规定，由统治者或元首提名的，作为统治者或元首私人财产管理的任何人，应当代表统治者或元首进行税款评估和纳税。

4. 公司

（1）在马来西亚的经理或股东，须缴纳共同及各自的税款，并须缴付公司依照本法缴付的税款。尽管有违反本法或任何其他书面法律的规定，在税收或债务有可能由该公司支付的期间，公司的董事应共同或各自对这种到期应付的税收或债务承担责任，公司可依照不动产利得税第（23）条向该董事追讨。

（2）公司的清算人须负责依照本法合理计算并缴纳税款，并且不得将公司的任何资产分配给股东，除非其已就税款支付作出规定。

（3）任何不遵从本款规定的清算人，须缴付与该项失责有关的税款等额的违约金。

（4）"股东"是指担任董事的职位，包括关注公司业务管理的人或本身予以一名或多名合伙人直接或间接控制不少于公司普通股股本20%的人。

5. 印度教联合家庭

印度教联合家庭的户主或卡尔塔①应该就家庭的任何应纳税收益进行税款评估和纳税。

---

① 家庭里最年长的女性成员现在可以作为法律上的户主。

6. 执行者

死者遗产的遗嘱执行人须就该遗产的任何应纳税资产所产生的任何应纳税收益进行税款评估和纳税。

7. 受托人

受托人（无行为能力的人的受托人除外）须就处置其受托的任何应纳税资产而产生的任何应纳税收益进行税款评估和纳税。

8. 受托人和遗嘱执行人的共同和各自税收

凡两名或两名以上人士以死者遗产的受托人或遗产执行人的身份行事，则他们须就依照该遗产或受托所产生的任何应纳税收益进行税款评估和纳税，视情况而定，共同及各自承担法律责任。

9. 指定人员的税收

如果本法案规定某人可以依照本法进行税款评估或纳税，则依照本法规定，该人应负责支付纳税人或有关人员所缴纳的税款，并负责所有依照本法案要求作出的与返还或评估该税款有关的所有事项。

（二）征税范围

处置任何不动产产生的应纳税收益，应被征收不动产所得税。纳税人就其每项应征税资产的处置所得根据其所适用的处置类别和相应的税率缴纳不动产利得税。

（三）税率

除法案另有规定外，不动产利得税的征税范围和适用税率如表6－6至表6－8所示。

表6－6　　　　　处置者为公司的情况下处置类别及适用税率

处置类别	当前适用税率（％） （自2023年起）
在收取应纳税资产之日起三年内处置	30
在收取应纳税资产之日起第四年处置	20
在收取应纳税资产之日起第五年处置	15
在收取应纳税资产之日起第六年或之后处置	10

表6-7　处置者为个人（非公民及非永久性居民）的情况下处置类别及适用税率

处置类别	当前适用税率（%）（自2023年起）
在收取应纳税资产之日起三年内处置	30
在收取应纳税资产之日起第四年处置	30
在收取应纳税资产之日起第五年处置	30
在收取应纳税资产之日起第六年或之后处置	10

表6-8　处置者为马来西亚公民、永久居民和其他情况下处置类别及适用税率

处置类别	当前适用税率（%）（自2023年起）
在收取应纳税资产之日起三年内处置	30
在收取应纳税资产之日起第四年处置	20
在收取应纳税资产之日起第五年处置	15
在收取应纳税资产之日起第六年或之后处置	0

（四）税收优惠

1. 私人住宅

根据不动产利得税法第（10）条的相关规定，如果不动产归个人所有，无论该个人是否为马来西亚公民，只要是处置马来西亚私人住宅的永久性居民个人，就有资格获得不动产利得税的豁免。该政策仅给予纳税人一处住宅的豁免，例外情况须以书面形式提出，且不得撤回。

2. 豁免

根据不动产利得税法第（10）条的相关规定，以下豁免规定适用于个人：

（1）处置持有的全部资产。

免税额为10 000林吉特或者应征税收益的10%，以较高者为准。

（2）处置于2015年12月31日起持有的全部资产的一部分，其与此处置有关的免税额按照下列公式进行确定：免税额 = (A/B) × C；其中：A是处置部分的应纳税资产的面积；B是应税资产的总面积；C是10 000林吉特或者应征税收益的10%，以较高者为准。

（3）政府、州政府或地方当局获得的收益。

（4）依照任何适用于马来西亚遗产税的法律获得的，与死者处置该应纳税资产所产生的遗产税相等，且内陆税收局局长认为处置者是被迫处置财产以

支付遗产税的遗产所得。

（五）应纳税额的计算

不动产利得税应纳税额的计算方式为处置不动产产生的应纳税收益乘以适用税率。根据不动产利得税法第（8）条的相关规定，如果资产的处置价格超过其购置价格，则存在应纳税收益。如果资产的处置价格低于其购置价格，则存在可允许的损失。如果资产的处置价格等于其购置价格，则既不存在应纳税收益也不存在可允许的损失。

【例题】 2023 年 11 月，马来西亚公民甲某将 2015 年 1 月购入的其中一套住房出售，取得销售收入 150 万林吉特，该住房购置价格为 70 万林吉特；同年 12 月，将 2020 年 1 月购入的房产出售，取得销售收入 135 万林吉特，该房产购置价格为 90 万林吉特。已知 2023 年 11 月以前甲某没有出售过不动产。试计算这两处房产的处置甲某应缴纳的不动产利得税为多少？

【解析】

根据不动产利得税法的相关规定，只要是处置马来西亚私人住宅的永久性居民个人，就有资格获得不动产利得税的豁免，但该政策仅给予纳税人一处住宅的豁免，因此 11 月甲某出售的住房应纳不动产利得税为 0。12 月甲某所出售房产的应纳税收益 = 135 - 90 = 45（万林吉特）。同时，该房产 2020 年 1 月购入，税率为 20%；45 × 10% = 4.5（万林吉特）> 1（万林吉特），免税额 = 1 × 4.5 = 4.5（万林吉特）。因此，甲某应纳不动产利得税 = 45 × 20% - 4.5 = 4.5（万林吉特）。

七、印花税

印花税受马来西亚《1949 年印花税法》及相关修正案的约束，是马来西亚内陆税收局对各类应税文件征收一定比例税款或固定数额税款的一种税收。

（一）纳税义务人

马来西亚印花税的纳税义务人主要包括以下几种：

（1）首次执行协议或协议备忘录的人。

（2）债券债务人或其他提供担保的人。

（3）收费或抵押时的收费人、抵押人或债务人。

（4）首次执行合同的人。

（5）合同注明的进行买卖的人。

（6）产权转让受让人或代理人。

（7）交换平等股份的各方。

（8）租赁或租赁协议中的承租人和出租人。

（9）受让人或代理人或赎回担保的人。

（二）征税范围及税率

（1）对文书征收印花税，如表6-9所示。

表6-9 对文书征收印花税

文书的描述	合适的印花税
宣誓书，法定声明宣誓或书面声明，在法律授权的人管理宣誓之前作出	10 林吉特

（2）对协议或协议备忘录征收印花税，如表6-10所示。

表6-10 对协议或协议备忘录征收印花税

文书的描述	合适的印花税
1. 租赁协议	见租约
2. 协议或协议备忘录，亲手签署且没有任何另外特别承担的责任，无论是合同的书面证据还是当事方有义务将其作为书面文书	10 林吉特

（3）与年金、分配文书相关的印花税，如表6-11所示。

表6-11 与年金、分配文书相关的印花税

文书的描述		合适的印花税
	见租约	
1. 年金	（1）考虑到产权转让和通过销售或赠与的方式创建的文件	见产权转让和第19条和第22条
	（2）通过担保方式创建文书	与被认定为担保的金额相当的税款
2. 在抵押下委任接管人		10 林吉特
3. 通过任何非遗嘱文书委任新的受托人，以及在执行任何财产或任何财产的任何股份或权益的权力时委任		10 林吉特
4. 公司章程		100 林吉特

续表

文书的描述		合适的印花税
5. 分配	（1）以担保的方式	见收费
	（2）以出售或以其他方式	见产权转让和第 19 条和第 22 条
6. 保险	见保险的政策	
7. 销售票据	（1）绝对背书	见产权转让
	（2）通过担保的方式	见收费
8. 保证支付或偿还款项或股票转让或再转让的债券		见收费
9. 债券、契约、贷款、服务、设备租赁协议或任何形式的文书	（1）是任何年金的唯一或重要或主要担保（除非是通过销售或担保的方式原创，以及退休年金除外），或是一定时期内任何一笔或多笔款项的唯一、重要或主要担保，但不包括由正式盖章的文书担保的任何本金的利息，也不包括由租约或策略保留的租金	
	A. 在一段确定的时间内，以确定最终应付的总金额	与该总金额的押金或抵押相同的从价税
	B. 终身或任何其他无限期每 100 林吉特或不足 100 林吉特的年金或定期支付的金额	1 林吉特
	（2）在主要票据已妥为盖章的情况下，作为上述任何目的的附属或附加或替代担保	
	A. 在确定最终应付总额的情况下	本金或主要保证的 1/5 税款，但不得超过 10 林吉特
	B. 在任何其他情况下—每 100 林吉特或不足 100 林吉特的年金或定期支付的金额	0.25 林吉特
	（3）作为退休金年金的授予或支付合同，即延期终身年金，考虑到个人达到指定年龄前应支付的年保险费，向其发放或担保一笔延期人寿年金，从他到达指定年龄后开始实施	10 林吉特
	（4）作为在高等教育机构接受高等教育而支付或偿还的款项的担保	10 林吉特
	（5）作为提供服务或设施或与任何不动产租赁有关的其他事项或事物的付款的担保	与租赁相同的税收
	（6）根据伊斯兰教义，为购买货物（在 1967 年租购法第一附表所赋予的含义内）提供付款或偿还的担保	10 林吉特
10. 债券、押记、抵押或其他以弥偿或担保方式执行的文据，用于机关妥为签立，或解除因执行职务而产生的责任，或说明因执行职务而收到的款项		10 林吉特

（4）与遗产管理相关文书印花税。与获得遗产超过 50 000 林吉特的管理证明书的保证金相关的文书需缴纳 10 林吉特的印花税。当获得的遗产价值不 *187*

超过 50 000 林吉特时，则可以享受该项印花税的豁免。

（5）其他文书，如表 6 – 12 和表 6 – 13 所示。

表 6 – 12　　　　　　　其他文书印花税税率

文书的描述	合适的印花税
1. 任何未明确承担任何责任的债券	10 林吉特
2. 收费、抵押、收费或抵押的协议（包括按照伊斯兰教法定的协议）、债权证（不含有价证券）、契据、作为担保的销售单据以及与认罪和登录判决有关的授权书	—
（1）作为付款或还款的唯一或主要保证［除了平衡法抵押或应收款转让或（d）段所述的种类］	—
①根据伊斯兰法如果该贷款是提供给中小企业的，或者该资金是提供给中小型企业的	—
A. 一个公历年内借款或伊斯兰法下融资的总金额不超过 25 万林吉特的	每 1 000 林吉特或不足 1 000 林吉特的征收 0.5 林吉特
B. 每增加 1 000 林吉特但超过 100 万林吉特的部分	每 1 000 林吉特或不足 1 000 林吉特的征收 2.5 林吉特
C. 每 1 000 林吉特或者其部分	5 林吉特
②如果贷款是外币贷款，或者是根据伊斯兰法以林吉特以外的货币进行融资	每 1 000 林吉特或不足 1 000 林吉特的征收 5 林吉特，但应纳税款总额不超过 50 林吉特
③其他情形下，对每 1 000 林吉特或其他部分	5 林吉特
（2）作为抵押品或辅助性或附加性或替代性担保，或作为上述目的的进一步担保，其中本金或主要担保已正式盖章	本金或保证金的 1/5，但不超过 10 林吉特
（3）一项公平的抵押	按抵押金额应收取的税款的一半
（4）根据发票或分期付款应收款贴现协议，对根据《1989 年银行和金融机构法》或根据《1983 年伊斯兰银行法》或根据《1989 年银行和金融机构法》第 2 条定义的银行、商业银行或金融公司对应收账款进行押记或抵押或转让的协议	10 林吉特
（5）①转让或处置任何押记或抵押、债券、契约或债权证（不属于可出售债券）或任何有担保的货币或股票，通过任何此类文书或任何授权书作出判决或通过任何判决	押记或抵押金额应收取的税款的 2/5
②如在①的前提下，还有一些额外的资金被添加到已经获得的资金中	与这笔额外款项的本金承担相同的税收
（6）在向征收者出示该等协议时，依据该等协议的正式盖章而签立的押记或抵押	10 林吉特
（7）在任何其他情况下	10 林吉特

续表

文书的描述	合适的印花税
3. 支票（除非复合）	15 分林吉特
4. 合同	见协议
5. 合同说明：关于在马来西亚或其他地方注册的公司出售任何股份，股票或有价证券的合同说明，对于每 1 000 林吉特或部分 1 000 林吉特的任何股份、股票的价值或有价证券	1 林吉特
6. 产权转让，分配，转让或绝对销售	—
（1）出售任何财产［股份、股票、有价证券及应收账款或下文（3）所述类别的账面债务除外］	对于财产的货币价值或市场价值的每 100 林吉特或不足 100 林吉特的部分，两者以较大者为准。第一个 100 000 林吉特的部分：1 林吉特；任何超过 100 000 林吉特但不超过 500 000 林吉特的部分：2 林吉特；任何超过 500 000 林吉特的部分：3 林吉特
（2）出售股份、股票或有价证券时，以转让日期的价格或价值计算，以较大者为准，其每 1 000 林吉特或者部分 1 000 林吉特的	3 林吉特
（3）根据保理协议，将任何应收账款或账面债务绝对出售给根据《1989 年银行和金融机构法》或根据《1983 年伊斯兰银行法》或根据《1989 年银行和金融机构法》第 2 条定义的获得牌照的银行、商业银行或金融公司	10 林吉特
（4）任何财产以证券或任何证券，而不是有价证券的方式	见收费
（5）上述任何财产，如该项交易是在受托人之间进行	—
①财产的受益权转移	与（a）（b）（c）中的税款一样
②财产的受益权益未转移	10 林吉特
（6）虽然没有任命新的受托人，但是为了实现新受托人的任命或受托人的退休的任何财产	10 林吉特
（7）以结算方式的任何财产	见结算
（8）任何财产以赠与方式（不论是以自愿处置或其他方式）	见赠与和印花税法第 16（1）条
（9）除上述其他特别税款之外的	10 林吉特

表 6-13　　　　　　　　　　其他文书印花税税率

文书的描述	合适的印花税
1. 与任何应纳税款文书作用相当的文书或其副本，并已就该文书缴纳相应的税款	—
（1）如果原始文书的应纳税额不超过 10 林吉特	与原税款相同的税收

文书的描述	合适的印花税
（2）在任何其他情况下	10 林吉特
2. 盟约：就任何财产或其中任何权利或利益的出售、押记或抵押而订立的任何单独的文书或契约，并且仅与出售、押记或抵押的财产的转移、享有或所有权有关文件的产生，或与上述全部或任何事项有关的所有权文件的出示	10 林吉特
3. 债权	见有价证券和收费
4. 声明：以任何书面形式声明对财产的任何使用或信托或与财产有关的任何声明，而不是作为遗嘱或应负有清偿责任的声明	10 林吉特
5. 本附表未述及的任何形式的契约	10 林吉特
6. 执行抵押	见更新产权转让等
7. 解散伙伴关系	见合作伙伴关系
8. 副本	见对应部分
9. 平等抵押	见收费（或抵押）
10. 交换：任何用以交换任何财产的文书将受影响	—
（1）在印花税法第20A条所指明的情况下	见该部分
（2）在任何其他情况下	10 林吉特
11. 其他费用	见收费
12. 赠与	见印花税法第16（1）条
13. 赔偿债券	见债券（项目23）
14. 保险	见保险政策
15. 租赁或租赁协议：为任何不动产和为提供服务或设施或与该租赁有关的其他事项而支付的款项	—
（1）在计算全年的平均租金及其他因素后，没有罚款或保险费	—
①不超过 2 400 林吉特	10 林吉特
②超过 2 400 林吉特的每 250 林吉特或其他部分	未超过一年的为 1 林吉特；超过一年但未超过三年的为 2 林吉特；超过三年的为 4 林吉特
（2）考虑到罚款或保险费，不考虑租金	与在相同考虑下一项产权转让所支付的税款相同的税收
（3）考虑罚款或保险费，并保留租金或其他考虑	就罚款或溢价及租金的租契而言，与售卖一项产权转让相同的税收
（4）土地产品的一定百分比或比例的价值被保留或支付给出租人的情况，该税是在上述（1）、（2）或（3）项下因任何指定的租金、罚款或保费而可能征收的任何税款的补充	10 林吉特

续表

文书的描述	合适的印花税
（5）在向财政部部长出示该等协议时，已就该等协议加盖适当印花	10 林吉特
（6）在任何其他情况下	10 林吉特
（7）根据伊斯兰教法的原则订立的租赁或租赁协议，目的是融资或确保还款	与对同样数额的抵押或押记征收相同的比例税
16. 保证函	10 林吉特
17. 假期信用证	10 林吉特
18. 配发函、终止函或任何具有对任何公司或拟议公司的股份配发具有效力的文件，或就任何由该公司或拟议公司筹集或拟筹集的贷款可以产生影响的文件	10 林吉特
19. 有价证券	—
（1）就其担保的款项或就其担保的款项而言不是可交付转让的证券	与抵押担保同样的从价税
（2）可交付转让的证券	就证券面值的每 100 林吉特或 100 林吉特的小数部分支付 50 分
（3）可出售证券的转让、分配或处置	见产权转让
20. 公司注册证书	100 林吉特
21. 合伙关系	—
（1）文书	10 林吉特
（2）（契约的）解除	10 林吉特
22. 保险政策： （1）①海上保险政策，包括在建工程或试用期间对船只或其机械或配件进行修建或修复，无论期限是否超过十二个月	10 林吉特
②对于包含延续条款的政策，附加税收根据海上保险人的惯例，当海上保险单以一组形式开立并且其中一份已加盖适当印花时，除非已签发或以某种方式协商区别于这份加盖印花的保险单，否则该组中的另一份或其他份应免税；并且，基于已盖章的保单遗失或毁坏的证据，该组中的其他任一保单，除非未签发或以某种方式协商区别于已加盖印花的保险单，即使没有盖章，仍可以被认为是证明该份被遗失或毁坏的保单内容的证据	10 林吉特
（2）消防政策：包括所有保单和续保，无论保险金额或期限如何	10 林吉特
（3）意外险指在被保险人患病、受伤或丧失工作能力期间，保险人已通过赔偿被保险人的任何财产损失或损害而同意支付的任何款项	10 林吉特

续表

文书的描述	合适的印花税
（4）生活政策	10 林吉特（当保险单金额不超过 5 000 林吉特时，免税）
（5）保险公司以赔偿或保证的方式与另一家公司签订海上保险单或火灾保险单，或对原保险金额的某一部分进行再保险，不论保险金额或期限	10 林吉特
（6）第三方政策	—
①包括保险人对其他人的责任条款	10 林吉特
②工人赔偿（雇主责任）：涵盖被保险人对工人或雇员的在职疾病或人身伤害方面赔偿的责任条款	10 林吉特
（7）综合政策：将以下两种或两种以上的风险相结合：被保险人的火灾，人身伤害或疾病，损害，损失，被盗和第三方索赔	10 林吉特
（8）任何其他没有明确规定的保险单	10 林吉特
23. 权力或律师函	10 林吉特
24. 期票	—
（1）由财政部部长批准的马来西亚银行、商业银行或借款公司执行	10 林吉特
（2）其他	10 林吉特
25. 拒付票，即由公证人或其他合法行事的人作出的证明本票不兑现的书面声明	10 林吉特
26. 押记或抵押财产的重新确认、重新转让、释放、解除，放弃或放弃任何担保或其利益或由此担保的款项	与押记相同的税收，但最高额为 10 林吉特
27. 解除或放弃即任何人解除任何财产的任何文书	—
（1）如果出售	与销售权产转让证书相同的税收
（2）如果以担保的方式	与押记或抵押相同的税收
（3）如果以赠与的方式	与通过赠与方式进行的产权转让相同的税收
（4）任何其他情况且没有另外特别的征税	10 林吉特
28. 权力或委托书的撤销	与权力或委托书相同的税收
29. 以非遗嘱的书面形式撤销对任何财产的使用或信托	10 林吉特
30. 作为结算文书或结算协议	见产权转让
31. 持有股份授权书或股票认证书	每 100 林吉特或认股权证中规定的股份或股票面值 100 林吉特的其余部分征收 1 林吉特

续表

文书的描述	合适的印花税
32. 根据或凭借授权书作出的替代，以及取消或更改任何该等替代的任何该等文书	与权力或委托书相同的税收
33. 解约费用	见重新产权转让等
34. 放弃租赁	—
（1）针对租赁征收的税额不超过 10 林吉特	与该租赁相同的税收
（2）任何其他情况	10 林吉特
35. 转让	见产权转让
36. 信托	见声明和产权转让
37. 如果未经审查，信托凭证在货物贷款或透支时给予	10 林吉特

（三）应纳税额的计算

马来西亚印花税是根据不同交易类型按固定税额或相应税率计算征收的。

【例题】马来西亚某公司 2023 年度部分资料如下：

（1）签订租赁协议一份，金额为 30 000 林吉特。

（2）将 2022 年购买的股票以 15 林吉特/股的价格卖出 1 000 股，该股票购买价格为 10 林吉特/股，市场价格为 13 林吉特/股。

（3）以 10 林吉特/股的价格购进了一只股票，共购买 2 000 股，并取得股票认证书。

试计算 2023 年度上述业务中该公司应缴纳的印花税税额。

【解析】

业务（1）（30 000 − 2 400）÷ 250 = 110.4 ≈ 110（林吉特）；签订租赁协议应纳印花税 = 10 + 110 × 1 = 120（林吉特）。业务（2）出售股票应纳印花税 = 15 × 1 000 ÷ 1 000 × 3 = 45（林吉特）；业务（3）持有股票认证书应纳印花税 = （10 × 2 000 ÷ 100）× 1 = 200（林吉特）。

八、纳闽商业税

纳闽岛位于马来西亚东部的沙巴州，是马来西亚的一个联邦直辖区，它也被誉为提供国际金融和商业服务的离岸金融中心。在纳闽从事商业活动的公司，可享有优惠税务待遇，比如较低的公司所得税（固定税率 3%），支付给非居民纳税人的款项豁免缴纳预提所得税，外籍董事获取的董事费豁免缴付个人所得税等。纳闽不征收资本利得税、不动产利得税或遗产税。此外，纳闽公司不受外汇管制和外资股权的约束和限制。

（一）纳税义务人

1990 年出台的《纳闽商业税法》是规定纳闽实体在纳闽从事商业活动缴纳纳闽商业税以及相关事项的法律。依照《纳闽商业税法》，进行纳闽商业活动的纳闽实体为纳闽商业税的纳税义务人，需要在每个纳闽商业活动的评估年度纳税。这里的"纳闽实体"，是指属于《纳闽商业税法》附录（第 2B 条）中列明的实体类型同时符合有关实质性要求的实体。实质性要求包括在纳闽有足够数量从事纳闽商业活动的员工人数及有足够的年度经营支出及其他规定的条件。

（二）征税范围

依照《纳闽商业税法》，进行纳闽商业活动的纳闽实体应在每个纳闽商业活动的评估年度纳税。

（三）应纳税利润的确定

纳税实体应依照该纳税年度基准期内纳闽商业活动的应纳税利润，按 3% 的税率纳税。

（四）税率

纳闽商业税税率为 3%。

（五）税收优惠

根据《纳闽商业税法》第九条，纳闽实体在纳税年度基准期内进行纳闽非商业活动，不需要在该纳税年度纳税。

并且，根据《纳闽商业税法》第十条规定，纳闽实体进行非交易活动，应在自开始评估年起三个月内（或 DGIR 允许的任何延长期限），向 DGIR 提交免税法定声明。

（六）应纳税额的确定

纳闽商业税的计算方式为纳税实体在纳税年度基准期内产生的应纳税利润乘以适用税率。

【例题】假设有一家纳闽公司，我们称其为"甲公司"，在2023年度进行了以下类型的业务活动：

（1）在岸商业交易活动：与马来西亚本土公司发生了100万林吉特的贸易往来，并获得了20万林吉特的净利润。

（2）离岸业务：进行了国际贸易活动，获得了30万林吉特的净利润。

甲公司应缴纳的税款是多少？

【解析】

甲公司既有在岸商业交易活动，也有离岸业务，所以它是一家同时从事在岸和离岸活动的公司。在岸商业交易活动的税率是3%，离岸业务的税率也是3%。因此，甲公司应纳税款 = 20 × 3% + 30 × 3% = 1.5（万林吉特）。

第四节 马来西亚的税收征收管理

一、税务登记

（一）单位纳税人登记

公司税务登记是管理和经营公司的责任。公司开始经营需要申请税务登记。公司、有限责任合伙企业、信托机构和停业或未开展业务的合作社必须提供自2014年度评估年度起的所得税申报表（ITRP）（包括表格下，详情请参阅马来西亚内陆税收局网站2017年度相关申报表格下载栏）。达到注册门槛的外国数字服务提供商（即向马来西亚企业和私人消费者提供的数字服务每年营业额达到500 000林吉特）须从2020年1月1日开始登记并向服务接收者征收服务税。如果外国数字服务提供商未在马来西亚登记或未征收服务税，接收该服务的马来西亚企业就必须根据反向收费机制缴纳服务税。

（二）个体纳税人登记

参考号码：所得税注册参考号码可以就近在任一内陆税收局分局进行申请。

申请表：纳税人可以通过 e‑Daftar 在线注册或者就近在任一内陆税收局

分行获得申请表。

二、纳税申报

根据具体税种要求进行申报。

三、非居民纳税人的税收征收和管理

（一）非居民企业纳税人

非居民纳税人在通过马来西亚的常设机构进行业务并对从马来西亚获得的所得进行评估时，对马来西亚负有纳税的义务。注册登记方法和要求与居民纳税人相同。

（二）非居民个人纳税人

如果在马来西亚一年内逗留不到182天，不论公民身份或国籍如何，都是马来西亚税法上的非居民个人。非居民个人在马来西亚所赚取/收取的所得将被征收不同的税率。

（三）非居民企业税收管理

马来西亚对非居民企业主要采用预提方式征收所得税，即对非纳税居民在马来西亚境内所获取的某些特定性质的收入征收预扣税。根据《1967年马来西亚所得税法》规定，非居民企业的预扣税税率为10%～25%。预扣税应当被扣除并在支付款项当日起一个月内缴付至内陆税收局。不同类型的款项将会被征收不同的预扣税税率。某特定性质款项的预扣税税率可能会随着中马双边税收协定而降低。非居民公司来自马来西亚的利息和特许权使用费缴纳预扣税，但是非居民公司为马来西亚中央政府、州政府、地方当局或法定实体提供信贷收取的利息不征预扣税。

在相关刑罚方面：未缴税款数额将处以10%的罚款。如所提交的申报是不正确的（例如，在未缴付预扣税至内陆税收局的情况下扣减），将被处以10%～100%的罚款。

【拓展阅读 6 – 1】

马来西亚五大经济特区

近年来，马来西亚政府鼓励外资政策力度逐步加大，为平衡区域发展，陆续推出五大经济发展走廊，基本涵盖了西马半岛大部分区域以及东马的两个州，凡投资该地区的公司，均可申请 5～10 年免缴所得税，或 5 年内合格资本支出全额补贴。根据具体区域实际情况，联邦政府制定了不同的重点发展行业：

（1）伊斯干达开发区（Iskandar Malaysia）。位于马来半岛南端柔佛州，占地面积约 2 200 半方公里，重点推动服务业成为经济发展的关键动力。截至 2018 年，依斯干达开发区吸引的投资额累计已达 2 853 亿马币。伊斯干达的发展受到依据《伊斯干达开发区管理机构法》（2007）设立的法定机构伊斯干达开发区管理局的监管。鼓励投资行业包括：旅游服务、教育服务、医疗保健、物流运输、创意产业及金融咨询服务等。

（2）北部走廊经济区（Northern Corridor Economic Region，NCER）。涵盖了马来半岛北部玻璃市州、吉打州、槟州及霹雳州北部区域，占地面积约 1.8 万平方公里，重点鼓励投资行业包括农业、制造业、物流业、旅游及保健、教育及人力资本和社会发展等。北部经济走廊的发展受到依据《北部经济走廊执行机构法》（2008）设立的北部经济走廊执行局的监管。

（3）东海岸经济区（East Coast Economic Region，ECER）。包括东海岸吉兰丹州、登加楼州、彭亨州及柔佛州的丰盛港地区，占地面积约 6.7 万平方公里，重点鼓励投资行业包括旅游业、油气及石化产业、制造业、农业和教育等。中马两国合作开发的马中关丹产业园区，就位于东海岸经济区范围内。由东海岸经济特区发展委员会管理。

（4）沙巴发展走廊（Sabah Development Corridor，SDC）。涵盖了东马沙巴州大部分地区，占地面积约 7.4 万平方公里，重点鼓励投资行业包括旅游业、物流业、农业及制造业等。由沙巴经济发展投资局管理。

（5）沙捞越再生能源走廊（Sarawak Corridor of Renewable Energy，SCORE）。位于东马沙捞越州西北部，占地面积约 7.1 万平方公里，沙州拥有丰富的能源资源，重点鼓励投资行业包括油气产品、铝业、玻璃、旅游业、棕油、木材、畜牧业、水产养殖、船舶工程和钢铁业等。由区域性走廊发展局负责监督和管理。

资料来源：商务部对外投资和经济合作司，商务部国际贸易经济合作研究院，中国驻马来西亚大使馆经济商务处. 对外投资合作国别（地区）指南——马来西亚：2023 年版［EB/OL］.（2023 – 08 – 01）［2024 – 07 – 01］. http：//www. mofcom. gov. cn/dl/gbdqzn/upload/malaixiya. pdf.

【思考题】

1. 马来西亚税制体系结构及其税收管理体制有什么特点？

2. 计算企业应纳税所得额时向国外子公司支付的特许权使用费如何进行税务处理？

3. 马来西亚不动产利得税与新加坡房地产税有何异同？

新加坡的税收制度

第一节 新加坡的社会经济

一、新加坡简况[①]

新加坡共和国（Rebublic of Singapore）是由新加坡岛及附近63个小岛组成的城市国家，位于马来半岛南端、马六甲海峡出入口，北隔柔佛海峡与马来西亚相邻，南隔新加坡海峡与印度尼西亚相望，东临南海，西可经马六甲海峡通往印度洋，海岸线长193公里，总面积735.2平方公里（2023年）。新加坡地势低平，平均海拔15米，最高海拔163米；热带海洋性气候，常年高温潮湿多雨，年平均气温24℃~27℃，年平均降水量2 345毫米，年平均湿度84.3%。

新加坡有公民和永久居民407万人，总人口约592万人（2023年）。华人占74%左右，其余为马来人、印度人和其他种族。马来语为国语，英语、华语、马来语、泰米尔语为官方语言，英语为行政用语。货币为新加坡元（Singapore Dollar，简称"新元"）。主要宗教为佛教、道教、伊斯兰教、基督教和印度教。首都是新加坡（Singapore）。

新加坡交通发达，设施便利，是世界重要的转口港及联系亚洲、欧洲、非

① 中华人民共和国外交部. 新加坡国家概况 [EB/OL]. (2024–04–01) [2024–07–01]. https：//www. mfa. gov. cn/web/gjhdq_676201/gj_676203/yz_676205/1206_677076/1206x0_677078/.

洲、大洋洲的航空中心。新加坡为世界最繁忙的港口和世界最大燃油供应港口，有200多条航线连接世界600多个港口。

二、新加坡的经济文化[①]

新加坡属外贸驱动型经济，以电子、石油化工、金融、航运、服务业为主，高度依赖中国、美国、日本、欧洲各国和周边市场，外贸总额是GDP的三倍。2017年2月，新加坡"未来经济委员会"发布未来十年经济发展战略，提出经济年均增长2%~3%、实现包容发展、建设充满机遇的国家等目标，并制定深入拓展国际联系、推动并落实产业转型蓝图、打造互联互通城市等七大发展战略。2017年、2018年、2019年经济增长率分别达到3.5%、3.2%、0.8%。2020年受新冠疫情影响，经济衰退5.8%。2021年，新加坡经济实现强劲反弹，同比增长7.6%。2022年，国内生产总值6 435亿新元（约合4 671.8亿美元），人均GDP为11.4万新元（约合8.3万美元）。

新加坡自然资源匮乏。农业用地占国土总面积1%左右，产值占国民经济不到0.1%，绝大部分粮食、蔬菜从马来西亚、中国、印度尼西亚和澳大利亚进口。在国土面积、资源限制等因素的影响下，新加坡并未大力发展第一产业，而第二、第三产业在研发业务优惠、金融部门激励计划等政策优惠下保持良好的发展态势。工业主要包括制造业和建筑业。制造业产品主要包括电子、化学与化工、生物医药、精密机械、交通设备、石油产品、炼油等产品。新加坡是世界第三大炼油中心和石油贸易枢纽之一，也是亚洲石油产品定价中心。服务业是经济增长的龙头，包括金融服务、零售与批发贸易、饭店旅游、交通与电信、商业服务等。旅游业是外汇主要来源之一。游客主要来自中国、东盟国家、澳大利亚、印度和日本。

第二节　新加坡税收制度概述[②]

税收收入是新加坡政府主要财政来源，政府将税收收入用于促进实现经济

① 中华人民共和国商务部外贸发展事务局：新加坡贸易指南：2023年［ED/OL］．（2023 - 09 - 01）［2024 - 07 - 01］．https：//www.tdb.org.cn/u/cms/www/202309/28153648xw2q.pdf.
② 商务部对外投资和经济合作司，商务部国际贸易经济合作研究院，中国驻新加坡大使馆经济商务处.对外投资合作国别（地区）指南——新加坡：2023年版［EB/OL］．（2024 - 04 - 01）［2024 - 07 - 01］.http：//www.mofcom.gov.cn/dl/gbdqzn/upload/xinjiapo.pdf.

及社会发展目标。新加坡税收政策的根本宗旨是保持企业和个人的税率都具有竞争力。保持企业税率的竞争力将有助于新加坡继续吸引外资。

新加坡按属地原则征税，全国实行统一的税收制度。所得税方面，任何公司或个人在新加坡发生或来源于新加坡的收入，或在新加坡取得或视为在新加坡取得的收入，都属于新加坡的应税收入，需要在新加坡纳税。也就是说，即使是发生于或来源于新加坡境外的收入，只要是在新加坡取得，就需要在新加坡纳税。另外，在新加坡收到的来源于境外的收入也须缴纳所得税，有税务豁免的除外（如股息、分公司利润、服务收入等）。

新加坡现行主要税种有：企业所得税、个人所得税、货物和劳务税、房产税、印花税等。每个税种分别依据不同的法律法规进行征管，构成了新加坡的税法法律体系。

第三节　新加坡主要税种的征收制度[①]

一、企业所得税

新加坡不对资本利得征税。在新加坡产生的收入或来源于新加坡的收入，或在新加坡收到来源于新加坡境外的收入，均须在新加坡纳税，除非另有豁免。

（一）纳税义务人

1. 居民企业

若一家企业的管理和实际控制机构在新加坡境内，则认定其为新加坡的居民企业。管理和实际控制机构是指对企业的经营决策及战略作出决定的机构。通常情况下，企业作出战略决策的董事会会议的召开地点是判定管理和实际控制机构所在地的关键性因素，进而判定企业是否为新加坡的居民企业。

2. 非居民企业

若一家企业其管理和实际控制机构不在新加坡境内，则认定其为新加坡的

---

① 本节所引资料，除非特别说明，均来自国家税务总局国际税务司国别（地区）投资税收指南课题组. 中国居民赴新加坡投资税收指南［EB/OL］.（2023 - 06 - 30）［2024 - 07 - 01］. https：//www. chinatax. gov. cn/chinatax//n810219/n810744/n1671176/n1671206/c2582367/5116191/files/56c3329cabed41d4af9823ef3fbd8ab5. pdf.

非居民企业，即使该企业的注册地在新加坡境内。

（1）外商投资控股公司。

在新加坡，外商投资控股公司是指其50%或以上的股权被外国公司或其股东持有。一般情况下，全部所得为非经营活动所得或仅获得境外来源所得的外商投资控股公司，由于其管理和实际控制机构一般是外国公司或股东，因此认定其为新加坡的非居民企业（除非该企业可以向税务局证明其管理和实际控制机构在新加坡，且有合理原因在新加坡建立办公机构）。

（2）不在新加坡注册的公司和外国公司在新加坡的分支机构。

一般情况下，不在新加坡注册的公司、外国公司在新加坡的分支机构由其国外母公司进行控制及管理，因此认定其为新加坡的非居民企业（满足特定条件下可认定为新加坡的居民企业）。

（二）征税范围

1. 居民企业

根据新加坡法规，居民企业获得的以下收入须在新加坡纳税：

（1）来源于新加坡或在新加坡计提的收入。

（2）在新加坡境内取得的境外收入。

以下列举的境外收入属于前述"在新加坡境内取得的境外收入"范畴：

（1）通过境外汇入、转交或携带进入新加坡境内。

（2）用于偿还在新加坡进行贸易或商业活动所产生的债务。

（3）在海外购置有形动产（如设备、原材料等），并将该有形动产进口至新加坡境内。

新加坡的居民企业在境外取得股息、分支机构利润及服务收入（上述所得统称为特定境外所得），在新加坡境外取得的符合相关规定的境外所得免于征税。

2. 非居民企业

在新加坡设有常设机构的非居民企业获得的一切新加坡境内来源的所得，以及在新加坡境内获得的境外来源的所得，均须缴纳企业所得税；不在新加坡境内经营的非居民企业一般无须就其在新加坡境内获得的境外来源的所得缴纳企业所得税。

如果非居民企业从事的生产经营活动中的一部分是在新加坡进行的，其所获得的利润中与其在新加坡以外的地方从事这种经营活动没有直接联系的部分，就被视为来自新加坡的所得。

（三）应纳税所得额的确定

1. 收入范围

根据新加坡所得税法，应税所得主要包括以下几个方面：

（1）源自商业贸易或活动的所得。

（2）源自投资的收益，如股息、利息和租金。

（3）特许权使用费、保险费和源自财产的其他所得。

（4）其他实质性所得。

2. 不征税和免税收入

新加坡目前暂不对资本利得征税。然而，在特定情形下，新加坡税务局可能将涉及获得或处置房地产、股票或股份的交易认定为贸易活动，从而对相应交易的收益课税。某项收益是否应被课税要考虑每笔交易的具体情形和有关事实。

3. 税前扣除

可扣除的费用必须满足以下全部条件：

（1）费用的产生全部且仅仅为产生该所得而发生。

（2）必须为收益性开支。

（3）不能为新加坡税法中其他明令规定不可扣除的款项。

为便利创业，企业取得第一笔贸易收入当年的第一天，视为该企业已开展经营活动。企业开始经营活动前一会计年度内（不得超过 12 个月）的营运性开支亦可扣除。投资控股公司的费用扣除要受特定规定的限制。

归为境外来源的所得的费用不可扣除，除非该所得在新加坡境内获得且为新加坡的课税对象。一般而言，境外亏损不能用于冲抵境内来源的所得。固定资产的账面折旧不可扣除，但企业可获得法定比率的税收折旧（折旧免税额）。

双倍扣除：与经核准的商品交易会、贸易展览会、贸易访问团相关的费用，海外贸易办事处的日常费用，发展海外投资的费用，研发费用和经批准支付的、对外派遣本地雇员的工资可获得双倍扣除。根据 2023 年预算案计划，2023 年 2 月 15 日或之后发生的合格电子商务活动启动费用也被纳入适用范围，享受双倍扣除。2020 年 4 月 1 日开始，为新的海外商业发展寻找人才，建立商业关系的第三方咨询费等合规费用也可享受双倍扣除。根据目前规定，2025 年 12 月 31 日以后，将不再批准享受该优惠政策。

翻新和整修的扣除：为贸易、职业活动或经营活动服务的翻新和整修

（R&R）费用可获得扣除，上限为每个三年期内 30 万新元，翻新和整修的当年为首次扣除的年度。未被使用的 R&R 扣除额可被视作损失向前或向后结转（参见亏损弥补）或作为集团的税收减免额。企业可以将 2024 纳税年度内发生的符合条件的装修和翻新费用选择在一年内加速抵扣。

存货：用于贸易的存货价值一般被认定为成本与可变净现值间的较低者。成本的确认必须采用先入先出法，绝不允许采用后进先出法。

准备金：在新加坡财务报告准则（109）金融工具准则下，如果存在违约风险，即使没有发生损失事件，企业也应确认 12 个月预期信用损失（expected credit loss，ECL）或终身 ECL 的减值准备。只有在损益表中确认的、与收入相关的信用受损的金融工具的减值准备才允许在税前扣除，以前年度确认的减值准备在损益表中发生转回的，将视为应税项目征税。

租赁：新加坡财务报告准则（116）租赁准则分别对承租人和出租人租赁业务的会计处理进行了规定，目前新加坡所得税采用以下的税务处理：

（1）出租人：鉴于对出租人的会计处理基本保持不变，因此现有税务处理保持不变。

（2）承租人：对承租人的会计处理基本保持不变，承租人可以按照合同列示的租金进行税前扣除，但被视为已经发生销售的情况除外。计入损益的利息支出和折旧不得在税前扣除。

（3）使用权资产：若使用权资产符合所得税法第 10C（3）条对融资租赁的定义，则承租人就相关资产申请利息支出（interest expense）和资本抵减（capital allowance），而不就合同列示的租金进行扣除。具体可参考所得税法第 10C（3）条第 4（1）条（a）至（e）款。

（4）汇兑差异：由新加坡财务报告准则（116）租赁准则造成的未清偿租赁负债所产生的汇兑差额被视为名义差异，在税收方面将不予考虑。

厂房和设备折旧：出于贸易或经营目的而在获得厂房和设备过程中发生的投资支出可获得相应的折旧免税额（税收折旧）。符合条件的厂房和设备的费用一般从扣除的当年起在三年内均等摊销或在一年内扣除，在一年内扣除的前提是该项目的成本不得超过 5 000 新元。其中，针对 2024 纳税年度可以享受加速扣除政策的合格支出，须在两年内进行扣除，其在第一年（即 2024 年）的扣除额为摊销额的 75%，第二年（即 2025 年）为摊销额的 25%。此外，一个纳税年度内所有相关资产的折旧免税额不得超过 30 000 新元，且各项资产的价值不得高于 5 000 新元。

获得以下资产的费用可在当年摊销：

（1）计算机或其他规定的自动化设备。

（2）发电机。

（3）机器人。

（4）指定的高效污染防治设备。

（5）指定的工业降噪或化学危险品防治设备。

一般只有特定的运输工具（例如商用车和在新加坡境外注册登记且仅在新加坡境外使用的轿车）的相关费用才可获得相应的折旧免税额。

根据 2020 年 12 月在政府宪报上发布随后实施的《2020 年所得税法修订法案》中，提供私人司机服务的公司可能会被允许获得车辆相关费用的税前扣除和折旧免税额。

土地集约化免税额（LIA）：在满足特定条件下，2010 年 2 月 23 日及之后建造或翻新符合条件的建筑，产生的符合规定的投资支出可获得 25% 的初始免税额及每年 5% 的免税额。LIA 优惠的申请期为 2010 年 7 月 1 日至 2025 年 12 月 31 日。

知识产权（IP）：截至 2025 纳税年度的最后一天，若知识产权的法定经济所有者为新加坡企业，其为获得特定知识产权所发生的投资支出可获得分摊免税额（WDA）。免税额采用直线法计算，在 5 年内摊销。对于在 2024 纳税年度到 2028 纳税年度内获得符合条件的知识产权，公司可选择 5 年、10 年或 15 年的摊销期限，一经选择不得改变。

根据企业创新计划，在符合相关支出上限的情况下，在 2024 纳税年度至 2028 纳税年度期间，对于年收入少于 5 亿新元的企业，其每个年度用于知识产权收购和许可的合格支出的前 40 万新元（合并上限）的税收减免和（或）津贴将提高到 400%。新加坡企业所得税法第 19B 条所规定的获得知识产权的资本支出减免额的有效期将延长至 2028 纳税年度，与企业创新计划的促进措施保持一致。处置厂房、设备和工业建筑：销售符合条件的厂房、设备或工业建筑，如销售额超过税收账面价值，应税的折旧额取决于两者的差额（但不得超过已申报的折旧免税额）。

4. 亏损弥补

贸易损失可用于冲抵当年的任意应税所得。在满足股权测试，即同可比日期相比，至少 50% 的股东未发生变化的前提下，未使用的损失额可无限期向后结转。超限折旧免税额可用于冲抵当年的其他应税所得或在满足股权测试和产生该折旧免税额的贸易持续进行（相同贸易测试）的前提下无限期向后结转。

在满足特定条件且符合相关管理程序的前提下，总额不超过 100 000 新元的未使用的折旧免税额和损失（统称为"合格扣除额"）可向前结转一年。

2020 年和 2021 年，未使用的折旧免税额和损失可以向前结转三年，即 2020 年度产生的亏损可以结转至 2017 年度、2018 年度和 2019 年度。

（四）税率

企业所得税的税率标准为 17%，其正常应税所得中，10 000 新元以下的部分可享受 75% 的税收减免；10 001～200 000 新元的部分可享受 50% 的税收减免；剩余部分按 17% 的税率缴纳企业所得税。新加坡企业所得税税目及相应税率情况如表 7－1 所示。

表 7－1 新加坡企业所得税税目及相应税率

税目	对应税率（%）
企业所得税	17
分支机构	17
预提税	—
股息	0
利息	15
特许权使用费	10
分支机构汇回利润	不适用

（五）税收优惠

新加坡提供下列税收优惠及减免：

（1）先锋企业和先锋服务公司税收优惠：该项优惠的目的是鼓励企业积极从事促进新加坡经济和科技发展的经营活动。先锋企业符合规定的利润可享受至多十五年的免征企业所得税的待遇。根据 2023 年预算案计划，该规定有效期延至 2028 年 12 月 31 日。

（2）发展和扩张优惠（DEI）：该项优惠主要针对在新加坡境内从事高附加值经营活动，但又不符合先锋企业税收优惠条件或其享受的先锋企业税收优惠已到期的企业。享受 DEI 待遇的企业可就其因从事符合规定的经营活动获得的增值部分享受一定的税收减免（税率为 5% 或 10%）。该优惠的初始授予期限最长不得超过五年，但可获得延期，一次延期不得超过五年，总优惠期限不得超过四十年。根据 2023 年预算案计划，该规定有效期延至 2028 年 12 月 31 日。

（3）投资免税：经批准后，从事符合规定项目的企业可获得除一般折旧的税收扣除外的投资免税额，金额为在投资生产设备过程中发生的投资额乘以特定比例（最高为100%）。根据2023年预算案计划，该规定有效期延至2028年12月31日。

（4）经核准的特许权使用费、技术支持费用和研发费用（R&D）：支付给非居民企业的经核准的特许权使用费、技术支持费用和研发费用可免征或减征预提所得税。在2022年预算案中，新加坡政府继续鼓励公司利用新技术和新知识来发展本地的劳动力，抓住新的增长机会，继续简化激励措施，进一步涵盖更多可以适用特许权使用费协议的经营类别。上述优惠将延长至2028年12月31日。

（5）针对新企业的免税计划：在一定条件下，新建立的新加坡（税收）居民企业的应税收入中，前100 000新元的部分可获得75%免税，100 001~200 000新元的部分可获得50%的税收减免。该项免税政策只在符合规定的企业成立的前三年内有效。

（6）企业创新计划（EIS）：2024~2028纳税年度，企业在新加坡进行研发相关活动，每个纳税年度将可以享受力度更大的税收优惠政策：

①在新加坡进行符合条件的研发项目，所产生的前40万新元的员工成本和耗材的税收减免提高到400%；

②对符合条件的知识产权注册费用的前40万新元，减税幅度提高到400%；

③涵盖期内，相关年度年收入小于5亿新元的企业，其在每个年度用于收购知识产权许可的合格支出的前40万新元（合并上限），税收减免和（或）津贴提高到400%；

④对与理工学院、技术教育学院和其他合格合作伙伴共同开展的合格创新项目所产生的合格创新支出，每年度最高可减税50 000新元，减税比例为400%；

⑤允许企业在每个年度，就上述①至④项中所有符合条件的活动所产生的总支出，不超过10万新元的部分，可选择以20%的现金转换率转换为不含税现金支付，以代替税收减免、津贴。现金支付方案的上限为2万新元每年度，并且只适用于在相关年度内拥有至少3名全职本地雇员（新加坡公民或拥有公积金账户的永久居民）且至少受雇6个月或以上，月薪总额至少为1 400新元的企业。

（7）知识产权发展优惠（IDI）：IDI优惠引入了国际公认的知识产权税收优惠激励标准，旨在鼓励纳税人使用研发产生的知识产权，相关知识产权收入可享受 IDI 优惠。该优惠结合了税基侵蚀与利益转移—修正关联方法。该优惠已于 2018 年 7 月 1 日生效，而根据 2023 年预算案，有效期将由 2023 年 12 月 31 日延期至 2028 年 12 月 31 日。

（8）针对处置股票资产产生的资本利得的税收确定性：为保障税收确定性，在 2012 年 6 月 1 日至 2027 年 12 月 31 日期间，企业因处置普通股获得的资本利得无须纳税，前提是该符合条件的投资方公司在处置相关股份前，连续 24 个月或以上在法律和实际权益上持有该被投资公司 20% 以上（含 20%）的普通股。自 2022 年 6 月 1 日起，以上税收确定性不适用于处置从事、交易和开发不动产业务的非上市公司股票产业的收入。

（9）总部计划：提供总部服务的企业可享受先锋奖励或发展和扩张优惠。企业符合条件的所得在特定时期内可享受免税、5% 或 10% 的优惠税率。

（10）对金融和财政中心（FTC）的税收优惠：向该获得优惠的公司的办事处或经相关当局认定的关联公司提供符合规定的服务获得的所得及自身进行的符合规定的服务获得的所得，可享受 8% 的优惠税率。

（11）金融部门激励计划（FSI）：经核准的新加坡境内的 FSI 企业，从事符合条件的经营活动获得的所得可享受 5%、10%、12% 或 13.5% 的优惠税率。

（12）海事部门激励计划（MSI）：船舶运营者、船舶租赁商和航运配套服务的提供者可依据 MSI 享受相应税收优惠。

（13）全球贸易商计划（GTP）：依据该计划，经核准的公司从事符合条件的有关特定商品（包括能源、农产品、建筑、工业产品、电气产品、消费品、碳排放量）或金融衍生工具的交易及结构性商品融资可享受 5% 或 10% 的优惠税率。

（六）应纳税额的计算

1. 居民企业

一般而言，应税所得由基于普遍接受的会计原则生成的财务报表中报告的账面利润按新加坡税法调整得到。

$$应纳税额 = 应纳税所得额 \times 适用的企业所得税税率$$

【例题】某家电生产企业为新加坡居民企业，自行核算的 2023 年度会计利润为 600 万新元（会计期间为 2023.1.1 ~ 2023.12.31），聘请税务代理进行纳税申报时，发现如下事项未作处理：

（1）在新加坡进行符合条件的研发项目，发生研发费用 80 万新元，其中含研发人员人工费用 20 万新元，投入材料费用 40 万新元，其他相关费用 20

万新元。

（2）获得符合条件的知识产权，支付了 10 万新元。选择 5 年摊销。

（3）购买一台自动生产设备，价格为 1.2 万新元。

【解析】

企业研发费用可双倍扣除，2023 年在新加坡进行研发活动，可享受企业创新计划税收优惠，即前 40 万新元的员工成本和耗材税收减免提高到 400%。因此，研发费用可扣除金额 = 40 × 400% + 40 × 2 = 240（万新元）；知识产权的投资支出采用直线法计算免税额 = 10 ÷ 5 = 2（万新元）；购买的自动生产设备成本超过 5 000 新元，只能选择在三年内均等摊销，即免税额 = 1.2 ÷ 3 = 0.4（万新元）。因此，应纳税所得额 = 600 − 240 − 2 − 0.4 = 357.6（万新元）。按照现行法规，该笔所得中，10 000 新元以下的部分可享受 75% 的税收减免，10 001 ~ 200 000 新元的部分可享受 50% 的税收减免，剩余部分必须就其全额按 17% 的税率缴纳企业所得税。因此，2023 年该企业的应纳税额 = [1 × (1 − 75%) + (20 − 1) × (1 − 50%) + (357.6 − 20)] × 17% = 59.05（万新元）。

2. 非居民企业

（1）一般而言，应税所得由基于普遍接受的会计原则生成的财务报表中报告的账面利润按新加坡税法调整得到。

$$应纳税额 = 应税所得额 × 适用的企业所得税税率$$

（2）预提所得税。

根据新加坡税法规定，若境外企业有来源于新加坡的应税所得且该所得未经支付企业代扣税款，则要求该境外企业向新加坡税务局纳税申报。如果非居民纳税人在新加坡境内无固定营业场所，则通常由其代扣代缴义务人代扣税款。

一般而言，向非居民的贷款和债务支付的利息和其他款项须缴纳 15% 的预提所得税。以下向非居民支付的款项须缴纳 10% 的预提所得税：

①为使用无形资产或获得其使用权支付的特许权使用费；

②为使用科技、工业相关的商业知识、信息以及获得其使用权支付的款项。

一般而言，为获得或使用科技、工业、商业知识、信息相关的支持、服务、贸易、职业活动以及经营活动的管理和协助而向非居民企业支付的相关费用，均须缴纳 17% 的预提所得税，但若该服务发生在新加坡境外，则免征预提所得税。

新加坡就股息支付不征收预提所得税。

二、个人所得税

（一）纳税人

1. 居民纳税人

以税收为目的定义的居民个人是指在纳税年度的前一年，除了合理且与该个人为新加坡居民的判定不相矛盾的暂时离开之外，在新加坡实际居住或就业（公司董事除外）183 天或以上的个人。对于就业时期横跨两个日历年的外国雇员，设有一项特许（通常称"两年行政特许"），该特许规定：如果外国雇员在新加坡停留或工作至少连续 183 天（跨年度），将同时被认定为两个纳税年度的居民，即使每一年度在新加坡的时间都少于 183 天。

2. 非居民纳税人

以税收为目的定义的非居民个人是指在纳税年度的前一年在新加坡实际居住或就业（公司董事除外）不超过 183 天的个人。

（二）征税范围

1. 居民纳税人

个人应就其在新加坡境内提供服务获得的受雇所得纳税，而无论酬金是在新加坡境内还是境外支付。居民个人获得境外来源的受雇所得不必纳税，但如果国外来源所得是通过境内合伙企业获取的，则不适用于这种豁免。新加坡居民个人通过合伙企业取得的外国来源股息、服务报酬、外国分支机构利润，如果符合某些规定条件，将免征新加坡个人所得税。在新加坡进行贸易、个体经营、专业服务或职业活动的个人将就其获得的利润征税，至于个人是否从事贸易性质的活动，视具体情况而定。

2. 非居民纳税人

非居民个人应就其在新加坡境内提供服务获得的受雇所得纳税，而无论酬金是在新加坡境内还是境外支付。非居民个人在新加坡境内取得的外国来源的收入则免征个人所得税。非居民个人在一个日历年中在新加坡就业不超过 60 天的，对其受雇所得中来源于新加坡的部分，免征个人所得税。这种免税不适用于公司董事、公众艺人或者从事专业工作的人员。

（三）应纳税所得额的确定

1. 应税所得

对各种所得形式的课税方式如下：

（1）受雇所得：雇主为雇员向中央公积金（CPF）缴纳的法定强制缴费部分不构成应税所得。雇主向任何境外公积金或养老基金的缴费，在支付时应当被课税，除非因某些优惠条例而得以免税。

（2）非通常居民计划。

（3）自我雇佣和个体经营所得：应税自我雇佣所得是依据在一般公认会计原则下编制的财务报告来确认的，并根据税法对利润和亏损作出调整。个体经营所得和其他类型的所得合计，以确定应纳税所得额。

（4）投资所得：单一公司税制下，由新加坡税收居民企业支付的股息，股东在取得时不再征收所得税，不管该股息是从税后收入还是免税收益中支付的。

不在免税和单一公司税制股息范围内的股息，则按税法规定的税率课税。

净租金和其他类型的所得合计，按规定的税率课税。

（5）对雇主提供期权和股权计划的课税：雇主提供的股票期权在行权而非授予时课税。股份奖励在授予时课税，如果设有等待期，则在达到行权条件时课税。应税所得额为纳税义务发生时股份的公开市场价值与雇员支付的金额的差额。由于 2023 年 1 月 1 日起实行对购得股份的延期偿付，对当日及之后授予的期权和股份奖励，解除延期时才对其收益课税。应税所得额为解除延期当日股份的公开市场价值与雇员支付的金额的差额。

2. 非应税所得

新加坡目前暂不对资本利得征税。但在某些情况下，新加坡税务局会将涉及收购和处置不动产、股票证券的交易视为实质上的贸易活动。相应地，从此类交易中产生的收益也应纳税。此类收益是否应纳税视具体情况而定。

3. 免税所得

（1）来源于新加坡的投资所得（即不被认定为从贸易、个体经营或专业服务中取得的收益或利润的所得），如果直接来源于个人的特定金融工具，包括标准储蓄、活期和定期存款，免征个人所得税。例如，债券利息收入、年金、单位信托基金分配的收益，都属于此类所得。

（2）居民个人在新加坡收到的所有国外来源的所得（通过合伙企业取得的除外）都是免税的。

4. 税前扣除

可扣除费用：原则上，完全因产生收入而引起的费用均可税前扣除，但在实践中，受雇所得可用的费用扣除是有限的。税务局一般认为，雇主通常会报销雇员在履行职责过程中产生的所有必要费用。雇员必须能够向税务局证明其申请扣除的费用是履行职务过程中必然会产生的。非居民个人不得对相关费用进行税前扣除抵减。

个人扣除项目及免征额：准许新加坡个人居民进行个人扣除。表 7 - 2 总结了 2023 纳税年度（2022 日历年中获得的收入）的一些扣除项目。

表 7 - 2　　　　　　　　　　2023 纳税年度部分扣除项目

扣除类型	扣除额（新元）
配偶免征额	2 000
残疾配偶	5 500
劳动所得	
55 岁以下	1 000
55 ~ 59 岁	6 000
60 岁以上	8 000
残障人士劳动所得	
55 岁以下	4 000
55 ~ 59 岁	10 000
60 岁以上	12 000
子女免征额	每人 4 000
残疾子女免征额	每人 7 500
赡养父母（至多两人）	
与纳税人共同生活	9 000
未与纳税人共同生活	5 500
赡养残障父母	
与纳税人共同生活	额外 5 000
未与纳税人共同生活	额外 4 500
祖父母照顾小孩免征额（针对职业母亲）	3 000

注：配偶免征额是传统的妻子免征额的扩充，目的是对男性和女性纳税人抚养配偶的行为都给予褒奖。供养前任配偶的个人不再享受配偶免征额和残障配偶免征额。

职业母亲的子女减免和外籍女佣的扣除项目适用于在新加坡工作的已婚女性。父母在一定条件下可以获得生育退税（parenthood tax rebates）。预备役军人及其配偶或父母可享受特殊扣除项目。

准许以下针对人寿保险费用或者其他被认可的养老基金缴费的税前扣除项目。

对雇员而言，寿险保费总额、向中央公积金以外的其他被认可的养老基金缴费，均可在税前扣除，上限为 5 000 新元，前提是中央公积金缴费总额低于 5 000 新元。

从事贸易、个体经营、专业服务或职业活动的个人，中央公积金缴费可以在税前扣除，2017 纳税年度起上限为 37 740 新元。为纳税人自己、纳税人父母、纳税人祖父母的中央公积金退休账户进行现金缴费，可申请上限为 7 000 新元的税前扣除项目，包括纳税人为不工作的配偶或前一年赚取收入不超过 4 000 新元的兄弟姐妹缴费。

准许以下两种独立的上限为 7 000 新元的税收免征额：第一种免征额适用于纳税人或其雇主向其中央公积金退休账户缴费；第二种免征适用于向纳税人家庭成员的中央公积金退休账户缴费。此外，纳税人自愿向其中央公积金保健储蓄账户（为纳税人的医疗需求设立）缴费，也可以获得税收免征额。由雇主完成的自愿缴费则视为雇员的应税所得。

从 2023 年纳税年度起，每个纳税年度向中央公积金退休账户缴费上限将由 14 000 新元（即缴费人本人 7 000 新元，家庭成员最高 7 000 新元）增加到 16 000 新元（即缴费人本人 8 000 新元，家庭成员最高 8 000 新元）。

经批准的课程费用也可以在税前扣除，上限为 5 500 新元。

自 2018 纳税年度起，每个纳税人每年可申请最高 80 000 新元的税前扣除额。

个体经营可以税前扣除的费用必须完全是在产生营业性质收入的过程中发生的，且不在新加坡税法明令禁止的范围内。明确不可扣除的费用包括个人费用、在新加坡境内外缴纳的所得税、向未经许可的公积金缴费和私人车辆费用。固定资产的账面折旧不允许税前扣除，但准许根据法定比率进行税收折旧。

5. 亏损减免

因从事贸易、个体经营、专业服务或职业活动而产生的亏损和超额资本冲减可用来抵销同年其他应税收入。任何未使用的贸易损失和资本冲减额都可以向将来年度无限结转，以抵销所有来源的未来收入，但会受到某些条件的限制。此减免也适用于本年未使用的折旧免税额和经营损失向过去年度结转，但同样需要满足某些特定条件。

6. 双重征税减免和税收协定

（1）居民纳税人。

双重征税减免适用于向未与新加坡签订双边税收协定的国家（或地区）提供专业服务、咨询或其他服务时取得的所得。如果作为新加坡税收居民的个人的一笔所得在新加坡已经被课税，但还须向境外某国纳税，且该国和新加坡之间有税收协定，则也适用双重征税减免。

（2）非居民纳税人。

在新加坡境内取得受雇所得，且身为新加坡双边贸易协定缔约国税收居民的个人，如果其在新加坡受雇的时间，在一个日历年或任意12个月中不超过规定的天数（通常为183天），并且满足协定中特别规定的附加条件，可免征新加坡个人所得税。

（四）税率

新加坡税收居民自然人的个人所得税按照应税所得的高低适用不同税率水平，征税范围涵盖受雇所得、财产租赁、股息（特定）、利息、经营所得等。自2024纳税年度起，应税所得低于20 000新元的适用税率0%，应税所得超过1 000 000新元的适用24%税率。从2018纳税年度起，个人可以申请的个人所得税减免最高限额为每年80 000新元。

1. 居民纳税人

新加坡的税收居民适用的个人所得税税率如表7-3所示。

表7-3 　　　　　　　　　　2024纳税年度后个人所得税税率

应税所得（新元）	税率（%）	应纳税额（新元）	累计应纳税额（新元）
20 000 以下	0	0	0
20 001～30 000	2	200	200
30 001～40 000	3.5	350	550
40 001～80 000	7	2 800	3 350
80 001～120 000	11.5	4 600	7 950
120 001～160 000	15	6 000	13 950
160 001～200 000	18	7 200	21 150
200 001～240 000	19	7 600	28 750

续表

应税所得（新元）	税率（%）	应纳税额（新元）	累计应纳税额（新元）
240 001~280 000	19.5	7 800	36 550
280 001~320 000	20	8 000	44 550
320 001~500 000	22	39 600	84 150
500 001~1 000 000	23	115 000	199 150
1 000 000 以上	24	—	—

2. 非居民纳税人

非居民个人适用的所得税税率如表 7-4 所示。

表 7-4 非居民个人适用的所得税税率

所得类别	税率（a）
受雇所得（董事费除外）	15% 与居民应纳税额两者中的较大者
董事费	24%
专业服务所得	15%（b）
利息（不包括从经批准的银行、信贷公司、具备资格的债务证券和项目债务证券获得的免税利息）	15%（c）
股息（免税股息和单一制股息除外）	0（d）
由动产和科学、技术、工业或商业知识/信息的使用或使用权产生的使用费	10%（c）
使用动产的租金	15%
公众艺人所得	15%，规定费用扣除（e）
符合资格的国际仲裁员和调解员的收入	10%（f）
其他收入	24%

注：（a）表示税率可根据双边税收协定（税收安排）的条款下调。

（b）表示这是对所得总额课征的最终预提税率，除非非居民专业工作者选择对所得净额按 24% 纳税。

（c）表示此税率仅适用于所得并非来源于该非居民个人自己在新加坡从事的贸易、个体经营、专业服务或职业活动的情形。

（d）表示新加坡目前对股息不征预提税，但税收协定（税收安排）中规定了股息适用的预提税率。

（e）（f）表示该免税政策将延长至 2023 年 3 月 31 日。从 2023 年 4 月 1 日至 2027 年 12 月 31 日，非居民的调解员在新加坡进行调解工作所得的总收入将按 10% 的优惠预扣税率。非居民调解员也可以选择按其净收入的 24% 纳税，而不是按总收入的 10% 纳税。

（五）税收优惠

根据所得税法案，非居民纳税人不享受个人所得税税收优惠。居民纳税人免税所得、非应税所得如前文"应纳税所得额的确定"所述。

（六）应纳税额的计算

1. 居民纳税人

新加坡的税收居民个人应就其应税收入（assessable income）与个人扣除额的差额纳税。

应纳税额 =（应税所得 – 可扣除项目）× 适用的个人所得税税率

【例题】2023年10月1日，中国居民崔先生受其任职的甲公司委派（甲公司位于中国境内），来到新加坡乙公司从事设备安装调试工作，2024年5月30日结束工作离开新加坡。在新加坡工作期间崔先生取得的收入和相关支出情况如下：

（1）每月工资3万新元，由甲公司支付。

（2）2024年2月，获得乙公司支付的探亲假旅费8 000新元。

（3）购买新加坡政府债券，获得利息3 000新元。

（其他资料：崔先生28岁是家中独子，未婚，赡养居住在中国的父母）

计算崔先生2024年应在新加坡缴纳的个人所得税。

【解析】

崔先生符合"两年行政特许"条件，属于新加坡居民纳税人。个人应就其在新加坡境内提供服务获得的受雇所得纳税，而无论酬金是在新加坡境内还是境外支付；探亲假旅费也在应纳税范围内。购买政府债券利息收入免征个人所得税。因此，崔先生2024年个人所得税应纳税所得额 = $3 \times 4 + 0.8 - 0.55 \times 2 - 0.1 = 11.6$（万新元）；应纳税额 = $(116\ 000 - 80\ 000) \times 11.5\% + 3\ 350 = 7\ 490$（新元）。

2. 非居民纳税人

根据所得税法案，非居民个人不得对相关费用进行税前扣除抵减。

应纳税额 = 应税所得 × 适用的个人所得税税率

【例题】一名外籍人士在一个纳税年度内在新加坡境内实际工作的时间未满183天，其从新加坡境内取得的董事费收入为10 000新元，则一般情况下该笔董事费收入适用的个人所得税税率为22%，应纳税额 = $10\ 000 \times 22\% = 2\ 200$（新元）。

三、货物和劳务税

（一）纳税义务人

货物和劳务税的纳税人指的是已登记或者按要求应当登记货物和劳务税的纳税人。

1. 强制登记

货物和劳务税的登记门槛为 1 000 000 新元。

2. 自愿登记

如果一个经营活动中生产的应税商品的价值低于登记门槛，则当事人可以选择自愿进行货物和劳务税税务登记。自愿进行了货物和劳务税税务登记的经营活动必须至少在 2 年内持续登记，除非有被允许的其他情况。

3. 集团登记

被共同控制的经营活动可以以货物和劳务税集团的形式进行税务登记。每个成员必须单独地登记货物和劳务税。在集团成员以货物和劳务税集团的形式进行税务登记之后，他们被视为单一的纳税人并且提交单一的货物和劳务税纳税申报表。同一货物和劳务税集团的成员之间生产的商品无须征收货物和劳务税。集团成员共同且分别负有所有的货物和劳务税纳税义务。

4. 分部门登记

如果纳税人从事一个以上的经营活动或者经营几个部门（即分支机构），该纳税人可以申请将商业活动或部门分开进行纳税登记。分部门登记降低了对这类经营活动进行货物和劳务税税务管理的难度。通过批准，每个部门被给予单独的货物和劳务税登记编号并提交各自的货物和劳务税纳税申报表。分部门登记的部门间交易无须征收货物和劳务税。

5. 登记豁免

在获得主计长自由裁量权批准的情况下，生产大量零税率的产品或在 12 个月内其销项税额小于可抵扣进项税额的纳税人可以申请登记豁免。

6. 注销登记

停止运营的实体必须注销其货物和劳务税税务登记。应当注销登记的实体必须在停止生产经营应税商品后的 30 天内通知货物和劳务税管理当局。

如果应税商品的价值预计在接下来的 12 个月不超过 1 000 000 新元，则纳税人可以申请注销货物和劳务税税务登记。

7. 无机构经营实体

"无机构经营实体"是指在新加坡没有经营活动或者固定的营业场所。如果一个在新加坡的无机构经营实体生产的应税产品价值超过登记门槛（即1 000 000新元），那么它应当进行货物和劳务税税务登记。一个无机构经营实体必须指定一个当地的税务代表来进行货物和劳务税税务登记。

8. 反向征收机制

从2020年1月1日起，对新加坡货物和劳务税注册企业从海外供应商采购服务，若该货物和劳务税注册企业无法享受全额进项抵扣或属于无法全额进项抵扣的货物和劳务税集团（GST growp），则须对该进口服务反向征税。

9. 国内反向征收机制

自2019年1月1日起，对新加坡货物和劳务税注册供应商向货物和劳务税注册客户本地销售特定商品的情况，若单张发票的货物和劳务税含税销售额超过10 000新元，则须对该交易进行反向征税。所指的特定商品包含手机、存储卡和现成软件。该方法称为"客户代收"（customer accouting），指供应商负责开具货物和劳务税发票（显示货物和劳务税应纳税额），客户负责代收货物和劳务税销项税并交给新加坡税务局。

10. 数字经济

从2020年1月1日起，对海外供应商向新加坡非货物和劳务税注册消费者提供B2C数字服务的情况，若该海外供应商全球收入超过100万新元，对新加坡客户提供B2C电子服务超过10万新元，则须遵从海外供应商注册机制（OVR）并缴纳货物和劳务税。这类数字服务包括从移动平台下载的数字内容应用、电子书、数字影片等，以及供订阅的媒体内容如新闻、杂志、流媒体影音、网络游戏等。从2023年1月1日起，货物和劳务税的纳税范围将通过海外供应商注册机制扩展至B2C进口远程服务。所有进口远程服务的B2C供应商，无论是否通过线上平台服务的供应商，都将通过海外供应商注册机制来征税。

（二）征税范围

货物和劳务税适用于以下的交易：

（1）在新加坡，纳税人从事的经营活动中生产的应纳税商品和提供的应纳税服务。

（2）进口至新加坡的商品。

（3）2020年1月1日起，被部分豁免货物和劳务税的商家收到的进口服务。

（4）2020 年 1 月 1 日起，由海外提供给新加坡未注册货物和劳务税者的进口电子服务。

（5）2023 年 1 月 1 日起，通过空运或邮寄进口的低价值货物。

（6）2023 年 1 月 1 日起，企业对客户（B2C）模式下进口的非电子服务。

（三）纳税时点的确定

货物和劳务税应在满足纳税条件的时间即纳税时点（tax point）缴纳。

商品和服务的纳税时点通常指的是以下活动中最早开始的活动的时间：

（1）税务发票签发的日期。

（2）款项收到的日期。

（四）税率

2023 年，新加坡货物和劳务税的标准税税率为 8%。货物和劳务税标准税税率适用于所有商品和服务，获得零税率减免或免税的商品和服务除外。新加坡政府宣布将于 2024 年 1 月 1 日起将标准税税率提高至 9%。

“应税商品”指的是负有货物和劳务税纳税义务的商品和服务，包括适用于零税率减免的商品。“免税商品”指的是获得货物和劳务税税收豁免的商品和服务。免税商品增加了对进项税的限制。

（五）税收优惠

商品出口和跨境服务适用零税率。货物和劳务税法案中详细列出了符合零税率资格的跨境服务，包括但不限于跨境运输服务与相关保险服务，境外广告，与位于新加坡境外土地相关的建造服务及由地产代理、拍卖师、建筑师、测量师、工程师及其他涉及土地事宜的人士提供的服务，与位于新加坡境外的货物有关的服务。免税商品包括住宅物业的出售或租赁、金融性交易和对贵金属的投资或进口和供应电子支付货币（从 2020 年 1 月 1 日起）。

（六）应纳税额的计算

1. 纳税人的货物和劳务税税款抵扣

如果进项税额是因生产应税商品或某些规定的商品而发生的，则纳税人可以抵扣销项税额。进项税额指的是，纳税人购买或者进口至新加坡的商品和服务，用于或将用于纳税人从事或准备从事的任何经营活动的商品所发生的货物和劳务税。纳税人通常通过货物和劳务税纳税申报表，将进项税额从销项税额（即对生产供应的商品征收的货物和劳务税）中减去，以冲抵销项税额。

进项税额申报要求提供有效的税务发票或进口许可。

如果超过到期日后的 12 个月款项还未支付给供给方，那么纳税人应当向新加坡税务局缴还相应抵扣的进项税款。

2. 不可扣除的进项税额

购进不用于经营目的的商品和服务（例如纳税人购进用于私人用途的商品）而产生的进项税额不能用于税款抵扣。此外，某些事项的经营支出也不能作为进项税额抵扣。以下列出了一些进项税额不能被抵扣的支出事项，以及如果支出与应税经营用途相关则进项税额可以被抵扣的例子。

（1）进项税额不能被抵扣的支出事项举例：

①非经营用途的购进；

②私人汽车的购进、租赁、雇用、维修和运行费用；

③雇员的医疗费用及保险费用；

④休闲俱乐部的会员费。

（2）进项税额可以被抵扣的支出事项举例（如果与应税经营活动相关）：

①广告；

②存货的购买；

③卡车和货车的购进、租赁、雇用和维修；

④业务招待费；

⑤会议出席。

3. 部分免税

直接与免税商品生产相关的进项税额通常是不可抵扣的。如果纳税人同时生产免税商品和应税商品，那么该纳税人只能抵扣部分进项税额。这种情况被称为"部分免税"。在这种情况下，零税率商品被视为应税商品。

除非能获得批准，否则部分免税抵扣额按以下两个步骤来计算。

第一步骤用以确定直接归因于应税商品和免税商品的进项税额。直接归因于应税商品的进项税额可以抵扣（除非在货物和劳务税法案中特别说明不予扣除），而直接与免税商品的生产相关的进项税额通常不能被抵扣（存在例外）。

第二步骤用以确定剩余的进项税额（例如经常性业务开销的进项税额），这些进项税额需要合理分配到应税商品中并获得抵扣。剩余可抵扣进项税额的计算依据是应税商品价值占生产商品总价值（即应税商品和免税商品）的比重，或者是经主计长同意的其他计算方式。

尽管有以上的条款规定，但如果纳税人的免税商品价值在一个会计期间内平均每个月不超过 40 000 新元，并且在该会计期间内不超过生产商品总价值的 5%，则与免税商品相关的进项税额也被视为完全因应税商品而发生。如果某些商业活动只生产某些类型的免税商品，则货物和劳务税法案视同其提供完全应税商品。

纳税人无须对标准的"部分免税"获得税务局的批准，但如果使用特殊的"部分免税"规定则需要得到新加坡税务局的批准。

4. 退税

如果在一个期间内货物和劳务税可抵扣的进项税额超过了同一时期的销项税额，则超过的部分可以获得退税。

5. 登记前进项抵扣

根据货物和劳务税（一般性）规章规定的某些条件，从事经营活动者需要在其第一张纳税申报表中申报其发生在货物和劳务税有效登记日期之前发生的经营费用所产生的进项税。这要求从事经营活动者对其纳税申报义务进行自我审阅。

6. 无机构经营实体的货物和劳务税退税

新加坡对没有在新加坡进行货物和劳务税登记的无机构经营实体不给予货物和劳务税退税。进行了货物和劳务税登记的无机构经营实体在填写了货物和劳务税纳税申报表的情况下可以获得货物和劳务税退税。

7. 资本货物

在新加坡，资本货物可被定义为企业在若干年内使用的资本支出项目。对于资本货物，没有特殊的进项税转回规则，可适用于上述货物和劳务税的正常进项税法规。

8. 坏账

如果纳税人满足以下条件，可以申请坏账减免，以返还之前已经入账的销项税：

（1）账目中全部或部分坏账的供应价格已经转回。

（2）从供货日期之后的 12 个月或者债务人在 12 个月之内就已经破产了。

（3）已采取合理的方式回收坏账。

（4）货物价值等于或低于市场公允价格。

（5）货物的所有权必须已经转移给债务人。

【例题】新加坡境内某机械厂（2022 年已登记成为货物和劳务税纳税人），2023 年第一季度发生以下义务：

（1）外购一批钢材用于生产 A 型车床，取得有效的税务发票，进项税额为 0.8 万新元。

（2）从当地另一工厂购进低值易耗品，支付价款 1 万新元，未取得发票。

（3）采用预收款方式在境内销售部分 A 型车床，收取 60 万新元，合同约定货物 2023 年 5 月发出。

（4）剩余 A 型车床全部出口，取得收入 40 万新元。

试计算该机械厂 2023 年第一季度应缴纳的货物和劳务税。

【解析】

采用预收款方式销售车床，纳税义务发生时间为收款时间，税率为 8%；出口车床适用零税率。外购的钢材取得有效税务发票且全部用于生产应税商品，其进项税额可抵扣；外购低值易耗品未取得有效税务发票，其进项税额不能抵扣。因此，该机械厂 2023 年第一季度应纳货物和劳务税 $= 60 \times 8\% - 0.8 = 4$（万新元）。

四、房地产税

（一）纳税义务人

房地产税的纳税义务人是指不动产的所有权人。

（二）征收范围

新加坡的所有不动产都应征收房地产税，包括房屋、建筑物、酒店、土地和经济公寓等。

（三）税率

对自用型住宅房地产及非自用型住宅房地产实施累进房地产税税率，对其他房地产，如商业及工业房地产，采用 10% 税率。

对自用型房地产实施的累进房地产税制度（PPTR）自 2015 年 1 月 1 日起生效。

自用型住宅房地产税税率如表 7-5 所示。

表 7-5　　　　　　　　　自用型住宅房地产税税率

年价值（新元）	自 2023 年 1 月 1 日起的税率（%）
0~8 000 部分	0
8 001~30 000 部分	4

年价值（新元）	自 2023 年 1 月 1 日起的税率（%）
30 001 ~ 40 000 部分	5
40 001 ~ 55 000 部分	7
55 001 ~ 70 000 部分	10
70 001 ~ 85 000 部分	14
85 001 ~ 100 000 部分	18
超过 100 000 的部分	23

自 2015 年 1 月 1 日起，累进房地产税制度（PPTR）同时适用于非自用型住宅房地产。此类房地产此前适用于 10% 的房地产税税率。新的税率如表 7 – 6 所示。

表 7 – 6 　　　　　　　　非自用型住宅房地产税税率

年价值（新元）	自 2023 年 1 月 1 日起的税率（%）
0 ~ 30 000 部分	11
30 001 ~ 45 000 部分	16
45 001 ~ 60 000 部分	21
超过 60 000 的部分	27

此外，如非自用型住宅房地产取得规划批准后用于以下用途的，仍适用 10% 的房地产税税率，无须向新加坡税务局另行申请：

（1）体育及休闲俱乐部内的住宿设施。

（2）度假休闲屋（chalet）。

（3）托儿所、学生护理中心或幼儿园。

（4）福利院。

（5）医院、收容所或康复、复原、护理或类似目的的场所。

（6）酒店、背包客旅舍、招待所或宾馆。

（7）酒店式公寓。

（8）根据《房地产税》第 6（6）条中豁免缴税的员工宿舍。

（9）学生公寓或宿舍。

（10）工人宿舍。

（四）税收优惠

专门用于以下目的的建筑免税：

（1）公共的宗教礼拜场所。

（2）获得政府财政补助的公共学校。

（3）慈善目的。

（4）其他有利于新加坡社会发展的目的。

（五）应纳税额的计算

$$新加坡房地产税的应纳税额 = 房地产的年价值 \times 税率$$

房地产的年价值等于若将其出租预计可获得的年租金，扣除家具、设备的租金和维修费。房地产的年价值根据可比建筑的租金和相关数据分析确定，而并非基于其实际收到的租金收入。

【例题】假设某人 2023 年在新加坡拥有一套年值为 30 000 新元的住宅房产，该房产用于自住，试计算该房产应纳的房地产税。

【解析】

根据新加坡的房产税规定，自住房产在一定年值以下部分可能免税，而超出部分则按照一定税率征税。因此，该房产应纳房产税 =（30 000 - 8 000）× 4% = 880（新元）。

五、印花税

新加坡除上述几个税种外，还征收印花税。印花税只对不动产、股票和股份的相关凭证征收。印花税的税率根据凭证的类型和交易的价值有所不同。

（一）股票印花税

企业签订购买或获得股票的合同需要缴纳印花税，并按照股票的成交价格或价值孰高缴付税款。转让股票时，按照买入价或股票价值孰高者的 0.2% 缴付印花税。

（二）物业印花税

买方印花税（buyer's stamp duty）按照不动产买入价或市场价孰高者进行缴付。

在 2018 年 2 月 20 日前，买方印花税的税率最高为 3%。印花税税率如

表 7 – 7 所示。自 2018 年 2 月 20 日起，住宅物业及非住宅物业的印花税税率不同。自 2018 年 2 月 20 日起，住宅物业的印花税税率最高为 4%，非住宅物业的印花税税率最高为 3%，详细如表 7 – 8 所示。自 2023 年 2 月 15 日起的印花税税率如表 7 – 9 所示。

表 7 – 7　　　　　　　　2018 年预算案计划修订前印花税税率

物业买入价或市场价孰高者	买方印花税税率（%）
前 180 000 新元	1
180 001 ~ 360 000 新元部分	2
超过 360 000 新元的部分	3

表 7 – 8　　　　　2018 年 2 月 20 日至 2023 年 2 月 15 日印花税税率

物业买价或市场价孰高者	住宅物业的买方印花税税率（%）	非住宅物业的买方印花税税率（%）
前 180 000 新元	1	1
180 001 ~ 360 000 新元部分	2	2
超过 360 000 的部分	4	3

表 7 – 9　　　　　　　自 2023 年 2 月 15 日起的印花税税率

物业买价或市场价孰高者	住宅物业的买方印花税税率（%）	非住宅物业的买方印花税税率（%）
前 180 000 新元	1	1
180 001 ~ 360 000 新元部分	2	2
360 001 ~ 1 000 000 新元部分	3	3
1 000 001 ~ 1 500 000 新元部分	4	4
1 500 001 ~ 3 000 000 新元部分	5	5
超过 3 000 001 新元部分	6	—

　　卖方印花税（seller's stamp duty）适用于 2010 年 2 月 20 日及之后购买的住宅用房地产。卖方印花税根据标准从价税税率对转让、分配或转移的财产征收。但是，对 2017 年 3 月 11 日及之后购买的住宅用房地产，如果其在持有 3 年后再进行出售，那么该卖方无须缴纳印花税。如果其在持有 3 年内进行出售，根据置存期的不同，以销售对价和市场价值中的较高者为计税基础，税率

分别为 4%、8% 或 12%。

自 2013 年 1 月 12 日起，对 2013 年 1 月 12 日及之后购买或获得的，并且在 3 年内出售或处理的工业用途房地产，同样实行卖方印花税。根据置存期的不同，以销售对价和市场价值中的较高者为计税基础，税率分别为 5%、10% 或 15%。

自 2011 年 12 月 8 日起，购买住宅用房地产（包括住宅用地）除适用以上的印花税税率外，还适用于买方额外印花税（additional buyer's stamp duty）。买方额外印花税的计税基础为购买成交价和市场价值中的较高者，自 2023 年 4 月 27 日起，税率如下：

（1）20%，新加坡公民购买其第二套住宅用房地产（首套不征收印花税）。

（2）30%，新加坡公民购买其第三套及以上的住宅用房地产。

（3）5%，新加坡永久居民购买其首套住宅用房地产。

（4）30%，新加坡永久居民购买其第二套住宅用房地产。

（5）35%，新加坡永久居民购买其第三套及以上的住宅用房地产。

（6）60%，外国人购买任何住宅用房地产。

（7）65%，非法人团体、联合投资的受托方、商业信托的基金管理人和合伙企业购买任何住宅用房地产。

新加坡政府宣布从 2023 年 4 月 27 日起，所有将住宅房地产转移到生前信托（living trust）的交易，须支付 65% 的额外买方印花税。

转移到住房开发商信托的住宅房地产将继续适用 40% 的买方额外印花税税率（即 5% 不可减免，35% 有条件的预付税）。

【例题】2024 年 1 月，中国公民张先生在新加坡购买了一套住宅（市场价值 120 万新元），购置价格为 110 万新元，试计算张先生购买该房产应纳的印花税。

【解析】

根据新加坡印花税的相关规定，张先生购买该房产需要支付买方印花税和 60% 的额外买方印花税，计税基础为成交价格和市场价值中的较高者。因此，张先生应纳印花税 = $18 \times 1\% + (36 - 18) \times 2\% + (100 - 36) \times 3\% + (120 - 100) \times 4\% + 120 \times 60\% = 75.26$（万新元）。

（三）租赁物业印花税

租契的印花税是根据已申报的租金或市场租金孰高者，按租契的印花税税率缴付。租赁物业的印花税税率及计算方式，如表 7 – 10 所示。

表 7 - 10　　　　　　　　　　　　租赁物业的印花税税率及计算方式

年平均租金	印花税税额
不超过 1 000 新元	免税
超过 1 000 新元	
租期 4 年或以下	租期内总租金 ×0.4%
租期长于 4 年或不定期	租期内年平均租金的 4 倍 ×0.4%

注：年平均租金为合同约定的年租金与市场年租金的较高者，并包括以下款项：广告招租费用、家具装修费用、维护费用、服务费用、其他费用（不含货物和劳务税）。

六、房地产投资信托基金相关税收政策税

新加坡对房地产投资信托基金（REITs）所得在企业所得税、预提所得税和个人所得税等方面亦提供相关优惠政策，具体如下。

如果受托人在取得收入的当年将至少 90% 的应纳税收入分配给投资基金投资人，并且受托人和管理人共同承诺遵守新加坡《所得税法案》第 45G 条和新加坡税务局电子税务指南中规定的条件，则主计长可给予房地产投资信托基金税收透明待遇。

享受税收透明待遇的房地产投资信托基金收入仅限于投资基金投资人自受托人处以现金方式取得的收入，或者在满足特定条件的情况下，信托基金单位自某些收入（如租金收入）分配所得的收入。

上述"特定条件的情况"具体为：

（1）房地产投资信托的受托人在 2012 年 4 月 1 日或之后时点从上述指定的收入中进行分配。

（2）在进行分配前，房地产投资信托基金的受托人已向接受分配的投资人提供了以现金或信托形式接受分配所得的选择权。

（3）如未向投资人提供以信托形式接收分配所得的选择权，房地产投资信托的受托人须在分配日持有足够现金，以满足完全使用现金分配的资金需求。

上述收入若满足特定条件将可享受税收透明待遇，并且投资人取得的上述特定收入的分配所得可享受税收优惠，且受托人无须纳税。

基于房地产投资信托基金投资人的类型，收入分配的税收处理分类如表 7 - 11 所示。

表 7 – 11 　　　　房地产投资信托基金投资收入分配所得的税务处理

投资人类型	税务处理方式
通过在新加坡的合伙企业或从事贸易、商业或职业而获得分配所得的个人	按个人所得税税率征税
其他个人（包括居民个人与非居民个人）	根据 ITA 第 13（1）（2h）条的适用条件，可享受免征政策
（1）在新加坡境内注册成立，且为新加坡居民企业的公司 （2）在新加坡境外注册成立的企业在新加坡的分支机构 （3）在新加坡境内注册成立或登记的社会团体 （4）适用免税的国际组织	除特别免税以外，按照各自适用税率纳税
适用税收透明待遇的房地产投资信托基金交易型开放式指数基金（ETF）	2018 年 7 月 1 日至 2015 年 12 月 31 日期间从 REIT ETF 取得的分配所得不在信托人层面进行征税
满足条件的非居民企业	2005 年 2 月 18 日至 2025 年 12 月 31 日之间的分配所得，须按照 10% 税率缴纳预提所得税
符合条件的非居民基金	2019 年 7 月 1 日至 2025 年 12 月 31 日期间取得的分配所得须缴纳 10% 最终预提所得税
其他（例如非居民企业在新加坡的分支机构，针对其 2015 年 1 月 1 日之前收到的分配收入，且该笔收入未获得预提所得税豁免）	按现行企业所得税标准税率（17%）缴纳预提所得税

如果房地产投资信托基金取得上述指定收入，但未在取得该收入的当年将收入分配给投资人，或者取得了除上述指定收入以外的其他收入，则不适用税收透明待遇，受托人需要针对该笔收入纳税。从此类收入中取得的任何分配所得均不属于应税收入，投资人收到该笔分配所得时无须纳税。

第四节　新加坡的税收征收管理

一、税务登记

（一）单位纳税人登记

在新加坡，新设企业在新加坡会计和企业管理局注册登记后，新加坡会计和企业管理局会向新公司颁发一个识别实体编号（unique entity number）。公司将使用识别实体编号作为其税务参考编号，企业无须单独在新加坡税务局进行所得税登记，其登记信息将由新加坡会计和企业管理局传递至新加坡税务局，以保障企业所得税的税源征收管理。在新加坡经营或从新加坡境内有所得来源的企业需要在新加坡进行纳税申报。

（二）个人纳税人登记

新加坡对个人纳税人无注册要求。工作许可证一经发放，新加坡人力部（Ministry of Manpower）会将纳税人的相关信息传递至新加坡税务局。

二、纳税申报

按具体税种要求进行申报。

三、非居民纳税人的税收征收和管理

（一）登记备案

1. 扣缴义务人

扣缴义务人为非居民从新加坡取得所得进行代扣代缴税款申报，无须履行备案手续，例如，合同备案或扣缴义务人备案，仅需填写扣缴税款申报表。

2. 货物和劳务税

"无机构经营实体"是指在新加坡没有经营活动或者固定的营业场所。如果一个在新加坡的无机构经营实体生产的应税产品价值超过登记门槛（即在12个月间应税商品的价值超过 1 000 000 新元），则应当进行强制性货物和劳务税登记。一个无机构经营实体必须指定当地的税务代表来进行货物和劳务税登记。当地的税务代表要负责该机构在新加坡的所有货物和劳务税税收事务，例如，货物和劳务税的缴纳、填写货物和劳务税纳税申报表。

（二）分类管理

1. 境内设立机构场所的

外国企业在新加坡设立机构场所进行经营并取得境内所得的，需要在新加坡进行税务登记，并按年度申报纳税。

2. 境内未设立机构场所的

根据新加坡税法规定,若境外企业有来源于新加坡的应税所得且该非居民在新加坡境内无固定营业场所,则通常由其代扣代缴义务人扣缴税款。

(三) 非居民企业税收管理

1. 所得税管理及源泉扣缴

根据新加坡税法规定,新加坡税务局有权要求境外企业对其取得的来源自新加坡的应税所得进行纳税申报。在实际操作中,如果非居民在新加坡境内无固定营业场所,则新加坡税务局有权指定非居民的代扣代缴义务人,并由代扣代缴义务人扣缴税款。因此,有新加坡应税所得且有纳税义务的非居民,无论其代扣代缴义务人是否收到收入凭据,都将以其代扣代缴义务人的名义进行申报缴纳税款。

2. 货物和劳务税管理

如果一个在新加坡的无机构经营实体生产的应税产品价值超过上述登记门槛,则会被强制要求进行货物和劳务税登记。

在货物和劳务税登记失败、延迟缴纳货物和劳务税、未按时提交货物和劳务税申报表和提交的纳税申报表不正确的情况下,纳税人均会受到相应处罚。

【拓展阅读 7 – 1】

2024 新加坡财务预算案

随着 2024 年的到来,新加坡迎来了新的经济篇章。新加坡副总理兼财政部长黄循财于 2 月 16 日推出了 2024 年财政预算案。

该预算案致力于推动经济多元化和创新。面对全球经济不确定性和挑战,新加坡政府加大了对关键产业的支持力度,鼓励企业加大研发投入,推动数字化转型,并促进新兴产业的发展,以提升经济的韧性和竞争力,以"齐心协力,共创未来"为主题,围绕经济发展、社会福利和环境保护三大板块,从而促进经济增长,满足社会需求并为未来创造更加繁荣和可持续的社会。

值得注意的是,2024 年新加坡预算案的税务调整,对想要"出海"新加坡企业来说是个不错的机会,2024 年新加坡财政预算案在税收政策调整方面要点如下。

(1) 企业所得税退税:为了帮助公司管理不断上涨的成本,政府将在 2024 课税年给予企业所得税 50% 的退税。在 2023 年雇用至少一名本地员工的公司(称为"本地员工条件")将以现金支付的形式获得最低 2 000 美元的福利(称为"CIT 回扣现金补助金")。

（2）可退还投资抵免（RIC）政策：为提高新加坡对投资的吸引力，新加坡将推出可退还投资抵免（RIC），可为符合条件的支出提供高达50%的支持。款项可用于抵销应付增值税。任何未使用的税收抵免将在公司满足接受抵免条件后的四年内以现金形式退还给公司。

（3）个人所得税退税：2024年课税年考虑到生活成本的问题，所有2024年课税年的纳税居民将获得应纳税额的50%的个人所得税退税。每位纳税人的退税上限为200美元。

（4）房地产税：从2025年1月1日起，所有屋主自住的住宅房地产税率的年值级别将进行调整，每一级的上限将提高。从2025年开始，最低年值级别的门槛将从8 000新元上调至12 000新元；而最高年值级别的门槛也将从超过10万新元上调至超过14万新元。

（5）印花税：即日起，55岁及以上的单身新加坡公民购买更低市值的私宅时，可在卖出第一套房地产后的六个月内，退回额外买方印花税（ABSD）。若发展商在规定期限内卖出私宅项目至少90%单位，政府将调低针对发展商的额外买方印花税（ABSD）支付率。

（6）推行海外人道主义援助抵税计划：为鼓励向海外紧急人道主义援助事业捐款，OHAS将从2025年1月1日至2028年12月31日试行四年。对于通过指定慈善机构向紧急人道主义援助筹款人提供的合格海外现金捐款，以及持有慈善事务专员颁发的有效海外慈善筹款许可证的个人和企业捐助者，OHAS将给予100%的税收减免。

（7）最低税利润规则：从2025年1月1日开始，在本地设有业务，全球年营收至少7.5亿欧元（约10.867亿新元）的跨国企业，必须把在本地的税率补足到15%。

今年的预算案旨在解决人们对生活负担的担忧，同时推进"携手前进"计划。回顾2023，新加坡经济在动荡局势下温和增长，这得益于政府在面对全球挑战时采取的战略举措和卓越韧性。

展望2024年，新加坡的经济前景呈现出动态增长的趋势。尽管全球经济存在不确定性，但新加坡以积极的态度、坚实的基础设施和战略地位，仍将在全球舞台上占据有利位置。

资料来源：新加坡税务局网站（https：//www.iras.gov.sg/news-events/singapore-budget/budget-2024--tax-changes-and-enterprise-disbursements）。

【思考题】

1. 新加坡税制体系结构及其税收管理体制有什么特点？

2. 在新加坡境内取得的境外收入如何进行企业所得税的税务处理？

3. 简述新加坡企业所得税与马来西亚公司所得税的异同点。

印度尼西亚的税收制度

第一节 印度尼西亚的社会经济

一、印度尼西亚简况[①]

印度尼西亚共和国（Republic of Indonesia），首都为雅加达，与巴布亚新几内亚、东帝汶和马来西亚等国家相接。印度尼西亚是一个人口众多、地理位置独特、文化多元的国家，具有丰富的历史背景和自然资源。印度尼西亚矿产资源丰富，分布广泛，主要的矿产品有锡、铝、镍、铁、铜、锡、金、银、煤等。

印度尼西亚的国土面积约 191.36 万平方公里，由约 17 508 个岛屿组成，是全世界最大的群岛国家，疆域横跨亚洲及大洋洲。面积较大的岛屿有加里曼丹岛、苏门答腊岛、伊里安岛、苏拉威西岛和爪哇岛，全国共有 3 个地方特区和 31 个省。印度尼西亚的人口数量相当可观，截至 2023 年 12 月达到了 2.81 亿，是世界第四人口大国。印度尼西亚有 300 多个民族，其中爪哇族占人口总数的 45%、巽他族占 14%、马都拉族占 7.5%、马来族占 7.5%、华人约占人

---

① 中华人民共和国外交部. 印度尼西亚国家概况 [EB/OL]. https：//www.mfa.gov.cn/web/gjhdq_676201/gj_676203/yz_676205/1206_677244/1206x0_677246/

口总数的5%。^①民族语言共有200多种，官方语言为印度尼西亚语。

二、印度尼西亚的经济文化[②]

印度尼西亚货币为印尼盾（IDR），印尼盾可自由兑换。印度尼西亚是东南亚最大的经济体之一，也是二十国集团的成员国。其经济由农业、工业和服务业共同驱动。印度尼西亚2022年GDP总值约1.29万亿美元，同比增长5.31%；人均国内生产总值约4 783.9美元；对外贸易总额5 295亿美元，同比增长23.79%。

在产业结构方面，印度尼西亚的农业、工业和服务业都发挥着重要作用。印度尼西亚油气资源丰富，共有66个油气盆地，其中15个盆地生产石油天然气。印度尼西亚是一个农业大国，全国耕地面积约8 000万公顷，从事农业人口约4 200万人。印度尼西亚自然条件得天独厚，气候湿润多雨，日照充足，农作物生长周期短，主要经济作物有棕榈油、橡胶、咖啡和可可。2018年，印度尼西亚毛棕榈油产量达到创纪录的4 300万吨，同比增长约12.5%。印度尼西亚森林覆盖率为54.25%，达1亿公顷，是世界第三大热带森林国家，全国有3 000万人依靠林业维持生计；胶合板、纸浆、纸张出口在印度尼西亚的出口产品中占很大份额，其中藤条出口占世界80%～90%的份额。作为世界上最大的群岛国家，印度尼西亚海岸线8.1万公里，水域面积580万平方公里，包括领海渔业区270万平方公里，专属经济区310万平方公里。渔业资源丰富，海洋鱼类多达7 000种，政府估计潜在捕捞量超过800万吨/年，目前已开发的海洋渔业产量占总渔业产量的77.7%，专属经济区的渔业资源还未充分开发。印度尼西亚的工业化水平相对不高，制造业分为30多个不同种类的部门，主要有纺织、电子、木材加工、钢铁、机械、汽车、纸浆、纸张、化工、橡胶加工、皮革、制鞋、食品、饮料等。其中纺织、电子、木材加工、钢铁、机械、汽车是出口创汇的重要门类。印度尼西亚旅游资源非常丰富，拥有许多风景秀丽的热带自然景观、丰富多彩的民族文化和历史遗迹，发展旅游业具有得天独厚的条件。

---

①②　商务部对外投资和经济合作司，商务部国际贸易经济合作研究院，中国驻印度尼西亚大使馆经济商务处．对外投资合作国别（地区）指南——印度尼西亚：2023年版［EB/OL］．（2024 - 04 - 01）［2024 - 07 - 01］．http：//www.mofcom.gov.cn/dl/gbdqzn/upload/yindunixiya.pdf.

第二节　印度尼西亚税收制度概述

印度尼西亚实行中央和地方两级课税制度，虽然税收立法权和征收权主要集中在中央政府，但地方政府拥有制定部分地方税规范的权力。现行的主要税种有：企业所得税、个人所得税、增值税、奢侈品销售税、土地和建筑物税、离境税、印花税、娱乐税、电台与电视税、道路税、机动车税、自行车税、广告税、外国人税和发展税等。

印度尼西亚现行《所得税法》（ITL）于 2008 年立法通过，2009 年 1 月 1 日正式生效。印度尼西亚的税收立法适用于所有印度尼西亚领土，包括其专属经济区和大陆架，但不包括东帝汶，印度尼西亚最重要的间接税是增值税（VAT），法律依据为《商品和服务增值税法》和《奢侈品销售税法》。

第三节　印度尼西亚主要税种的征收制度[①]

一、企业所得税

（一）纳税义务人

1. 居民企业

（1）税收居民的标准：企业在印度尼西亚境内设立或实际管理机构在印度尼西亚的，并从印度尼西亚或海外取得收入后，即成为居民企业纳税人。以下情况，公司将被视同为在印度尼西亚注册：

①公司章程规定其注册地在印度尼西亚；

②总部、行政中心或财务中心办公室在印度尼西亚；

---

① 国家税务总局国际税务司国别（地区）投资税收指南课题组．中国居民赴印度尼西亚投资税收指南［EB/OL］．（2023－06－30）［2024－07－01］．https：//www. chinatax. gov. cn/chinatax//n810219/n810744/n1671176/n1671206/c2582395/5116207/files/203342ce51ef4d6fbe2177c395ecbc20. pdf.

③在印度尼西亚设有控制办公室，负责管理活动；

④战略决策的董事会会议在印度尼西亚举行；

⑤管理成员居住或定居在印度尼西亚。

（2）"扣缴义务人"指的是：

①因劳动关系支付薪酬的雇主；

②因劳动关系支付薪酬的政府机构；

③因以往劳动关系支付养老金的机构；

④因取得服务向个人支付报酬的单位；

⑤由于组织活动向其他个人支付服务费用的个人。

2. 非居民企业

非居民企业是指在印度尼西亚境外注册，但有来源于印度尼西亚境内所得的企业；常设机构是指在印度尼西亚境外设立的，并且经营活动不受印度尼西亚管辖的实体在印度尼西亚境内的机构场所。

各类所得的来源地按照以下标准确定：

①利息、特许权使用费、租金等动产所得按照支付或被收取利息、特许权使用费或租金的一方的住所或所在地确定；

②租金等不动产所得按照不动产所在地确定；

③服务及工资所得按照支付方所在地确定；

④常设机构所得按照常设机构所在地确定；

⑤转让采矿权及矿产企业股权所得按照矿产所在地确定；

⑥转让不动产所得按照不动产所在地确定；

⑦转让常设机构财产所得按照常设机构所在地确定；

⑧转让股权、股票发生的所得以及股息红利所得按照该股权所属企业的所在地确定。

（二）课税对象

印度尼西亚《所得税法》规定，对在印度尼西亚设立或实际管理机构在印度尼西亚或在印度尼西亚拥有常设机构的所有法人实体征收企业所得税。法人实体包括有限责任公司、合伙企业、基金会、办事处、养老基金和合作社等。居民企业征税对象为所得税征税客体为纳税人的所得，其定义为纳税人经济能力的增加，具体表现为从印度尼西亚和海外收到或应收的、可用于消费或增加纳税人财富的所得。非居民企业征税对象为纳税人的所得，非居民企业仅就其从印度尼西亚获得或收到的收入缴纳企业所得税。

（三）应纳税所得额的确定

居民企业与非居民企业相同，均如下：

计算应纳税所得额时，应将应税收入总额减去税法规定的可扣除项目金额及可弥补亏损后的余额作为应纳税所得额。纳税人可以选择采用权责发生制或收付实现制作为其会计准则。会计原则一旦被采纳，就必须始终如一地执行。实践中，几乎只有小企业和个人企业家使用收付实现制会计制度。

（1）应税收入。

①受雇或提供服务所收到或应收的报酬（包括工资、津贴、酬金、佣金、奖金、酬金、养老金或其他形式的报酬），法规另有规定除外；

②彩票所得或由于受雇及其他活动取得的礼品和奖励；

③营业利润；

④出售或转让财产所得；

⑤扣除费用后取得的退税；

⑥利息，包括溢价，折扣和偿还贷款担保的赔偿；

⑦任何名称和形式的股息；

⑧特许权使用费；

⑨租金；

⑩年金；

⑪债务豁免取得的所得；

⑫外汇收益；

⑬资产重估收益；

⑭保险费；

⑮慈善组织从成员处收到或应收的捐款，该成员应为从事经营活动或独立服务纳税人；

⑯来自未征税收入的净财富增加；

⑰伊斯兰教业务收入；

⑱一般性和税务法律规定的补偿收入；

⑲印度尼西亚银行的盈余。

（2）税前可扣除项目。

①与经济活动直接相关的成本；

②使用年限超过一年的有形资产折旧费用及无形资产摊销费用；

③财政部认定的养老基金缴纳的费用；

④经济活动中使用的房产的转让损失；

⑤汇兑损失；

⑥印度尼西亚境内开展的研发活动费用；

⑦奖学金、实习及培训支出；

⑧纳税人已核销满足条件的；

⑨向政府法规规定的国家级灾难捐款的支出；

⑩向政府法规规定的境内研发活动捐款的支出；

⑪政府法规规定的社会基础建设成本；

⑫政府法规规定的教育设施捐赠支出；

⑬合理的总公司费用；

⑭汽车费用；

⑮其他与取得收入有关的杂项费用，如盗窃、贪污、挪用公款导致的损失或维修和保养费用。

（3）亏损弥补。

在某一特定年度发生的损失通常可结转5年，对某些行业或某些欠发达地区的投资，如果纳税人符合要求，亏损结转期延长至10年，大多数采矿活动承揽合同的损失结转期限可延长至8年。

（4）不可扣除项目。

①任何方式的利润分配；

②为股东、合伙人或投资人的利益发生的支出；

③特殊情形（如银行及其他类金融机构的坏账准备、提供保险服务计提的保险准备金、担保机构的担保准备金、矿产企业的探矿准备金、林业企业的造林准备金、垃圾处理企业的工业废材场所维护准备金）以外的准备金；

④为个人支付的保险费，由单位作为员工薪酬缴纳的保险除外；

⑤以福利形式对工作或者服务所作出的补偿，但是对雇员以食物饮料提供的福利除外；

⑥向股东或其他关联方超额支付的工作报酬；

⑦对外无偿提供的礼品、援助或捐赠，政府另有规定除外；

⑧所得税费用；

⑨为其他纳税人或其亲属支付的费用；

⑩向社团、事务所、合伙企业的成员支付的工资；

⑪罚款罚金，包括税法规定的罚款。

（5）折旧与摊销。

使用寿命在1年以上的资产和无形资产的支出，应当摊销或者折旧。建筑物只能以直线法折旧，其他资产可以使用直线法或余额递减法进行折旧或摊销，一旦作出选择，应始终如一地遵循。无形资产可以使用生产单位法进行摊销。土地不可折旧，但某些行业除外，例如，陶瓷业、屋顶业和制造业。融资租赁下的资产折旧不可抵扣。当执行购买选择权时，承租人可以将此类资产视为可折旧资产。

（6）免税收入。

①捐款，包括由政府设立或认可的慈善组织和天课（Zakat，指伊斯兰教徒每年一次的慈善捐款）的合法受益者收到的天课（给穷人的义务捐款）；

②具有一级亲属关系的血缘家族成员获得的资产赠款，以及由财政部规定的宗教、小型企业、教育或社会组织以及合作社获得的资产赠款（前提是当事人的业务、工作、所有权或者控制权之间不存在关联）；

③遗产；

④符合规定的实体收到的资产，包括作为股份或投资补偿的现金支付；

⑤从 2022 年起，只有某些以实物或特权形式接受的工作或服务的补偿可以免税；

⑥境内企业收到的来源于境内企业的股息；

⑦居民公司收到的外国常设机构的境外股息和税后收入免税，前提是这些收入应用于印度尼西亚进行再投资或用于印度尼西亚经营活动（满足一定时期），且再投资的比例至少为税后利润的 30%；

⑧保险公司就健康保险、人身意外保险、人寿保险、双重功能保险及奖学金保险向个人支付的款项；

⑨获得财政部批准的养老基金收取或赚取的费用；

⑩有限合伙企业成员（资本不分为股份）、合伙企业、协会、公司和商业协会的利润分成；

⑪合作社留存收入的分配；

⑫风险投资公司从在印度尼西亚开展业务和活动的合作实体中获得的利润分成，合作实体符合以下条件的：是中小型公司，或者在财政部规定的商业部门开展活动，其股票不在印度尼西亚证券交易所交易；

⑬注册的非营利组织在教育或研发方面收到的盈余，只要自收到盈余之日起最长 4 年内，该盈余以教育或研发基础设施或设备的形式投资；

⑭注册的社会和宗教机构收到的盈余，前提是自收到盈余之日起最长 4 年内该盈余以社会和宗教基础设施和设备的形式再投资，或被存入捐赠基金。

（四）税率

居民企业和非居民企业税率相同。

1. 收入

适用于居民企业和常设机构的收入税税率为22%。中、小、微型企业还可以享受减免50%所得税的税收优惠。对于满足以下条件的小、微型有限责任公司，运营的前三个财政年度可按照总收入的0.5%缴纳企业所得税。

①该税率适用于公司纳税人（不包括常设机构；尚未开始商业经营的公司；在开始商业运营后的一个财政年度内，收入超过48亿印尼盾的公司）。

②收入必须来自商业活动。

③一个财政年度的总收入不应超过48亿印尼盾。

2. 资本收益

资本收益税税率如表8–1所示。

表8–1 资本收益税税率

项目	内容			
房地产（自2016年9月7日起）	土地和建筑物的转让或处置所得			按售价的2.5%缴纳所得税
	转让普通住房或普通公寓为主要业务的企业纳税人			1%的减征税率
印度尼西亚公司股票	处置在证券交易所上市的股票			交易总值的0.1%
股息红利	居民企业			按总额的15%缴纳可抵扣的预扣税或免于该项税收
	纳税人无税号			预扣税增加100%
服务	物业租赁（土地和建筑物除外）、技术、管理、施工、咨询和其他服务	居民企业		2%预扣税
		纳税人无税号		预扣税增加100%
	根据GR–9/2022，2022年2月21日或之后签订的建筑服务协议（按总收入缴纳预扣税）	具有小公司资质的公司和具有工作能力证明的个人提供的建筑服务		1.75%
		未持有证明的公司或个人提供的建筑服务		4%
		其他类型公司或个人（具有中型公司、大型公司资质的公司或专家）提供的建筑服务		2.65%
		持有证明的公司提供的综合建筑服务		
		持有证明的公司或个人提供的建筑咨询服务		3.5%
		未持有证明的公司或个人提供的建筑咨询服务		6%
		未持有证明的公司提供的综合建筑服务		4%

续表

项目	内容		
特许权使用费	居民企业		按总额的15%缴纳可抵扣预扣税
	纳税人无税号		预扣税增加100%
利息（通常为总额的15%缴纳可抵扣的预扣税）	印度尼西亚银行凭证折扣总额	美元存款	1个月：10% 6个月：0
		印尼盾存款	1个月：7.5% 6个月：0
	居民企业和常设机构的债券利息（缴纳最终预扣税）	附息债券毛利息	15%
		附息债券及零息债券的售价/面值与购买价格之差	
租金收入	土地和建筑物租金收入		10%
	土地和建筑物以外的租金收入		2%抵扣预扣税
			纳税人无税号，预扣税增加100%
奢侈品销售	出售某些奢侈品的公司纳税人须预扣税款	私人飞机、私人直升机	5%
		游轮、游艇等	
		售价格超过20亿印尼盾或汽缸容量超过3 000cc的轿车、吉普车、越野车、多功能车、小巴等载运少于10名乘客的四轮车	
		价格超过3亿印尼盾或汽缸容量超过250cc的两轮或三轮机动车	
		销售或转让价格超过300亿印尼盾，占地面积超过400平方米的房屋（包括土地）；销售或转让价格超过300亿印尼盾或占地面积超过150平方米的共管式公寓和公寓	1%
	居民企业、非居民企业和个人出售资产（价值超过1 000万印尼盾）须缴预扣税	大装饰物品	5%
		珠宝包括黄金、名表和钻石等宝石	
		古董商品	
		绘画	
		汽车、摩托车、游船、轻型飞机等	

（五）税收优惠

中、小、微型企业可以享受减免50%所得税的税收优惠。

在印度尼西亚投资的税收优惠政策包括：

（1）同时满足以下条件的企业可享受免税优惠，根据投资额大小确定税率减免税额（50%或100%）及优惠期（5～20年）：

①在印度尼西亚作为法人实体注册；

②制订一项新的资本投资计划，但未享受过免税期激励、对某些领域的投资给予免税、对某些劳动密集型行业新投资或业务扩张净收入的额外扣除、经济特区所得税激励；

③新的资本投资计划至少为1 000亿印尼盾；

④满足财政部规定的债资比；

⑤承诺在免税期批准发布后1年内实施投资计划。

（2）在免税期结束后，企业仍可以在未来两年内享受25%或50%的企业所得税减免。

（3）年度总收入低于500亿印尼盾的居民企业可以享受50%的所得税税收减免，适用减免的年度总应税收入最高不超过48亿印尼盾。其中年度总收入是指企业在扣除所有支出与费用前，通过商业活动在印度尼西亚境内和境外所取得的收入总额。

（4）合同中明确列出的，通过国外贷款与财务拨款承包政府项目的承包商、顾问和供应商，其所得税可以由政府承担。

（5）满足以下条件的居民上市公司，可以获得所得税税率降低3%的税收优惠：

①该公司至少拥有300名股东，持有公司已发行和实收资本的40%以上；

②各股东持有公司已发行和实收资本的比例不超过5%；

③上述条件在一个财政年度内维持超过183天。

（6）在前一个纳税期已履行全部纳税义务的境内纳税企业或者常设机构（不包括取得营业执照提供英文美元记账服务的纳税人），可享受就固定资产评估增值的所得，在不超过12个月的期间内延期缴纳所得税的税收优惠，该所得对应的税率为10%。

（7）在授权机构登记，进行教育或研发的非营利组织，如果对其盈余以基础设施的形式在4年内进行再投资，该盈余可获得免税。主要投资类型如下：

①建筑与教育、研发设施，包括购买土地；

②办公室、实验室以及图书馆设施；

③设立于正式教育院校的学生宿舍、教职员工住所以及运动设施。

以上所述盈余，指除另行征税项目外的全部应税收入扣除非营利组织日常运营费用后的余额。

（8）在特定领域或具有国家鼓励发展的特定地区投资的纳税人可以享受以下税收优惠政策：

①最高 30% 的投资津贴；

②加速折旧和摊销；

③按 10% 征收股息所得税；

④不超过 10 年的亏损结转。

（9）根据 2021 年 2 月 2 日颁布的 2021 第 10 号总统条例规定，对重点商业活动的投资将有资格获得财政奖励，其形式包括免税额、免税期、投资补贴以及用于工业发展和扩张的机械和货物的进口关税免税等海关奖励。

（10）对于在先锋产业（pioneer industry）进行新投资的企业，可按以下规定享受企业所得税优惠政策，如表 8-2 所示。

表 8-2　　　　在先锋产业新投资的企业可享受的企业所得税优惠政策

投资金额（印尼盾）	期限（年）	优惠政策
1 000 亿~5 000 亿	5	减半征收 延长 2 年，减免 1/4
5 000 亿~10 000 亿	5	全额减免 延长 2 年，减半征收
10 000 亿~50 000 亿	7	全额减免 延长 2 年，减半征收
50 000 亿~150 000 亿	10	全额减免 延长 2 年，减半征收
150 000 亿~300 000 亿	15	全额减免 延长 2 年，减半征收
至少 300 000 亿	20	全额减免 延长 2 年，减半征收

（六）应纳税额的计算

应纳税额等于应纳税所得额乘以适用税率，根据法规按照核定利润率征收所得税的纳税人，应将收入乘以核定利润率对应纳税所得额进行计算。纳税人应每月申报预缴企业所得税，月度预缴税金金额应等于上年最后一个月纳税申报表的税额扣除根据法定代扣代缴的企业所得税以及境外已缴纳可用于抵免的税金的余额。

【例题】 某彩色电视机生产企业为印度尼西亚居民企业，适用企业所得税税率为22%，本年生产经营情况如下：

（1）当年销售彩色电视机给商场，取得收入为210亿印尼盾，对应的材料成本为90亿印尼盾；

（2）出售芯片专利取得收入80亿印尼盾；

（3）实发工资45亿印尼盾，保险费5亿印尼盾，广告及宣传费和列明信息的招待费共12亿印尼盾；

（4）年末时向银行支付贷款利息9亿印尼盾并向股东及合伙人分配了48亿印尼盾；

（5）缴纳所得税以外的税费为28亿印尼盾；

求该企业本年的应缴纳的企业所得税。

【解析】

应税收入 $=210+80=290$（亿印尼盾）

税前可扣除项目 $=90+45+5+12+9+28=189$（亿印尼盾）

不可扣除项目 $=48$ 亿印尼盾（任何方式的利润分配都为不可扣除项目）

应纳税所得额 $=290-189=101$（亿印尼盾）

应纳税额 $=101\times22\%=22.22$（亿印尼盾）

所以该企业的应纳税额为22.22亿印尼盾。

二、个人所得税

（一）纳税义务人

1. 居民企业

任一连续12个月内在印度尼西亚居住累计超过183天的，或居住在印度尼西亚并打算继续留驻印度尼西亚的个人，被视为居民。

2021年2月17日颁布的财政部2021年"第18号条例"（NoF Regulation 18/PMK.03/2021，以下简称"PMK－18/2021"）规定了税收居民的认定准则，如果个人符合以下任何条件，则其视为印度尼西亚居民个人：

①居住在印度尼西亚：在印度尼西亚有永久居所，即可供自己居住或随时可使用的地方，无论是拥有、租用还是可供个人使用而非中途停留的地方或者在印度尼西亚有利益中心，即在印度尼西亚被用于个人活动、社交活动、经济或金融活动或事务中心的地方，在印度尼西亚有常住居所；

②任一连续 12 个月内在印度尼西亚连续或非连续居住超过 183 天（不满一天的视为一天）。

2. 非居民企业

"非居民个人"指的是不在印度尼西亚境内定居，且在连续的 12 个月内在境内逗留不超过 183 天的个人。

印度尼西亚公民如果居住在境外，或在连续 12 个月内在境外工作超过 183 天，且满足以下条件之一的，则被视为非居民：

①永久居留地在境外；

②活动中心（个人、经济和社会关系）在境外；

③惯常居所在境外；

④在境外注册为税务居民（以永久居住证作为佐证）；

⑤获得了由税务局局长签发的确认印度尼西亚共和国公民为非居民纳税主体的声明函。

（二）课税对象

对居民纳税人全球范围收入缴纳所得税，包括资本收益；非居民仅须对在印度尼西亚境内取得的收入进行评估，包括资本利得，按总收入的 20% 缴纳最终预扣税且不得申请税收扣减、减免或抵免，预扣税为非居民的最终税。

（三）应纳税所得额的确定

1. 居民纳税人

（1）就业收入。

（2）生产经营与职业收入。

（3）投资收益：股息、利息、特许权使用费。

（4）其他收入：技术支持和服务费、远期外汇销售溢价、掉期和远期合约收入、期货合约收入、杂项收入。

（5）资本利得：资本利得被视为一般收入，缴纳所得税。因此，没有单独的资本利得，应缴税的交易包括出售或转让财产及处置股份。

（6）应税境外收入：就业收入、营业与专业收入、投资收益、资本利得、其他境外收入。

（7）税前扣除：

①利息费用：个人按揭贷款利息支出不可扣除，具有商业性质的按揭贷款利息支出可从租金收入中扣除；

②保险费：雇员支付给财政部批准的养老基金的和用于养老储蓄的缴款可

全额扣除；

③符合条件的捐款；

④其他费用：就业收入中用于功能性支出的部分可从就业收入中扣除，领取养老金者可享受养老金和养老津贴减免。

2．非居民纳税人

（1）就业收入：非居民收到的与在印度尼西亚就业有关的报酬（包括董事费）应缴纳最终预扣税。

（2）生产经营与职业收入：如果非居民在连续12个月内在印度尼西亚居住少于183天，则其生产经营与职业收入应缴纳预扣税。

（3）投资收益：非居民个人应就任何来源于印度尼西亚的收入纳税。

（4）资本利得：非居民出售印度尼西亚非上市有限责任公司的股份获得的资本利得可能需要缴纳5%的最终预扣税，以适用的税收协定（安排）规定为准。

（5）其他收入：非居民应对来源于印度尼西亚的所有收入进行评估，针对上述未涉及的收入没有特别税收规定。

（四）税率

1．居民纳税人

（1）收入。

自2022年1月1日起，居民个人的收入按照以下税率纳税，如表8－3所示。

表8－3　　　　　　　　印度尼西亚个人所得税税率

应纳税所得额（印尼盾）	税率（%）
不超过6 000万的部分	5
超过6 000万至2.5亿的部分	15
超过2.5亿至5亿的部分	25
超过5亿至50亿的部分	30
超过50亿的部分	35

符合条件的中小企业的纳税人应以0.5%的税率缴纳最终所得税。

（2）资本利得。

创始人股份的销售交易（风险投资公司拥有的商业合伙公司除外）如果

在首次公开发行股票时已按交易总额的 0.5% 缴纳最终预扣税，则按 0.1% 征税。否则，处置创始人股份适用正常税率。资本利得税率，如表 8 – 4 所示。

表 8 – 4　　　　　　　　　　资本利得税税率

资本利得	税率（%）
转让或处置土地和建筑物（主营业务不是转让房地产）	2.5
处置印度尼西亚上市公司的股份	0.1

（3）预扣税。

应缴纳预扣税的人员包括雇员、领取遣散费或养老金的个人、取得任何收入的非雇员、董事会成员、前雇员和活动的参与者。

①就业收入居民的就业收入应缴纳可抵扣的预扣税，适用 5% ~ 30% 的累进税税率（见表 8 – 5），如果纳税人没有税号（NPWP），则适用 20% 的额外预扣税税率。

a. 自 2009 年 11 月 16 日起，一次性支付或 2 年内分期支付的遣散费应缴纳最终预扣税，税率如表 8 – 5 所示。

表 8 – 5　　　　　　　　印度尼西亚预扣税税率（1）

应纳税所得额（印尼盾）	预扣税税率（%）
不超过 5 000 万的部分	0
超过 5 000 万至 1 亿的部分	5
超过 1 亿至 5 亿的部分	15
超过 5 亿的部分	25

b. 自 2009 年 11 月 16 日起，一次性支付或 2 年内分期支付的养老福利金、养老津贴和养老保障金均应缴纳最终预扣税，税率如表 8 – 6 所示。

表 8 – 6　　　　　　　　印度尼西亚预扣税税率（2）

应纳税所得额（印尼盾）	预扣税税率（%）
不超过 5 000 万的部分	0
超过 5 000 万	5

c. 如果在 2 年后继续支付遣散费、养老福利金、养老津贴和养老保障金，则第三年起支付的金额将按标准累进所得税税率缴纳非最终税。

d. 日工资低于 45 万印尼盾的工人和非永久雇员无须缴纳预扣税。如果每月总收入超过 450 万印尼盾，或者按月支付收入，则不能免税。

②股息：自 2020 年 11 月 2 日起，居民个人收到的股息免税，前提是股息将再投资于印度尼西亚境内合格的投资项目并满足相关的时间要求。收到的金额与再投资金额之间的差额将缴纳 10% 的最终预扣税。居民个人应当在收到股息后的次月 15 日前缴纳税款。

③利息：

a. 居民通常应按收到利息总额的 20% 缴纳可抵扣预扣税，如果纳税人没有税号（NPWP），预扣税将增加 100%，即税率为 30%。

b. 从印度尼西亚银行及海外银行印度尼西亚分行取得的印度尼西亚央行债券贴息利息收入及其定期存款、定期存款和居民个人储蓄存款的利息收入，全额征收 20% 的最终预扣税，收入低于所得税起征点的个人可以要求退税。

c. 从 2015 年 12 月 28 日起，对资金来自出口收益并存入印度尼西亚银行（包括海外银行印度尼西亚分行）的定期存款、储蓄或印度尼西亚央行债券贴息的利息收入适用较低税率，如表 8 - 7 所示。

表 8 - 7　　　　　　　　　　　印度尼西亚预扣税税率（3）

项目	预扣率
符合条件的美元存款利息	0（存款期限 6 个月或以上）至 10%（存款期限 1 个月）
符合条件的印尼盾存款利息	0（存款期限 6 个月或以上）至 7.5%（存款期限 1 个月）

d. 自 2021 年 8 月 2 日起，债券利息按 10% 征收最终预扣税。

④特许权使用费：居民的特许权使用费收入应按全额缴纳 15% 的可抵扣预扣税，如果纳税人没有税号（NPWP），预扣税将增加 100%，即税率为 30%。

⑤其他收入。

a. 出售资产（价值超过 1 000 万印尼盾）的居民或非居民个人，在遵守适用税收协定（安排）规定的应缴纳最终预扣税，如表 8 - 8 所示。

表8-8 印度尼西亚预扣税税率（4）

项目	有效最终预扣税税率（%）
大型装饰品	5
珠宝首饰：黄金、奢侈手表和钻石等宝石	
古董、画作	
交通工具：汽车，摩托车，游轮和轻型飞机等	

b. 居民个人收到的其他类型的收入应缴纳预扣税，如表8-9所示。

表8-9 印度尼西亚预扣税税率（5）

收入		税率（%）
租金	土地和建筑物	10（最终）
	非土地和建筑物	2
	远期外汇销售溢价	20（最终）
掉期合约付款	与银行交易	20（最终）
	其他合同	15
	彩票及抽奖中奖奖金	25
	支付给保险代理人的佣金	5~30

2. 非居民纳税人

印度尼西亚非居民纳税人预扣税税率，如表8-10所示。

表8-10 印度尼西亚非居民纳税人预扣税税率

项目		最终预扣税税率
就业收入		20%
生产经营与收入		
投资收益：股息、利息、特许权使用费		
资本利得	非上市公司股份所得	销售收入25%的20%
	证券交易所上市的股票	交易总价的0.1%
其他收入	租金和报酬	总额的20%
	销售价值高于1 000万印尼盾的大型装饰品、珠宝、古董、画作和车辆	5%

（五）税收优惠

1. 居民纳税人

（1）免税。

①雇员或工人收到的新年津贴、生产奖金、小费、劳务费或其他形式的收入可以作为个人免税额从收入中扣除；自2016年1月1日起，以下非应税收入可从净收入中扣除来确定应纳税所得额：纳税人为5 400万印尼盾，配偶450万印尼盾，每个被抚养人（最多三个）450万印尼盾。

②应税收入中的重要免税收入有：遗产、以实物或权益形式收到的工作或服务上的补偿，以及保险公司支付的健康、事故、人寿或教育险，奖学金和双重索赔的赔付款。

③经营小微企业的家庭或个人取得的拨款、援助款或捐赠免税。

④自2009年1月1日起，印度尼西亚公民获得的用以支付在印度尼西亚国内或国外接受基础、中学、高中和高等教育所需的学费、考试费、研究费、书籍费以及合理生活费的奖学金免税。奖学金获得者与奖学金的所有者、专员、主管及管理部门无特殊关系的，适用该项免税政策。

⑤指定社会保障机构发放到生活在国家贫困线以下，或受自然灾害或困难影响的群众或团体手中的补助金免税。社会保障机构是指为管理运行社会保障计划而设立的法定机构。"自然灾害"包括地震、海啸、火山爆发、洪水、干旱、台风和山体滑坡，而"困难"是指危及或威胁生命安全的意外事故。

⑥外籍雇员因作为印度尼西亚居民个人身份而被判定为境内纳税主体的，可仅就其来源于印度尼西亚的所得（含境外支付）缴纳所得税，但应满足一定条件，如满足相关专业技能要求，且该条款仅适用作为印度尼西亚居民个人身份前四个纳税年度等。外籍雇员取得的境外所得，如若享受了印度尼西亚与所得来源国税收协定（安排）优惠的，则无法进一步适用该地域来源征税的豁免条款。

⑦保险公司因意外、疾病、死亡或奖学金保险等支付的款项。

⑧合作社留存收入的分配。

（2）抵扣。

居民个人缴纳的预扣税可用于抵扣最终所得税负，超出部分可以退税。离境税也可以抵扣。居民个人就境外来源收入已在境外缴纳的税款，无论是单边还是根据税收协定（安排），都可用于一般税收抵免。抵免额度限于以下最低值：

①在境外已缴纳的税款；

②全球范围应税收入按印度尼西亚税法计算的应纳税额乘以境外收入所占比例得出的数额；

③在印度尼西亚的应纳所得税额。

计算抵免额时不考虑境外损失。上述仅适用于直接抵免且分国别，即在一个国家缴纳的税款所享受的抵免额只能用于抵免从同一个国家取得的收入按印度尼西亚税法计算的应纳税额，超出可抵免额度的境外税款不能退回。

（3）损失。

①一般损失：净损失是可扣除额超过总收入的金额。一般而言，净损失包括经营损失及资本损失，除非后者被明文禁止扣除。亏损可无限制结转5年，从以后年度利润中弥补，对于财政部规定的某些行业，亏损可以结转10年。

②资产损失：为经营企业而取得收入出售或转让财产或权益产生的损失可以扣除。处置股权发生的资本损失也可以扣除。

2. 非居民纳税人

（1）单笔销售交易的非上市股份价值不超过1 000万印尼盾的，不征收预扣税。

（2）《所得税法》第二十六条规定，对非居民出售财产的收益按20%的税率征税。但印度尼西亚的大多数税收协定（安排），除少数重要例外情况外，都将非居民出售财产的征税权交由缔约国另一方，这种情况下在印度尼西亚不征税。

（3）若印度尼西亚与非居民纳税人所在国签订税收协定（安排），该非居民个人纳税人就个人所得可以根据税收协定（安排）享受一定的减免。

（六）应纳税额的计算

个人所得税应纳税额计算与企业所得税的计算方法基本相同，此外，对个人所得税应纳税额有以下特殊规定：

（1）已婚女性的所得或者损失，包括以前年度累积的亏损，应视同其丈夫的所得或损失，除非该所得已由某一雇主扣缴所得税并且该雇佣关系与其丈夫或其他亲属无关；损失可无限制结转5年，从以后年度利润中弥补。对于财政部规定的某些行业损失可以结转10年。

（2）已婚人士除非符合以下情况，否则应与配偶合并纳税：

①双方已根据法庭判决分居；

②双方签订财产分离协议；

③妻子选择单独拥有纳税权利与义务。

（3）未成年人的所得应计入其父母的应纳税所得额。

（4）年营业额或总收益低于 48 亿印尼盾的个人可以选择核定征收，但必须在纳税年度的前三个月内取得税务局的同意。

【例题】A 先生为印度尼西亚境内甲上市公司员工，有常住居所，2022 年取得的收入情况如下：

（1）2 月，A 先生取得存款利息收入为 850 万印尼盾；

（2）5 月，A 先生将独立公寓进行出租，取得房屋租金 6 000 万印尼盾；

（3）7 月境内乙公司分配的股息 750 万印尼盾并在 10 月将股票出售，获得收入 6 600 万印尼盾；

（4）取得全年工资 25 200 万印尼盾，含新年津贴 1 500 万印尼盾，另 3 月、6 月及 11 月均取得交通津贴 550 万印尼盾，每月取得生活津贴 120 万印尼盾。

求：A 先生 2022 年应缴纳个人所得税。

【解析】

应税收入 = 850 + 6 000 + 750 + 6 600 + 25 200 + 550 × 3 + 120 × 12 = 42 490（万印尼盾）

新年津贴为免税收入，工资中含有新年津贴，应进行扣除。（雇员或工人收到的新年津贴、生产奖金、小费、劳务费或其他形式的收入可以作为个人免税额从收入中扣除）

故：应纳税所得额 = 42 490 − 1 599 − 5 400 = 35 943（万印尼盾）

应纳税额 = 6 000 × 5% + (25 000 − 6 000) × 15% + (35 943 − 25 000) × 25% = 5 885.75（万印尼盾）。

三、增值税

（一）纳税义务人

销售应税货物或应税劳务的个人、公司或政府机构是增值税的纳税义务人。

（二）课税对象

（1）增值税纳税人在印度尼西亚境内提供应税货物。

（2）进口应税货物。

（3）提供应税服务。

（4）适用位于印度尼西亚境外的无形应税货物，包括：

①使用或有权使用文献、艺术或科学，或专利、设计、模型、计划、公式、秘方、商标或类似性质的其他资产；

②使用或有权使用工业、商业或科学设备；

③提供科学、商业、技术或工业性质的信息或知识；

④为使用上述资产提供额外帮助；

⑤在电视或广播中使用或有权使用胶片电影、电影或视频；

⑥出售部分或全部上述资产。

（5）在印度尼西亚境外使用的应税服务。

（6）增值税纳税人出口应税货物。

（7）增值税纳税人出口应税无形资产。

（8）增值税纳税人出口应税服务。

（9）出口时有两种类型的服务须缴纳增值税：

①委托加工。

②使用海外消费的有形流动资产所附带或需要的服务（如维修服务）；使用海外消费的有形固定资产所附带或需要的服务，包括咨询、监督和建设等服务。

（10）从 2022 年 4 月 1 日起，保险和再保险公司必须收集、支付和报告针对保险代理人和保险经纪人的佣金所征收的增值税。

（11）从 2023 年 5 月 1 日起，金融机构（如银行、租赁公司）作为债权人向买方提供的抵押品，将被视为交付应税货物，应缴纳增值税。

（三）计税依据的确定

增值税的计税基础为销售价格、进口完税价格、出口完税价格或其他用于核算应收销项税额的金额，其中，销售价格为卖方销售产品收取的款项；进口完税价格为计算进口税费的价格，其中不包括增值税以及奢侈品销售税。

（1）货物的计税基础是销售价格，包括卖方要求或应要求的所有费用，保险、运费、维护和技术援助（即培训）等都应包括在应纳税额中。税务发票中的所有抵扣不包含在应纳税额中。在没有价格的情况下，应根据"其他价值"计算，如表 8-11 所示。

表 8-11　　　　　　　　　印度尼西亚其他价值分类

用途	类型
私人用途	销售价格/替代价值减毛利润

续表

用途	类型
免费供应	销售价格/替代价值减毛利润
总部与分支机构间的供应	销售货物的成本

（2）关联方之间的交易，计税基础为市场公允价值，独立交易原则的应用包括进行可比性分析并选择最合适的方法（如可比非受控价格法、成本加成法、再销售价格法等）。

以下情形，视为关联关系的判断标准：

①企业直接或间接拥有另一家公司25%或以上的参股权；同样，如果其中一家公司直接或间接拥有这两家公司各方至少25%的参股权，则两家或两家以上的公司也被视为关联方。

②企业拥有另一家公司的控制权，或两家或多家公司直接或间接处于同一控制之下。在这种情况下，控制被定义为通过管理或使用技术控制，而不考虑是否存在所有权关系。

③存在家庭关系，无论是通过血统或通过婚姻中的一级直接或间接血缘关系。

（3）进口的计税基础为进口价值，包括商品的成本、保险、运费和关税。

（四）税率

（1）自2022年4月1日起，印度尼西亚的增值税标准税率为11%，根据不同货物可调整范围为5%～15%。

（2）印度尼西亚的出口应税货物适用0的增值税[①]，包括：

①增值税纳税人出口应税有形货物。

②增值税纳税人出口应税无形货物：

a. 使用或有权使用文学、艺术或科学作品的版权，专利、设计或模型、计划、公式或秘方、商标、知识/工业产权或其他同等权利；

b. 使用或有权使用设备或工业、商业或科学工具；

c. 提供科学、工程、工业或商业领域的专有技术或信息；

d. 使用或有权使用电视节目的电影胶片或录像带，或广播节目的录音带。

③增值税纳税人出口应税服务：

---

① 印度尼西亚共和国财政部税务署：1983年第8号关于商品服务增值税与奢侈品消费税法案的第三修正案。

根据 2010 年 4 月 1 日起生效的《2009 年增值税法第 42 号》，服务业的出口所适用的增值税率为 0。然而财政部的法规进一步规定了零税率增值税只适用于下列服务：

a. 符合以下条件的合同分包服务：应税服务的买家或接受方在境外且为非居民纳税人并且不是《所得税法》中所指定的常设机构；由应税服务的买家或接收者提供规格规范以及材料；应税货物的所有权属于购买方或接收方；分包合同商按应税服务买家或接收者的要求将产品递送至境外。

b. 位于境外包括施工计划、施工工程和施工监理在内的建筑服务。

c. 与境外所使用流动资产相关的修缮及维护服务。

（3）服务的普通税率。

印度尼西亚增值税税率如表 8 - 12 所示。

表 8 - 12　　　　　　　　　　印度尼西亚增值税税率

供应类型	应纳税额	增值税税率
提供录音或静态图像媒体	预计平均价格	普通税率 11%
提供电影	预计平均收入	普通税率 11%
烟草产品	零售价	有效税率 9.9%
市场价值	原本不出售的资产	普通税率 11%
总部和分支机构间的供应	货物销售成本	普通税率 11%
通过拍卖方供应	拍卖价	普通税率 11%
数据包传输服务	发票金额的 10%	有效税率 1.1%
旅行社	发票金额的 10%	有效税率 1.1%
宗教服务的旅行社	发票金额的 5%（某些宗教服务不征收增值税，但如果发票不能说明哪一部分与宗教服务相关，则增值税的计税依据为所涉及金额的 5%）	有效税率 5%
珠宝商提供黄金首饰	销售价格的 20%（如果该供应活动是通过将珠宝与 24 克拉金条交换作为制造过程中使用的材料的替代品，则应纳税额应按珠宝销售价格与珠宝中包含的 24 克拉金条价格之间差额的 20% 来计算）。[财政部第 30/PMK. 03/2014 号第 4（2）条]	有效税率 2%
货运代理服务	发票金额的 10%	有效税率 1.1%
销售某些农产品（与种植园、作物、观赏植物、药品和林业有关的产品）的某些销售商可以选择使用"其他价值"作为增值税征收基数的价值	销售价格的 10%	有效税率 1.1%

（4）针对保险机构，保险代理服务的增值税税率为1.1%，保险经纪服务的增值税税率为2.2%。

（5）针对金融机构交付抵押物资产，按10%×增值税税率×税基或按抵押品售价的1.1%的实际税率征收。

（五）税收优惠

（1）如果货物或服务为非应税货物或服务，则该交易免征增值税。

自2022年4月1日起，以下货物或服务适用增值税免税政策。

①在酒店、餐厅和其他已经征收地区税的地方提供的食品和饮料；

②货币、用于国家外汇储备的金条和商业票据；

③宗教服务；

④进行政府管理时政府提供的服务，包括仅能由政府提供的政府性公共服务；

⑤酒店、停车场、餐饮、艺术和娱乐服务（已经征收地区税的服务）。

（2）自2022年4月1日起，原先适用增值税免税其他货物或服务不再免税，其中部分货物或服务可适用零税率，包括直接从源头获取的采矿和钻探产品、公共日常必需品、医疗服务、金融服务及教育服务。

（3）销售不动产减免。

销售以下类型的不动产免征增值税：简易廉价住房、公寓、学生宿舍和供非正规部门的底层劳工或工人使用的住房。

（4）财政部规定了简易廉价住房的标准如下：

①建筑面积不超过36平方米。

②销售价格不超过规定的上限，限额如表8-13所示。

表8-13　　　　　　　　　　销售价格限额规定

区域	2019年（印尼盾）	2020年及以后（印尼盾）
爪哇岛（雅加达，茂物，德博，坦格朗和北加西除外）	1.4亿	1.505亿
苏门答腊岛（廖内群岛和邦加勿里洞除外）	1.4亿	1.505亿
加里曼丹	1.53亿	1.645亿
苏拉威西	1.46亿	1.565亿
马鲁古和北马鲁古	1.58亿	1.565亿
巴厘岛和努沙登加拉	1.58亿	1.68亿

续表

区域	2019 年 （印尼盾）	2020 年及以后 （印尼盾）
巴布亚和西巴布亚	2.12 亿	2.19 亿
廖内群岛和邦加勿里洞	1.46 亿	1.565 亿
大雅加达（雅加达，茂物，德博，坦格朗和北加西）	1.58 亿	1.68 亿

③首套自住用房购买后 5 年内不可转让。

④土地面积不小于 60 平方米。

⑤使用现金或通过补贴或无补贴信贷服务融资购买，或通过基于伊斯兰教义的金融服务融资购买。

（5）自有公寓（或简朴民房公寓）的标准如下：

①每套住宅面积超过 21 平方米，但不超过 36 平方米；

②售价不超过 2.5 亿印尼盾；

③面向每月收入不超过 700 万印尼盾的个人；

④是按公共工程部关于开发简易公寓制造技术要求的规定建造的；

⑤是首套自住用房，购买后 4 年内不可转让。

（6）特定运输设备的进口和交付以及与特定运输设备相关的交付和使用服务属于"增值税不征税项目"。如果应税商品或服务的运输服务为增值税不征税项目，为取得该应税货物或服务而支付的进项税可以被抵扣。

（7）根据 2023 年 4 月 1 日生效的财政部第 38 号条例，对于 2023 年 4 月至 2023 年 12 月期间销售的电池驱动的四轮电动汽车和公共汽车实行增值税优惠：

①交付本地制造部件至少占 40% 以上的电池驱动的四轮电动汽车和公共汽车，增值税为 1%（其余 10% 的增值税将由政府承担）；

②交付本地制造部件占 20% 至 40% 的电池驱动电动公共汽车，增值税为 6%（其余 5% 的增值税由政府承担）。

（六）应纳税额的计算

（1）应纳税额 = 销项税额 - 进项税额

　　　　　　= 销售额 × 适用税率 - 当期进项税额

增值税销项税额的计算应以计税基础乘增值税税率，如果纳税期间内，销项税额大于进项税额，则两者差额为纳税人的应纳税额。

（2）销项税额的抵减。

一般而言在纳税人经营过程中支付的增值税（进项税）可以从纳税人收取的增值税（销项税）中抵扣。如果在纳税期限内销项税高于进项税，其差额必须汇入国库，但如果进项税高于销项税，则差额为超额支付。超额支付的税款应在下一纳税期限内予以补偿，原则上，这笔超额支付的税款只能在会计年度结束时返还。

"会计年度结束"的定义包括企业停止经营期间。

（3）不可抵扣项

以下进项税额不得从销项税额中抵扣：

（1）企业成为增值税纳税人以前购入的货物或服务超过销项税80%的部分；

（2）与企业经营活动无关的购入货物或服务；

（3）为轿车及旅行车发生的购买及维护支出，除非该车辆用于销售或出租；

（4）企业成为增值税纳税人以前在境外使用的无形资产和服务；

（5）取得税务发票不包含上述最低要求的应税货物或应税服务；

（6）使用从境以外取得的无形应税货物或应税服务，其税务发票不符合可作为税务发票的文件的要求；

（7）取得应税货物或应税服务，其进项税调整为税收审计后的税务评估结果；

（8）取得应税货物或应税服务后，其进项税未在增值税申报表中报告并在税务审计中确定。

【例题】某食品加工厂为印度尼西亚增值税纳税人，适用标准税率11%，2023年4月发生部分业务如下：

①将一批价值43亿印尼盾的火腿肠出售给甲商场，运费2亿印尼盾；

②为了更新面包包装委托境外某公司设计，支付设计服务费21亿印尼盾；

③向其他企业收取大麦，价款44亿印尼盾，批发购进蔬菜22亿印尼盾；

④对外出口饼干18亿印尼盾；

⑤销售位于雅加达的简朴民房公寓，取得收入为5亿印尼盾；

⑥购入一辆价值4亿印尼盾的轿车供出行使用。

求：该企业应缴纳的增值税。

【解析】

销项税额＝（43＋2＋21＋18＋5）×11%＝9.79（亿印尼盾）（出售自有公寓或简朴民用公寓售价不超过2.5亿印尼盾免征增值税，但该企业销售公寓售价为5亿印尼盾所以需要缴纳增值税）

进项税额 = (45 + 22) × 11% = 7.37（亿印尼盾）

不可抵扣项 = 4 亿印尼盾（与企业经营活动无关的购入货物不可抵扣，轿车为出行使用，则属于不可扣除项）

应纳税额 = 销项税额 − 进项税额

$$= 9.79 − 7.37 = 2.42（亿印尼盾）$$

所以该企业应缴纳的增值税为 2.42 亿印尼盾。

四、消费税

消费税是针对因其销售和消费可能会对社会造成负面影响的货物而征收的税收。目前，印度尼西亚征缴消费税的产品包括酒精和烟草制品。

（一）征税范围及税率

征税范围及税率，如表 8 – 14 所示。

表 8 – 14　　　　　　　　　印度尼西亚消费税税率

税目	消费税税率
酒精	20 000 印尼盾/升
酒精饮料	15 000 ~ 139 000 印尼盾/升
浓缩酒精	1 000 印尼盾/克
烟草制品	10 ~ 110 000 印尼盾，某些烟草制品适用 57% 的税率

（二）应纳税额的计算

应纳税额 = 销售数量 × 税率

【例题】某烟酒商家 2023 年 3 月销售酒精饮料 600 升，浓缩酒精 125 克，并取得烟草制品收入 800 万印尼盾，求该商家须缴纳的消费税。（其他资料：该酒精饮料消费税税率为 50 000 印尼盾/升，浓缩酒精消费税税率 1 000 印尼盾/克，烟草制品适用 57% 的消费税税率）。

【解析】

应纳酒精饮料消费税 = 600 × 50 000 = 30 000 000（印尼盾）= 3 000（万印尼盾）

应纳浓缩酒精消费税 = 125 × 1 000 = 125 000（印尼盾）= 12.5（万印尼盾）

应纳烟草制品消费税 = 800 × 57% = 456（万印尼盾）

应纳消费税 = 3 000 + 12.5 + 456 = 3 468.5（万印尼盾）

所以该商家应纳消费税为 3 468.5 万印尼盾。

五、关税

关税是指进出口商品经过一国关境时，由海关对出入关境的货物和物品征收的税收。

（一）征税范围及税率

（1）出口关税税率，如表 8 – 15 所示。

表 8 – 15　　　　　　　　印度尼西亚出口关税税率

组别	货物	税率
皮革和木材	由动物绒毛制作的皮革、薄木、木片已加工木材	0～25%
可可豆		0～15%
棕榈果、粗制棕榈油（CPO）及其衍生品	新鲜棕榈果、粗制棕榈油、粗制棕榈仁油（CPKO）、氢化棕榈毛油/棕榈仁油、棕榈脂肪酸蒸馏液（PFAD）、生物柴油	每公吨 0～264 美金
精矿	部分金属矿石	0～5%
部分矿石	部分镍矿与铝土矿	10%

（2）进口关税税率，如表 8 – 16 所示。

表 8 – 16　　　　　　　　印度尼西亚进口关税税率

组别	货物	税率
汽车	客车/商务用车	5%～50%
汽车零部件	半散件	0～7.5%
	零件	0～10%
船舶	轮船、船艇、浮式结构	0～5%
飞行工具	热气球、直升机、飞机、降落伞、飞行工具发射装置	0
电子产品	相机、冰箱、手机及其他	0～15%
织物、纺织品及配饰	包、鞋类、挽具、服饰和服装配饰等	5%～35%
饮品、酒精及酒精饮料	酒精、果汁、啤酒、红酒、烈酒和其他酒水	5%～150%或每公升 14 000 印尼盾

续表

组别	货物	税率
精油及树脂型物	芳香物质	5% ~ 150%
农产品	动物及蔬菜产品	0 ~ 30%
家具	床、床垫、照明灯和照明配件及其他	5% ~ 20%
玩具	玩具、用于游戏或运动的部件、组件和配件及其他	5% ~ 20%
塑料	塑料制品及其他	0 ~ 25%
橡胶	橡胶制品及其他	0 ~ 15%
木材	木制品及其他	0 ~ 25%
钢	钢制品及其他	0 ~ 20%
其他	化学制品、制药产品、软件、艺术作品、军火产品、乐器及其他	0 ~ 40%

（二）税收优惠

印度尼西亚政府对国内外投资者提供进口关税减免、免除和延期支付等优惠政策以促进本地出口产业的发展。其中，对特殊项目和特定区域的优惠政策有如下规定：

1. 国外贷款和拨款资助的政府项目

（1）国外贷款或拨款资助的政府项目的总承包商、咨询公司和供应商可由政府承担其应纳所得税额。该税收优惠不针对二级承包商、咨询公司和供应商。

（2）国外贷款或拨款资助的政府项目的总承包商、咨询公司和供应商就该项目进口商品和使用国外应税服务或国外无形商品时，同样也可享受以下税收优惠：

①免除进口关税；

②免征增值税和奢侈品销售税；

③进口时免征所得税。

（3）如果符合条件的政府项目只有部分资金是国外贷款或拨款援助，则只有该部分可享受税收优惠。

2. 综合经济开发区

在综合经济开发区（KAPET）中从事商业活动的企业可享受税收优惠政策。相关总统令中明确规定了 KAPET 的指定区域。位于综合经济开发区保税区内的企业（pengusaha di kawasan berikat，PDKB）可申请下列形式的税收优惠：

（1）所得税优惠，该政策与上述入境投资税收优惠类似；

（2）进口特定商品时免征增值税和奢侈品销售税；

（3）进口特定商品时免除所得税；

（4）延期缴纳进口资本货物、设备及用于加工的货物和原料的关税；

（5）本地采购特定商品时免征增值税和奢侈品销售税。

3．保税储存区域

（1）保税储存区域（TPB）目前包含：

①保税区；

②保税仓库；

③保税展览区；

④免税店；

⑤保税拍卖区；

⑥保税回收区；

⑦保税物流中心。

（2）上述区域的纳税人可享有以下税收优惠政策：

①进口特定商品时免除印度尼西亚所得税；

②延期缴纳特定商品的进口关税；

③进口特定商品免除其消费税；

④本地采购特定商品时免征增值税和奢侈品销售税。

4．自由贸易区

进入自由贸易区（FTZ）以及在 FTZ 企业之间交付的货物可享有税收优惠。位于自由贸易区的纳税人可享有以下税收优惠政策：

①进口特定商品时免除增值税和奢侈品销售税；

②进口特定商品时免征印度尼西亚所得税；

③特定商品免除进口关税

④进口特定商品时免除消费税；

⑤采购本地特定商品时免征增值税和奢侈品销售税；

⑥除销售给其他印度尼西亚境内以及保税储存区域或经济特区内的公司以外，无形商品和应税服务交易可免除增值税。

5．经济特区

（1）在经济特区（KEK）中开展生产经营的纳税人可享受税收优惠政策。经营活动必须涵盖各 KEK 指定的主要经营活动。政府条例明确划定了 KEK 的区域。KEK 内的纳税人根据其投资额可以享受所得税免税 10～20 年的优惠政策。免税期结束后还可继续享受降低所得税 50% 的两年期优惠。

（2）申请企业所得税减免优惠被拒绝的纳税人和在 KEK 中从事其他生产经营的纳税人可以申请类似于所得税优惠项下的税收津贴优惠。

（3）除了上述的所得税优惠，KEK 中的纳税人还有资格享受以下的税收优惠：

①进口特定商品免征增值税和奢侈品销售税；

②进口特定商品免征印度尼西亚所得税；

③延期支付资本性货物、设备及用于加工的货物和原料的关税；

④对用于生产非消费税应税项目的进口商品免除消费税；

⑤本地采购特定商品免征增值税和奢侈品销售税。

6. 工业区

印度尼西亚各工业区（KI）税收优惠政策，如表 8 - 17 所示。

表 8 - 17　　　　　　　印度尼西亚各工业区税收优惠政策

税收和关税优惠政策	发达工业发展区（WPIM）	发展中工业发展区（WPIB）	1 级潜力工业发展区（WPIP Ⅰ）	2 级潜力工业发展区（WPIP Ⅱ）
自生产运营开始后的 5 到 15 年内减免 10% 至 100% 的应纳企业所得税额	√	—	—	√
所得税优惠政策与入境投资激励政策非常相似	√	√	√	√
对于进口或购买用于生产应税货物的机械和设备（不包含零件），实行增值税豁免	√	√	√	√
进口用于生产货物或服务的机械或材料时，免除其进口关税	√	√	√	√

（1）WPIM 有两种形式的所得税优惠政策可选：减免企业所得税或税收津贴。

（2）进口税免除的有效期因 KI 的不同分类和相关纳税人的商业周期而异，例如，建设或发展期。

7. 出口免税和退税优惠

基于放宽进口限制以促进商品完全出口计划（kemudaham import tujwan ekspor，KITE）的优惠规定如下。

（1）KITE 免税。

该税收优惠针对以出口成品而进口的大部分原材料和样品免征进口关税、

增值税和奢侈品销售税。

中小型企业可享受更进一步的优惠政策，即原材料、样品和机械的进口也免征进口关税、增值税或奢侈品销售税，且其申请条件更为宽松。

（2）KITE退税。

该退税优惠规定如果进口原材料用于制造随后出口的成品，则已缴纳的原材料进口关税可以申请退税。

（三）应纳税额的计算

（1）进口关税以进口商品的海关完税价格为基础，按照0～150%的税率缴纳，海关免税价格按照到岸价格（CIF）计算。

（2）出口关税可根据海关完税价格的一定比例，或具体依照某一货币下的关税税率和数量计算。海关完税价格由海关总署根据贸易部制定的价格基准决定。

（3）印度尼西亚政府对满足原产标准，即完全或部分从原产国获得且在东盟成员国之间直接运输的进口商品实行有限度的减免。印度尼西亚政府从2010年1月1日起开始执行东盟商品贸易协定（ATIGA）。

【例题】印度尼西亚某木制企业在2023年4月进口木材原料，关税完税价格为35亿印尼盾；6月底，将木制家具出口到菲律宾，取得90亿印尼盾。（其他资料：进口木材原料关税税率为12%，出口木材关税税率为15%）

求该企业应缴纳的关税。

【解析】

应纳进口关税 = 35 × 12% = 4.2（亿印尼盾）

应纳出口关税 = 90 × 15% = 13.5（亿印尼盾）

应纳关税总额 = 4.2 + 13.5 = 17.7（亿印尼盾）

所以该企业应缴纳的关税为17.7亿印尼盾。

六、奢侈品消费税

奢侈品销售税是增值税的附加税，只在制造商销售奢侈品或进口商进口货物时征税，对出口货物不征奢侈品销售税。

（一）征税范围及税率

奢侈品销售税的税率最低为10%，最高为200%，但目前根据货物的类型适用的税率在10%～125%。

（1）机动车适用税率如表 8 - 18 所示。

表 8 - 18 印度尼西亚机动车适用税率

项目	税率（%）
可容纳人数少于 10 人的乘用车（除轿车或旅行车外），火花点火发动机，4 × 2 轮驱动，气缸容量在 2 500cc 到 3 000cc 之间 机器容量：不超过 3 000cc 油耗：大于 15.5 公里/升 二氧化碳排放量：小于 150 克/公里	15
可容纳人数少于 10 人的乘用车（除轿车或旅行车外），火花点火发动机，4 × 2 轮驱动，气缸容量在 2 500cc 到 3 000cc 之间 机器容量：不超过 3 000cc 油耗：11.5 ~ 15.5 公里/升 二氧化碳排放量：150 至 200 克/公里	20
可容纳人数少于 10 人的乘用车（除轿车或旅行车外），火花点火发动机，4 × 2 轮驱动，气缸容量在 2 500cc 到 3 000cc 之间 机器容量：不超过 3 000cc 油耗：9.3 ~ 11.5 公里/升 二氧化碳排放量：200 至 250 克/公里	25
可容纳人数少于 10 人的乘用车（除轿车或旅行车外），火花点火发动机，4 × 2 轮驱动，气缸容量在 2 500cc 到 3 000cc 之间 机器容量：不超过 3 000cc 油耗：大于 9.3 公里/升 二氧化碳排放量：大于 250 克/公里	40
可容纳人数少于 10 人的乘用车，装有压燃式活塞内燃机（柴油或半柴油），气缸容量不超过 3 000cc，包括汽车/混合动力汽车［既装有压燃式活塞内燃机（柴油或半柴油）又装有一台电动机作为推进电机的汽车］ 机器容量：不超过 3 000cc 油耗：大于 17.5 公里/升 二氧化碳排放量：小于 150 克/公里	15
可容纳人数少于 10 人的乘用车，装有压燃式活塞内燃机（柴油或半柴油），气缸容量不超过 3 000cc，包括汽车/混合动力汽车［既装有压燃式活塞内燃机（柴油或半柴油）又装有一台电动机作为推进电机的汽车］ 机器容量：不超过 3 000cc 油耗：13.0 ~ 17.5 公里/升 二氧化碳排放量：150 至 200 克/公里	20
可容纳人数少于 10 人的乘用车，装有压燃式活塞内燃机（柴油或半柴油），气缸容量不超过 3 000cc，包括汽车/混合动力汽车［既装有压燃式活塞内燃机（柴油或半柴油）又装有一台电动机作为推进电机的汽车］ 机器容量：不超过 3 000cc 油耗：0.5 ~ 13.0 公里/升 二氧化碳排放量：200 至 250 克/公里	25

续表

项目	税率（%）
可容纳人数少于10人的乘用车，装有压燃式活塞内燃机（柴油或半柴油），气缸容量不超过3 000cc，包括汽车/混合动力汽车［既装有压燃式活塞内燃机（柴油或半柴油）又装有一台电动机作为推进电机的汽车］ 机器容量：不超过3 000cc 油耗：大于10.5公里/升 二氧化碳排放量：大于250克/公里	40
可容纳人数少于10人的乘用车，装有往复式火花点火活塞内燃机，气缸容量超过3 000cc，但不超过4 000cc，包括混合动力汽车（装有火花点火活塞内燃机和一台电动机作为推进电机的汽车） 机器容量：3 000~4 000cc 燃油消耗量：大于15.5公里/升 二氧化碳排放量：小于150克/公里	40
可容纳人数少于10人的乘用车，装有往复式火花点火活塞内燃机，气缸容量超过3 000cc，但不超过4 000cc，包括混合动力汽车（装有火花点火活塞内燃机和一台电动机作为推进电机的汽车） 机器容量：3 000~4 000cc 油耗：11.5~15.5公里/升 二氧化碳排放量：150至200克/公里	50
可容纳人数少于10人的乘用车，装有往复式火花点火活塞内燃机，气缸容量超过3 000cc，但不超过4 000cc，包括混合动力汽车（装有火花点火活塞内燃机和一台电动机作为推进电机的汽车） 机器容量：3 000~4 000cc 油耗：9.3~11.5公里/升 二氧化碳排放量：200至250克/公里	60
可容纳人数少于10人的乘用车，装有往复式火花点火活塞内燃机，气缸容量超过3 000cc，但不超过4 000cc，包括混合动力汽车（装有火花点火活塞内燃机和一台电动机作为推进电机的汽车） 机器容量：3 000~4 000cc 燃油消耗量：小于9.3公里/升 二氧化碳排放量：大于250克/公里	70
可容纳人数少于10人的乘用车，装有压燃式活塞内燃机（柴油或半柴油），气缸容量超过3 000cc，但不超过4 000cc，包括混合动力汽车［压燃式内燃机（柴油或半柴油）和电动机作为推进电机的汽车］ 机器容量：3 000~4 000cc 油耗：大于17.5公里/升 二氧化碳排放量：大于150克/公里	40
可容纳人数少于10人的乘用车，装有压燃式活塞内燃机（柴油或半柴油），气缸容量超过3 000cc，但不超过4 000cc，包括混合动力汽车［压燃式内燃机（柴油或半柴油）和电动机作为推进电机的汽车］ 机器容量：3 000~4 000cc 油耗：13.0~17.5公里/升 二氧化碳排放量：150至200克/公里	50

续表

项目	税率（%）
可容纳人数少于 10 人的乘用车，装有压燃式活塞内燃机（柴油或半柴油），气缸容量超过 3 000cc，但不超过 4 000cc，包括混合动力汽车［压燃式内燃机（柴油或半柴油）和电动机作为推进电机的汽车］ 机器容量：3 000~4 000cc 油耗：10.5~13.0 公里/升 二氧化碳排放量：200 至 250 克/公里	60
可容纳人数少于 10 人的乘用车，仅装有一个电动机推进可容纳 10~15 人的乘用车，装有往复式火花点火活塞内燃机，包括混合动力车辆（车辆电机带火花点火往复活塞内燃机，电机作为推进电机） 机器容量：不超过 3 000cc 油耗：大于 11.6 公里/升 二氧化碳排放量：小于 200 克/公里	15
可容纳 10~15 人的乘用车，装有往复式火花点火活塞内燃机，包括混合动力车辆（车辆电机带火花点火往复活塞内燃机，电机作为推进电机） 机器容量：不超过 3 000cc 油耗：不超过 11.6 公里/升 二氧化碳排放量：不小于 200 克/公里	20
可容纳 10~15 人的乘用车，装有往复式火花点火活塞内燃机，包括混合动力车辆（车辆电机带火花点火往复活塞内燃机，电机作为推进电机） 机器容量：3 000~4 000cc 油耗：大于 11.6 公里/升 二氧化碳排放量：小于 200 克/公里	25
可容纳 10~15 人的乘用车，装有往复式火花点火活塞内燃机，包括混合动力车辆（车辆电机带火花点火往复活塞内燃机，电机作为推进电机） 机器容量：3 000~4 000cc 油耗：不超过 11.6 公里/升 二氧化碳排放量：不小于 200 克/公里	30
可容纳 10~15 人的乘用车，装有压燃式活塞内燃机（柴油或半柴油），包括混合动力车辆［装有压燃式活塞内燃机（柴油或半柴油）和电动机作为推进电机的车辆］ 机器容量：小于 3 000cc 油耗：大于 13.1 公里/升 二氧化碳排放量：小于 200 克/公里	15
可容纳 10~15 人的乘用车，装有压燃式活塞内燃机（柴油或半柴油），包括混合动力车辆［装有压燃式活塞内燃机（柴油或半柴油）和电动机作为推进电机的车辆］ 机器容量：小于 3 000cc 油耗：不超过 13.1 公里/升 二氧化碳排放量：不小于 200 克/公里	20
可容纳人数少于 10 人的乘用车，仅装有一个电动机推进	15
装有压燃式活塞内燃机（柴油或半柴油）的双驾驶室机动车辆，重量不超过 5 吨，包括混合动力车辆［既装有压燃式活塞内燃机（柴油或半柴油）又用电作为推进马达的车辆］ 机器容量：3 000~4 000cc 油耗：大于 17.5 公里/升 二氧化碳排放量：小于 150 克/公里	20

续表

项目	税率（%）
装有压燃式活塞内燃机（柴油或半柴油）的双驾驶室机动车辆，重量不超过 5 吨，包括混合动力车辆（既装有压燃式活塞内燃机（柴油或半柴油）又用电作为推进马达的车辆） 机器容量：3 000 ~ 4 000cc 油耗：13.1 ~ 15.5 公里/升 二氧化碳排放量：150 ~ 200 克/公里	25
装有压燃式活塞内燃发动机（柴油或半柴油）的双驾驶室机动车辆，重量不超过 5 吨，包括混合动力车辆［既装有压燃式活塞内燃发动机（柴油或半柴油）又用电作为推进马达的车辆］ 机器容量：3 000 ~ 4 000cc 燃油消耗量：不超过 13.1 公里/升 二氧化碳排放量：不小于 200 克/公里	30
双驾驶室机动车辆，仅用电动机驱动，总重量不超过 5 吨	10
2 或 3（联）轮式机动车辆，装有往复式活塞内燃机，汽缸容量超过 250cc，但不超过 500cc	60
2 或 3（联）轮式机动车辆，装有往复式活塞内燃机，气缸容量超过 500cc	95

（2）除机动车外的货物适用税率如表 8 - 19 所示。

表 8 - 19　　　　　　　　　　货物适用税率

项目	税率（%）
豪华住宅，如豪华住房、套房、公寓、联排别墅等	20
热气球和可操控的热气球，其他无须推进力的飞行器	30
枪支子弹和枪支，除非出于国家保护或防御的目的	40
飞行器（直升机和其他飞行器），除非出于国家或商业航空运输的目的	50
枪和其他火器（大炮、左轮手枪以及手枪、火炮和由爆炸装置操作的类似设备），除非出于国家保护或防御的目的	50
豪华游艇，除非用于国家或公共交通用途，即主要运送乘客的游轮、观光船和类似的水上运载工具，所有类型的渡轮和游艇	75

（二）应纳税额的计算

奢侈品销售税的计税基础与增值税一致，为销售价格、进口价格、出口价格以及其他法规规定的价格。

奢侈品销售税仅在生产环节及进口环节一次性征收。增值税和奢侈品销售税的征收应以权责发生制计算，以取得收到现金的权利或支付现金的义务的发生时点作为确认当期收入和费用的标志。通过电子商务进行交易的纳税义务发生时间由专门的法规规定。

【例题】某印度尼西亚机动车厂商 2023 年 3 月发生业务如下：

（1）出售套房取得收入 58 亿印尼盾。

（2）出口可容纳人数少于 10 人的乘用车 50 辆，每辆 5.7 亿印尼盾。［规格：装有压燃式活塞内燃机（柴油或半柴油），气缸容量不超过 3 000cc，包括汽车/混合动力汽车（既装有压燃式活塞内燃机（柴油或半柴油）又装有一台电动机作为推进电机的汽车）机器容量：不超过 3 000cc 油耗：大于 10.5 公里/升二氧化碳排放量：大于 250 克/公里］

（3）销售给某企业可容纳人数少于 10 人的乘用车，仅装有一个电动机推进的机动车 8 辆，每辆 4.2 亿印尼盾。

（4）出售机动车 5 辆，每辆 8.3 亿印尼盾。［规格：可容纳 10 ~ 15 人的乘用车装有压燃式活塞内燃机（柴油或半柴油），包括混合动力车辆（装有压燃式活塞内燃机（柴油或半柴油）和电动机作为推进电机的车辆）机器容量：小于 3 000cc 油耗：不超过 13.1 公里/升二氧化碳排放量：不小于 200 克/公里］

求：该厂商需要缴纳的奢侈品消费税。

【解析】

出售套房应缴纳奢侈品消费税，适用 20% 税率，出口不征收奢侈品消费税。

应纳奢侈品消费税所得额 = 58 + 8 × 4.2 + 5 × 8.3 = 133.1（亿印尼盾）

应纳奢侈品消费税 = 58 × 20% + 33.5 × 15% + 41.5 × 20% = 24.925（亿印尼盾）

所以该厂商需要缴纳的奢侈品消费税为 24.925 亿印尼盾。

七、印花税

（一）概述

印花税的金额极小，且自 2021 年 1 月 1 日起是以固定金额 1 万印尼盾附于特定文件上缴纳。

须课征印花税的文件如下：

（1）协议书和用于证明某项行为、事实或民事性质的其他文件（如授权书、赠送证明或声明）。

（2）公证书及其副本。

（3）由特定土地公证员出具的契约书。

（4）所有包含款项且具备以下条件的文件，包括：

①列明已收到款项；

②列明银行记录或存放款项；

③包含银行存款余额的通知；

④包含全部或部分支付或偿还债务的确认；

⑤有价值票据，如汇票、本票或承兑汇票；

⑥任何名义或形式的证券；

⑦支票。

（5）用于法庭证据的文件：

①普通信函或内部文件；

②依据用途可免征印花税的文件，除该文件用于其他目的或被其他方使用且偏离原始目的的情况外。

（二） 应纳税额

固定金额1万印尼盾。

八、土地与建筑物相关税

（一） 土地与建筑税

（1）纳税人：所有土地或建筑物征收的财产税，根据地方政府每年签发的《应纳税额征缴函》进行课征。

（2）征税范围及税率：

①征税范围：

所有土地与建筑物，以下其他法规管辖的除外：林业；种植业；矿产和煤炭；石油、天然气和地热矿区；位于国家海域上并在领土外的其他产业。

②税率：根据《地方税收和处罚条例》，土地与建筑物税率最高为0.3%。

（3）应纳税额的计算：以课税对象的销售价扣除非应税价值为计税依据按照相应税率计算，非应税价值的最低设定为1 000万印尼盾。

（4）免征土地与建筑物税名单包括：

①用于中央或地方政府管制用途；

②用于公众利益领域，包括宗教和社会事务、健康、教育和国民文化及其

他非营利用途；

③用于墓园、古代遗址或类似地点；

④属于受保护的森林、自然保护区森林、旅游区森林、国家公园、受村庄管控的牧场及无使用权的国有土地；

⑤依据互惠待遇原则为外交代表所用；

⑥依据财政部决议用于国际组织机构或代表处。

（二）土地与建筑物转让税

转让者（卖方）将土地或建筑物产权转让至受让人时，应按规定缴纳土地与建筑物转让税。该税还未全额缴纳前，公证人不得在产权转让契约上签字。

（1）纳税人：土地或建筑物产权转让者。

（2）税率，如表8-20所示。

表8-20　　　　　　　　印度尼西亚土地或建筑物转让税税率

类型	税率（%）
一般转让	2.5
房地产开发纳税人转让廉价房屋和廉价公寓	1

（3）应纳税额的计算。

一般而言，计税依据是《土地和建筑物产权转让文契》以及《买卖协议》实际的交易价值与应收取价款两者中的较高者，当土地和建筑物产权转让至政府时，计税依据则是交易文件中政府官员规定的金额。在政府举办的拍卖活动中，转让总价值应是相关拍卖契约所规定的金额。

（三）土地与建筑物产权购置税

（1）纳税人：土地和建筑物产权转让的受让方。

（2）税率：5%。

（3）应纳税额的计算：

①计税基础：以课税对象收购价值为基础，该计税依据在大多数情况下是取自市场（交易）价值与收购价值两个价值中较高者；

②应纳税额＝收购价值×5% - 允许的非课税限额；

③非课税限额因地区而不同：最低为6 000万印尼盾，然而在继承情况下

最低额为 3 亿印尼盾，政府可颁布条例更改非课税限额；

④纳税时间：应在相关土地和建筑物产权转让契约公证前缴清，纳税人未全额缴纳税款前，公证人不得在产权转契约上签字。

纳税时间，如表 8 – 21 所示。

表 8 – 21　　　　　　　　　　　　　　纳税时间

类型	纳税时间
企业并购、合并或扩张	并购、合并或扩张的文件签署时
拍卖	拍卖公告签署当日

【例题】印度尼西亚某市甲企业 2023 年拥有一栋办公楼，价值为 220 亿印尼盾，5 月为建造员工宿舍及食堂，购买了一块市场价值为 15 亿印尼盾的土地，实际收购价格为 14.5 亿印尼盾，该企业 11 月在建造宿舍及食堂之余，还建了一个实际交易价值为 5.2 亿印尼盾的车库，12 月时将车库卖给乙企业，收取价款为 5 亿印尼盾。（其他资料：该企业办公楼适用最高税率 0.3% 的土地与建筑物税率，非应税价值为 80 亿印尼盾，土地与建筑物转让税税率为 2.5%，土地与建筑物购置税税率为 5%，适用非课税限额为 6 000 万印尼盾）

求：甲企业本年涉及的土地与建筑物相关税？

【解析】

①办公楼应缴纳土地与建筑物税，购买的土地应缴纳土地与建筑物购置税，车库应当缴纳土地与建筑物转让税，相关计算如下：

②应纳土地与建筑物税 = (220 – 80) × 0.3% = 0.42（亿印尼盾）

③土地与建筑物转让税的计税依据是实际的交易价值与应收取价款两者中的较高者，所以此处的计税依据为 5.2 亿印尼盾，故

应纳土地与建筑物转让税 = 5.2 × 2.5% = 0.13（亿印尼盾）

④土地与建筑物购置税的计税依据为市场价值与收购价值中的较高者，所以此处的计税依据为 15 亿印尼盾，故：

应纳土地与建筑物购置税 = 15 × 5% – 0.6 = 0.15（亿印尼盾）

所以该企业本年需要缴纳的土地与建筑物税为 0.42 亿印尼盾，需要缴纳的土地与建筑物转让税为 0.13 亿印尼盾，需要缴纳的土地与建筑物购置税为 0.15 亿印尼盾。

第四节　印度尼西亚的税收征收管理

一、纳税人的义务与权利

（一）纳税人须履行的义务

（1）在规定的时间内接受检查。

（2）向检察机关出示记录和文件，包括与收入、业务活动、独立纳税人或应税对象相关的电子数据以及其他文件。纳税人需要提供访问或下载数据的电子文档路径。

（3）为检察机关提供进入必要场所的机会，并提供其他帮助，以便顺利完成检查。

（4）对审查结果通知书作出书面答复。

（5）按注册审计机构及税务局的规定，支付少缴的税款。

（6）提供口头与书面的其他信息。

（二）纳税人享有的权利

（1）要求检察机关出示检查令；

（2）查看调察人员身份；

（3）要求检察机关解释其检查的对象和目的；

（4）询问了解检查结果以及与实际纳税情况差异的详细情况；

（5）在规定的检查期间内出席对检查最终结果的讨论。

二、纳税评估

税务评估函仅针对特定纳税期或纳税年度的某一种税项，主要包括到期应纳税额、适用的税务抵扣、到期应纳税额与税务抵扣差额（多付、零差额或少付）或行政处罚（利息或罚款）。

（一）缴纳时限

纳税人须在税务评估函签发后的一个月内缴纳到期应纳税额。如果纳税人未按时缴纳且未提出异议，应纳税额将以扣押令形式征收。

（二）诉讼时效

税务局可以针对 2008 年起纳税义务发生后某个纳税阶段（月份）或（部分）纳税年度的五年内出具应缴税务评估函。

三、税务稽查

企业退税申请易引发税务稽查。税务局须在 12 个月内对退税申请作出决定，税务稽查工作一般会在成功递交退税申请后的几周到几个月内开始。企业所得税退税申请一般会引发全面性的、涵盖所有税种的税务稽查，其他税种的退税申请一般只会引发针对该税种的税务稽查，税务局可能会就特定目的实施特殊的稽查，且该稽查不同于一般稽查的时间和程序。

四、税务审计

税务局有权对纳税人进行税务审计，以检查纳税人的税收义务遵从情况。在进行审计时，检查人员必须向纳税人出示审计员证和检查通知书，被审计的纳税人必须提供与其账簿、业务活动相关的记录和文件，还应协助检查人员进入其营业场所开展检查。

【拓展阅读 8-1】

印度尼西亚酝酿推出税制改革议案

由于新冠疫情，印度尼西亚政府需要更多收入以维持支出，同时为了实现到 2023 年将预算赤字从占国内生产总值的 6% 降至 3% 以内的承诺，印度尼西亚财政部近日向国会提交了税制改革议案。依据这一议案，印度尼西亚政府有意向更多高收入者和污染环境者征税，以补充国库。时任印度尼西亚财长慕燕妮解释说："进行税收改革的目标不仅是增加税收，还包括维持国家预算的可持续性。"据悉，此次提出的税收改革包括增加一个新税率级，对所有所得超过 50 亿印尼卢比（约合人民币 223 万元）的个人征收 35% 所得税。印度尼西亚纳税人目前纳入四个税级，须缴纳 5% 至 30% 所得税。此外，印度尼西亚政府正在考虑对碳排放征税。慕燕妮披露，除了能抑制温室气体排放外，对碳排放征税也能为绿色国家投资和社会福利计划筹集资金。新税可适用于化石燃料、机动车和工厂等排放源，以及纸浆和造纸、水泥、发电和石化行业等碳密集型产业。另外，印度尼西亚政府早前已颁布一项新法，对有重要经济影响力的公司征收税款。据了解，目前对数码公司和电子交易的征税公式计算已进入最后阶段。

资料来源：印度尼西亚酝酿推出税制改革议案［EB/OL］.（2021－06－07）［2024－07－01］. https：//www. chinacourt. org/article/detail/2021/06/id/6081916. shtml.

【拓展资料8－2】

印度尼西亚通过税收改革法案将提高富人所得税率

印度尼西亚国会于2021年10月7日通过税收改革法案，明年将提高增值税率和富人所得税率。

该税收改革法案规定，从2022年4月1日起，印度尼西亚国内商品及服务的增值税税率将从目前的10%提高至11%，并在2025年进一步调高至12%；取消此前企业所得税减免至20%的政策，明年企业所得税税率仍维持在22%；个人所得税起征点由年收入5 000万印尼盾提高至6 000万印尼盾；对年收入50亿印尼盾以上个人，其个人所得税率从30%提高至35%；对购买含碳商品或从事产生碳排放活动的个人或实体征收碳排放税。

时任印度尼西亚司法和人权部长雅松纳（Yasonna）在国会投票通过该法案后表示，自去年新冠疫情暴发以来，印度尼西亚国库已遭受重创，该项税收改革法案旨在优化税收结构、增加国库收入。

印度尼西亚政府预计，在2023年恢复预算赤字上限之前，该项税收改革法案的实施将增加国家财政收入。2020年印度尼西亚政府为应对疫情对经济社会的冲击，印度尼西亚国会暂时取消了"国内生产总值（GDP）3%"的国家预算赤字上限。

资料来源：印度尼西亚通过税收改革法案 将提高富人所得税率［EB/OL］.（2021－10－08）［2024－07－01］. https：//www. chinanews. com. cn/gj/2021/10－08/9581218. shtml.

【思考题】

1. 简述印度尼西亚居民企业和非居民企业的判定标准和分类？
2. 印度尼西亚奢侈品消费税是如何计征的？
3. 简述印度尼西亚的税收管理体制及其特点。

文莱的税收制度

第一节　文莱的社会经济

一、文莱简况①

文莱，全称文莱达鲁萨兰国（Negara Brunei Darussalam），意为"生活在和平之邦的海上贸易者"。位于加里曼丹岛西北部，北濒南海，东南西三面与马来西亚的沙捞越州接壤，并被沙捞越州的林梦分隔为东西两个部分。海岸线长约 162 公里，有 33 个岛屿，沿海为平原，内地多山地。属热带雨林气候，终年炎热多雨，年均气温 28℃。

文莱人口 45 万（2023 年），其中马来人居多，占 73.5%，华人占 9.5%，其他种族占 17%。马来语为国语，通用英语，华人使用华语较广泛。伊斯兰教为国教，其他还有佛教、基督教等。文莱货币为文莱元，国土面积 5765 平方公里。

文莱石油、天然气及森林资源极其丰富，根据《BP 世界能源统计年鉴》，2021 年文莱石油产量约 520 吨，日产量约 10.7 万桶；天然气产量约 115 亿立方米。截至 2020 年底，文莱已探明石油储量为 11 亿桶；天然气储

---

① 中华人民共和国外交部. 文莱国家概况［EB/OL］.（2024－04－01）［2024－07－01］. https：//www.mfa.gov.cn/web/gjhdq_676201/gj_676203/yz_676205/1206_677244/1206x0_677246/.

量为 3 000 亿立方米，均占全球总量的 0.1%。森林覆盖率为 72.11%，其中森林约占陆地面积一半。为摆脱单一经济束缚，近年来文莱政府大力发展油气下游产业、伊斯兰金融及清真产业、物流与通信科技产业、旅游业等，加大对农、林、渔业以及基础设施建设投入，积极吸引外资，推动经济向多元化方向发展。

二、文莱的经济文化

文莱是东南亚主要产油国和世界主要液化天然气生产国，油气产业是重要经济支柱。2021 年，文莱农业、工业和服务业占 GDP 比重分别为 1.0%、61.4%、37.6%。2021 年油气产业 GDP 占比为 50.9%。非油气产业主要有制造业、建筑业、金融业及农、林、渔业等，2021 年非油气产业 GDP 占比为 49.1%。

文莱加大对农、林、渔业的投入。重点开发农业科技园、"生物创新走廊"，发展清真食品药品，扩大粮食和蔬菜种植面积，增加食品自给率，减少进口。增加牛、羊、鸡、鱼、虾的养殖及蛋奶的生产，其中鸡肉与鸡蛋已实现完全自给自足，牛肉 85%、蔬菜 66.5%、水果 41.9%、稻米 9.11% 可自给自足。旅游业是文莱近年大力发展的优先领域之一。文莱政府采取多项鼓励措施吸引游客赴文旅游，2022 年，赴文莱国际旅客约 66.4 万人次。

文莱政府把丰富的财政收入用来改善人们生活，广泛推行免税及免费措施，免收个人所得税。政府实行免费教育，并资助留学费用。政府重视人民生活环境和医疗服务，向公民提供免费医疗，包括必要时到国外免费就医，对永久居民和政府部门外籍雇员及其家属仅收取象征性费用等。

第二节　文莱税收制度概述①

为实现经济长期稳定可持续发展，文莱政府积极营造良好的商业和投资环境，并提供了较为宽松的税收环境。目前文莱免征流转税、个人所得税，无销

---

① 国家税务总局国际税务司国别（地区）投资税收指南课题组. 中国居民赴文莱投资税收指南 [EB/OL]. (2023 - 06 - 30) [2024 - 07 - 01]. https://www.chinatax.gov.cn/chinatax//n810219/n810744/n1671176/n1671206/c2069834/5116151/files/d06071bd78c443e09c76dce940e5a074.pdf.

售税、生产税、工资税和增值税等诸多税种。其税法体系由《所得税法案》《所得税（石油）法案》《印花税法案》构成。其中企业所得税和石油利润税为其政府税收的主要来源，占其税收总额的95%以上。凡在文莱注册的公司，在文莱境内获取收入，不论是国内公司还是外国公司都必须按照文莱税法的规定缴纳所得税。其中，国外公司的分支机构按其在文莱境内经营利润所得依照相同的税法纳税。

第三节　文莱主要税种的征收制度①

一、企业所得税

公司所得税是指公司应当缴纳的企业所得税，根据文莱《公司法》企业所得税的征收对象为"私人有限公司"或者"公共有限公司"。

（一）纳税义务人

1. 居民企业

居民企业是指在文莱组建或控制和管理地在文莱的公司。居民企业必须对其在文莱境内和境外从事经营活动所获得的利润、利息、财产运营收入以及从文莱国内公司取得的股息进行纳税。

2. 非居民企业

非居民企业是指不在文莱建立或者其控制和管理地不在文莱的企业。非居民企业在文莱境内仅须就境内发生的所得按《所得税法案》缴税。

（二）课税对象

文莱所得税的课税对象为应税所得，即文莱居民企业在文莱境内外取得的应税所得以及非居民企业在文莱境内取得的应税所得。

---

① 国家税务总局国际税务司国别（地区）投资税收指南课题组．中国居民赴文莱投资税收指南 [EB/OL]．（2023-06-30）[2024-07-01]．https：//www.chinatax.gov.cn/chinatax//n810219/n810744/n1671176/n1671206/c2069834/5116151/files/d06071bd78c443e09c76dce940e5a074.pdf.

（三）应纳税所得额的确定

1. 居民企业

（1）收入范围。

文莱企业须对以下收入纳税：

①各项经济活动中获取的收益或利润；

②除《所得税法案》规定的特殊情形外，任何雇佣的收益或利润；

③不用于获利的土地及其改善工程的每年净值；

④股息、利息和补贴；

⑤任何退休金、收费或年金；

⑥租金、特许权使用费、保费和任何其他由财产产生的利润。

（2）不征税收入和免税收入。

针对以下情形，文莱不征收所得税：

①非公司型企业：独资或登记为公司的合伙制企业；

②个人所得税：任何由个人就业、自谋职业、股利、利息等所获得的收入；

③资本收益：出售财产或投资所获得的收入（但如果征税人员确定其中部分收入来自普通贸易，则按正常收入征税）。

（3）税前扣除。

在计算纳税收入时，正常的业务费用准予扣除。另外，只有当贷款产生的费用是用于生产时，利息费用才允许扣除。预提负债针对特定坏账时，允许扣除。工业用的建筑物（直线折旧法）和机械、设备（余额递减折旧法），按照规定的折旧率计提折旧。此外，为提升国内企业竞争力，文莱政府还规定允许先进资讯技术或设施资金、本地人员聘请及本地员工培训经费等支出均可从企业所得税收入中抵扣。

（4）亏损弥补。

经营或贸易产生的亏损（包括发生的折旧费用）可用以后年度的法定所得弥补，并可向后结转 6 年。若在亏损产生后的 1 年内以书面形式提出申请，则可向前结转 1 年。

2. 非居民企业

文莱税法规定对业务的管理、控制均不在文莱境内的非本地主体征收各种预提税，包括利息、佣金或其他财务费用、动产使用费用、知识使用费、管理费用等。

（四）税率

公司所得税实行比例税率。企业所得税税率 18.5%，在东盟地区属较低的税率。国内公司以及外国公司均按此税率进行纳税（从事石油行业经营的企业除外，石油及天然气业务公司的石油利润税税率为 55%）。

为了进一步促进文莱的贸易和投资活动，2017 年 4 月 1 日起，文莱降低了对非居民公司收入征收预提所得税税率。与任何贷款或债务有关的利息、佣金或其他财务费用的预提税税率减至 2.5%；任何有关贸易，业务或其他专业的管理费用的预提税税率减至 10%。文莱没有股息预提税。具体税率如表 9 – 1 所示。

表 9 – 1   文莱预提税税率

预提税类型	税率（%）
利息、佣金或其他财务费用	2.5
动产使用费用	10
知识使用费	10
技术援助和服务费	10
管理费用	10
租金使用费	10
非本国董事的薪酬	10

（五）税收优惠

（1）文莱具有非常丰富的税收优惠政策。新成立的公司，自成立起前三个连续的纳税年度内或 2008 年起首个 10 万文莱元的应纳税收入免税。

（2）对于不超过 10 万文莱元的应纳税收入，企业可按照所得的 25% 计算应纳税额，即将应税所得的 25% 按 18.5% 税率征税；超过 10 万文莱元但不超过 25 万文莱元的部分，可按照所得的 50% 计算应纳税额；超出 25 万元的部分则应全额按原有税率进行征税。此外，某些对国家发展至关重要的企业和行业，文莱政府也会对其实施税收豁免政策。

（3）根据《投资促进法》，以下几类产业投资享受税收优惠。

①先锋产业。

先锋产业须达到以下要求：

a. 符合公众的利益；

b. 该产业文莱未达到饱和程度；

c. 具有良好的发展前景，产品应具有该产业的领先性。

符合以上要求的企业可以获得先锋产业资格证书，并享受以下优惠：免企业所得税；免公司进口机器、设备、零部件、配件及建筑构件的进口税；免原材料进口税；可以结转亏损和津贴。

先锋产业的免税期如表9-2所示。

表9-2 先锋产业的免税期（从生产日开始计算）

注册资本金额	免税期
50万~250万文莱元	5年
250万文莱元以上	8年
高科技园区内	11年
免税期延长	每次3年，总共不超过11年
（工业区）免税期延长	每次5年，总共不超过20年

资料来源：笔者根据文莱经济发展局相关内容整理所得。

②先锋服务公司。

认定为先锋服务公司的企业，可享受免所得税以及可结转亏损和补贴待遇。免税期8年，可延长，但不超过11年。

③出口型生产企业。

从事农业、林业或渔业的企业，若产品出口不低于其销售总额的20%，且年出口额不低于2万文莱元，文莱工业与初级资源部可认定其为出口型生产企业并颁发证书。出口型生产企业申请续期每次不超过5年，最长不超过20年。

a. 出口型生产企业免税期限如表9-3所示。

表9-3 出口型生产企业免税期限

企业身份	免税期
非先锋企业	8年
先锋企业	6年
续期	总共不超过20年

出口型生产企业如果满足下列条件之一，则可获得 15 年的免税期：已经或者将要发生的固定资产开支不低于 5 000 万文莱元；固定资产开支在 50 万文莱元以上、5 000 万文莱元以下，本地公民或持居留许可人士占股 40% 以上，且该企业已经或将能促进文莱经济或科技发展。

b. 出口型生产企业免税范围包括：所得税；机器设备、零部件、配件或建筑结构的进口税；原材料进口税。

④服务出口企业。

服务出口企业出口下列服务，从服务提供日起，最长可获得 11 年的免所得税及抵扣补贴与亏损的待遇：a. 建筑、分销、设计及工程服务；b. 顾问、管理监督、咨询服务；c. 机械设备装配以及原材料、零部件和设备采购；d. 数据处理、编程、计算机软件开发、电信及其他信息通信技术服务；e. 会计、法律、医疗、建筑等专业服务；f. 教育、培训；g. 文莱工业与初级资源部认可的其他服务。

⑤国际贸易。

从事国际贸易的企业，只要符合下列条件之一，自开始进出口业务之日起可获得 8 年的免税期：a. 从事合格制成品或文莱本地产品国际贸易的年出口额超过或有望超过 300 万文莱元；b. 从事合格商品转口贸易的年出口额超过或有望超过 500 万文莱元。

（六）应纳税额的计算

$$应纳税额 = 应纳税所得额 \times 税率$$

【例题】甲企业为电器生产企业（居民企业），自 2013 年成立，2022 年度实现销售收入 600 万文莱元，出租机器设备取得不含税租金收入 70 万文莱元，投资收益 20 万文莱元。发生销售成本 220 万文莱元，管理费用 60 万文莱元，另外，甲企业为提高自身竞争力，投入先进设施资金 25 万文莱元，本地员工培训经费支出 8 万文莱元。该企业应缴纳的公司所得税为多少？

【解析】

应纳税所得额 = 600 + 70 + 20 − 220 − 60 − 25 − 8 = 377（万文莱元）

应纳税额 = 10 × 25% × 18.5% + 15 × 50% × 18.5% + （377 − 25）× 18.5% = 66.97（万文莱元）

文莱的税收优惠——对于不超过 10 万文莱元的应纳税收入，企业可按照所得的 25% 计算应纳税额，即将应税所得的 25% 按 18.5% 税率征税；超过 10 万文莱元但不超过 25 万文莱元的部分，可按照所得的 50% 计算应纳税额；超出 25 万文莱元的部分则应全额按原有税率进行征税。此外，某些对国家发展至关重要的企业和行业，文莱政府也会对其实施税收豁免政策。

二、石油利润税

（一）纳税义务人

1. 居民企业

石油利润税的居民纳税人是指居住在文莱，并在《公司法》规定下登记的从事石油业务的公司或根据任何其他地方法律强制性成立的从事石油业务的公司，但不包括根据石油开采法在石油开采协议中担任缔约国的公司。"居住在文莱"，当适用于公司时，是指公司业务的控制和管理地在文莱。"从事石油业务"是指在文莱勘探和开采石油、代表公司通过任何方法或手段进行这样的操作以及与其有关的所有操作、出售或处置这样的公司或任何其他公司通过在文莱的常设机构从事石油业务以及包括在文莱的石油运输所得或获得，但不包括：

（1）在文莱以外的石油运输业务。

（2）炼油厂的任何精制过程。

（3）任何与精制产品有关的交易。

2. 非居民企业

不在文莱的从事石油业务的公司（在本款中称为"非居民公司"），应直接或以其经理的名义或以任何居住在文莱并受雇于该非居民公司管理石油业务的人的名义被征收税款。如果该非居民公司是文莱居民，将以同样的方式和数额进行评估和收费。

（二）课税对象

石油利润税的课税对象即为扣除王室分成、政府分成及各项成本后的石油净收入。对于每一年度的评估，每一个从事石油作业的公司都应对在该纳税年度的基期内所产生的应纳税利润纳税。

（三）应纳税所得额的确定

（1）以下为《所得税（石油）法案》规定的应从公司内石油业务中获得的以及从外部事件获得的应纳税所得中计算扣除的项目，无论该事项是否发生在文莱。

①本公司因石油作业所占用的土地和建筑物而发生的任何租金；

②因扰乱地面权利或者任何其他干扰以及损害其他财产和权利而产生的任何补偿；

③为从事石油作业或为更新、修理、更换所使用的任何器具、物品而修理房舍、工厂、机械或装置所发生的费用；

④本公司所欠的债务，并且税收官证明在收取应纳税利润期间债务已成为坏账或可疑债务，即使该等坏账或可疑债务在该期开始前到期或应付，在上述期间从先前而扣除的坏账或可疑债务中收回的所有款项，应作为该期间的应纳税利润；

⑤与评估井和开发井钻探有关的任何费用，但不包括为本法附表所列的符合支出标准的任何支出；

⑥根据《所得税法案》批准的或每次由税收官根据其征税情况予以批准对养老基金或其他社会基金的缴款；

⑦根据《所得税法案》附表的规定，可用于资本支出的扣除额；

⑧任何一笔参照《所得税（石油）法案》（第12条），由公司通过年金、特许权使用费或其他内容的经常性支付款；

⑨可以规定的其他扣除额。

（2）任何公司在其任何石油作业期间，应计算其应纳税利润。

（3）不允许扣除的情况。

除《所得税（石油）法案》规定外，为确定任何公司的石油业务所产生的应纳税利润，不允许扣除以下费用：

①不是全部或专门用于这些业务的所有支出或费用；

②任何资本、受雇或打算用作资本的任何款项；

③不同于修理的用于改进的资本；

④根据保险或赔偿合同政策可收回的任何损失或费用；

⑤未用于该类作业的任何处所或其任何部分的租金或维修费用；

⑥在文莱就所得税、利润税或其他类似税项支付或应付的款项；

⑦根据《所得税（石油）法案》允许一定程度上减免或抵免在文莱以外征收的所得税、利润税或其他类似税项的已支付或应付款项；

⑧除《所得税（石油）法案》（第1条）所允许的款项外，向任何退休金、公积金或其他社会组织、基金支付的款项；

⑨任何房舍、建筑物、构筑物、永久性工程、厂房、机械或固定设备的折旧；

⑩在任何石油开采协议项下，公司根据该协议支出义务未能遵守的支付给政府的任何款项；

⑪针对借入的款项以利息方式支付的款项。

（四）税率

根据《所得税（石油）法案》，在文莱从事石油业务的公司，以55%的税率征收税款。

（五）应纳税额的计算

$$应纳税额 = 应纳税所得额 \times 税率$$

【例题】甲公司在文莱从事石油业务，还负责文莱境外石油管道运输。2022年度取得总收入1 000万文莱元，其中在境内销售石油取得收入700万文莱元，境外石油管道运输取得收入300万文莱元。因石油作业支出200万文莱元。此外，评估井花费30万文莱元，支付开采权使用费50万文莱元，更新钻井设备6万文莱元。该公司应缴纳多少石油利润税？

【解析】

应纳税所得额 = 1 000 - 300 - 200 - 30 - 50 - 6 = 414（万文莱元）

应纳税额 = 414 × 55% = 227.7（万文莱元）。

三、印花税

（一）纳税义务人

印花税纳税义务人是指在境内书立所列凭证的单位和个人。

（二）课税对象

根据文莱《印花税法案》，文莱政府对各种书立凭证课征印花税。税率根据书立凭证性质不同而有别。印花税主要征收范围包括租赁协议、抵押、转让、汇票、股票、股份转让和信托声明等。

（三）税率

文莱的印花税是对其《印花税法案》中所列示的各种书立凭证按照"从价税率"或"固定税率"征收的一种税。印花税具体税率如表9-4所示。

表 9 - 4   印花税具体税率

税目	印花税税率
1. 誓章	
（1）房地产的主要价值（单位：文莱元）	
超过 3 000，不超过 5 000	1%
超过 5 000，不超过 10 000	2%
超过 10 000，不超过 25 000	3%
超过 25 000，不超过 50 000	4%
超过 50 000，不超过 100 000	5%
超过 100 000，不超过 150 000	6%
超过 150 000，不超过 200 000	7%
超过 200 000，不超过 300 000	8%
超过 300 000，不超过 400 000	9%
超过 400 000，不超过 500 000	10%
超过 500 000，不超过 750 000	11%
超过 750 000，不超过 1 000 000	12%
超过 1 000 000，不超过 1 250 000	13%
超过 1 250 000，不超过 1 500 000	14%
超过 1 500 000，不超过 2 000 000	15%
超过 2 000 000，不超过 3 000 000	16%
超过 3 000 000，不超过 5 000 000	17%
超过 5 000 000，不超过 7 500 000	18%
超过 7 500 000，不超过 10 000 000	19%
超过 1 000 万文莱元	20%
（2）证明书和遗产税账户	
凡遗产主要价值超过 200 万文莱元	3%
2.（1）在法律授权的人管理誓言之前作出誓言或确认书的法定声明	5 文莱元
（2）豁免	
①宣誓书或作出的书面申明出于提供给任何法院或任何法院的法官或官员使用的特定目的	
②出于让任何人收取任何退休金或慈善津贴的唯一目的	
③由政府官员以担保人的方式担保	

续表

税目	印花税税率
3. 租赁协议：参见租赁	
4.（1）协议或备忘录仅是亲手签署的，没有另外承担任何责任，无论是合同的书面证据还是当事方有义务将其作为书面文书	1 文莱元
（2）豁免	
①协议或备忘录：出租或出售除聘用或购买协议外的任何商品、货物或机械	
②如果每月不超过 25 文莱元的服务或个人工作，以及任何船只船长和船员之间的工资协议	
③该事项的价值不超过 25 文莱元	
④将任何事宜提交仲裁	
5. 年金	
（1）考虑转让	请参见卖出凭据
（2）其他文书制作	作为抵押同样的税收被认定是由此而得到的
6. 委任新的受托人和指定	
执行任何动产或不动产的权利，或任何使用、分享或利用任何不属于意愿的文书的任何财产的权利	10 文莱元
7.（1）对任何财产或其任何利益的年度价值、任何破旧或任何修理、任何建筑物或任何设计人员使用的材料和劳动进行评估或估价	
评估或估值的数额（单位：文莱元）	
不超过 50	10 文莱分
超过 50，不超过 100	25 文莱分
超过 100，不超过 200	50 文莱分
超过 200，不超过 300	1 文莱元
超过 300，不超过 400	1.5 文莱元
超过 400，不超过 500	2 文莱元
超过 500，不超过 1 000	4 文莱元
超过 1 000，不超过 2 000	6 文莱元
超过 2 000，不超过 5 000	8 文莱元
超过 5 000	10 文莱元
（2）豁免	
①对一方的信息进行评估或估值，不得以协议或法律行为之间的任何方式强制执行	
②建筑师或工程师根据建筑或工程合同所做工程的价值证明书	
③按照任何法院的命令作出的评估或估价	

续表

税目	印花税税率
④对死者的财产进行评估和估价，以供遗嘱执行人或其他被要求提供该死者遗产宣誓书或账户的人参考	
8. 见习通知书	1 文莱元
9.（1）协会章程和备忘录	10 文莱元
（2）豁免	
与任何公共机构学徒或由公共慈善机构负责的贫困儿童有关的文书	
10. 转让	
（1）以债券或任何债券的方式	参见抵押
（2）出售或其他方式	参见转让
11. 保险：请参阅政策	
12. 平均收益：请参阅债券	
13. 奖金	
（1）在金额或价值是争议事项的任何情况下	20 文莱元
（2）豁免	
①以公共目的购置土地的书面法律作出的奖励	
②凡没有数额或价值陈述	5 文莱元
14. 银行说明：与承兑票据相同的税收，除非义务复杂化	
15. 交换条例：索取时或即时或提示时付款	10 文莱分
16. 任何其他种类的交换条例（支票除外），或以表达方式支付或实际支付或赞同的方式，或以文莱谈判的方式	
（1）凡提取账单款项的金额或价值不超过 100 文莱元	10 文莱分
（2）凡提取账单的款项金额或价值超过 100 文莱元	10 文莱分每 100 文莱元，额外 10 文莱分每 100 文莱元，每 100 文莱元的每一部分除以 100 文莱元数量或者签署法案数额的任意乘数

注：当按照商人的惯例开具成套汇票时，如成套汇票中的一张已加盖印花，除非该套汇票中的其他汇票已发行或以某种方式议付，否则该套汇票中的其他汇票应免税；而且，当成套汇票中的一张已加盖印花的汇票丢失或毁坏时，如果该套汇票中的其他汇票没有发行或以任何方式议付，即使未加盖印花，也可作为证明该丢失或毁坏的汇票内容的证据

税目	印花税税率
17. 提货单	每份副本 10 文莱分
18. 销售票据	
（1）无条件背书	参见转让
（2）以证券的方式	参见抵押

续表

税目	印花税税率
19. 用于确保货款的支付、还款、转让或再转让的债券（参见抵押）	
20.（1）以补偿或担保的方式签立的以便官员执行的债券或抵押契据，或凭借其收到的款项	罚款或金额不超过 500 文莱元时：与抵押所担保的罚金或金额的税收责任相同其他任何其他情况下：2 文莱元
（2）豁免：	
由政府官员或其保证人执行的债券，以确保妥善处理犯罪或应付会计货币或凭借其而获得的其他款项	
21. 债券或其他有关被申请人和其他责任的义务，以及没有提出任何陈述的平均报表或债券	10 文莱分/100 文莱元
22. 获得行政管理的债券	
（1）凡地产不超过 10 000 文莱元	2 文莱元
（2）如果地产超过 10 000 文莱元	5 文莱元
（3）豁免：由任何人给予的债券管理的产业价值不超过 1 000 文莱元时	
23. 证明其持有人或任何其他人的权利或所有权的证件或其他文件，不论是在任何公司或任何公司的任何股份、临时股票或股票，或成为任何公司或协会的股份，股票或股票的所有人章程	10 文莱分
24. 租船合同	2 文莱元
25. 检查	10 文莱分
26. 合同：请参阅协议	
27. 合同附注	10 文莱分
28. 转让或者让渡	
（1）卖出任何财产（除公司股份）	
①出售的数量或者价值不超过 100 文莱元	50 文莱分
②出售的数量或者价值在 100～250 文莱元间	1.5 文莱元
③出售的数量或者价值在 250～500 文莱元间	3 文莱元
④之后每增加 250 文莱元	1.5 文莱元
（2）公司的股份，无论是出售或其他，根据价格或股份计算	
对于每 100 文莱元或 100 文莱元	
转让人在转让执行之前填写受让人的姓名	10 文莱分
（3）受让人的名称在转让人转让执行前未经填写（通常称为"空白转让"）	30 文莱分
（4）任何财产，除上述之前通过任何担保的担保以外的任何财产	见抵押品

续表

税目	印花税税率
（5）任何财产，除上述之前通过赠送（不是解决方案）以外的任何财产	视作与转让相同，等同于财产价值
（6）为了达成受托人任命的目的	10 文莱元
（7）豁免：通过支付汇票、支票或承兑票据转账；提单、货物凭证或其他商品所有权商业文件；或保险单	
29.（1）复制或摘录（证明或以任何方式认证）	
①可征税的任何文书	1 文莱元
②原始意向书或副本	1 文莱元
③遗嘱认证或遗嘱认证副本	1 文莱元
④任何行政信函	1 文莱元
⑤任何公共登记（除出生登记、洗礼、婚姻、死亡或埋葬登记册）	1 文莱元
⑥任何法院的簿册、卷宗或纪录	1 文莱元
（2）豁免：	
①法律明确要求公职人员作出或提供任何公职人员或任何公共目的的文件的副本	
②复制或提取或从任何法律诉讼中提取	
30. 对于任何应征税的文书和适当的税收的文书，应该对由副本或复印件支付；如果收件人要求，原件应被加盖印制	
（1）原始文书所征收的税款不超过 2 文莱元	与原始文书须缴纳的税款相同
（2）在任何其他情况下	2 文莱元
31. 契约	
任何单独的出售或抵押或任何财产，或其任何权利或利益的契约（不是征收转让或抵押的从价税的契据），仅涉及转让或享受或出售或抵押的财产的所有权，或与其有关的所有权的生产，或所有或任何上述事项	10 文莱元
32. 债券：请参阅市场债券	
33. 以任何书面形式，不是契约或遗嘱或作为结算责任的文书，对任何财产的任何使用或信托的声明或撤销声明	10 文莱元
34. 附表中没有描述的任何类型的契据	10 文莱元
35. 定金申报书：请参阅抵押	
36. 副本：请参阅第 30 条	
37. 债券的抵押：请参阅抵押	
38. 交换。任何交换财产时的文书	视作与转让相同，等同于财产价值

续表

税目	印花税税率		
39. 提取：请参阅副本			
40. 进一步收费：请参阅抵押			
41. 赠与：请参阅转让			
42. 赔偿债券：请参阅债券			
43. 保险：请参阅政策			
44. 租赁任何土地，房屋或其他不动产的租赁或协议	不超过1年	超过1年但不超过5年	超过5年或不确定的日期
计算租金全年（无罚款或溢价）（单位：文莱元）			
①不超过100	0.5	1	2
②超过100，不超过250	1	2	4
③超过250，不超过500	2	4	8
④超过500，每增加250或其任何部分	1	2	4
⑤考虑罚款或溢价，但不考虑租金	视作与转让的处罚相同税收金额		
⑥考虑罚款或溢价并预留租金	印花价值等于考虑到罚款和溢价以及租金联合价值的转让的印花税		
45.（1）根据向收货人生产此类协议的正式加盖协议，执行租赁	2文莱元		
（2）豁免：农业租赁或农业租赁协议的任何明确期限不得超过3年，每年不超过10文莱元			
46. 任何公司或拟议公司的股份分配函或任何公司或拟议公司提出或拟提出的任何贷款的资源的分配资料及放弃书，或任何文件	10文莱分		
47. 委托书：请参阅代理人的权力			
48. 因此确保了有关资金的有价证券	与抵押的债券同样的从价税		
49. 抵押令，抵押协议，债券，债务，约定和律师保证，承认并进入判决			
（1）作为付款或偿还款项的唯一或主要或最初担保			
不超过25文莱元	10文莱分		
超过25文莱元，不超过100文莱元	25文莱分		
超过100文莱元，不超过250文莱元	50文莱分		
超过250文莱元，不超过500文莱元	1文莱元		
每增加一笔500文莱元或其中任何部分	1文莱元		
（2）作为担保或辅助或附加或替代的担保，或通过进一步保证上述目的，主要担保的本金适当盖章	主要或最初债券税收的1/5		

续表

税目	印花税税率
（3）转让或转让任何抵押契据债券或召集人，或由任何该等文书或任何授权委托书所担保的任何款项或股票进行判断或作出任何判断；以及在已担保的款项中再增加任何款项的情况下	按照转移按揭抵押税收的1/4；作为一种主要的担保，对这样更多的钱负有同样的税收责任
（4）转移、重新转让、释放、解除、移交、撤销或放弃任何上述担保或其利益或由此确保的金额	
①货币总值不超过500文莱元	50文莱分
②在其他任何情况下	1文莱元
（5）按照与该专员签署的正式盖章协议执行的按揭，向收货人生产此类协议	1文莱元
50.　"公证法"，即任何文书、背书、笔录、证明或进入，不是公证人在执行其税收职责时作出或签署的抗议，或任何其他合法行事的人公证人	2文莱元
51.　由船长保护的说明	1文莱元
52.　（1）每个文书	5文莱元

（2）豁免：根据任何法院命令或指定分区的授权，就任何文书而言，当时没有任何税收，不再需要进一步的税收来执行这种分割

53.　保险政策	
（1）海上保险政策	
①保险金额不超过1 000文莱元	10文莱分
②保险金额超过1 000文莱元	25文莱分
③关于船体的时间政策，每1 000文莱元或其部分保险	25文莱分
（2）消防政策	
所有政策和续期，不论保险金额或期限如何	25文莱分
（3）在任何人的疾病中或者丧失工作能力的人身伤害或以任何财产的损失或损害的方式弥偿而同意作出的任何付款的事故政策和保险政策	10文莱分
（4）生命政策或其他保险，除了本条款（5）所述的每1 000文莱元保险以外，不得另行规定	10文莱分
（5）由保险公司提供的再保险，该保险公司通过赔偿或担保向另一公司提供海上保险或者火险保险政策，而不是保险金额的一部分保险的原保险支付，无论保险金额或期限	10文莱分

（6）一般豁免：发出保险单的封面或约定的信件，除非这样的信件或参与方有本法规定的这种保险单，否则根据该保险单不得要求赔偿，也不得用于任何目的，除非完成交付其中提到的政策

续表

税目	印花税税率
54. 权力或律师信	
（1）唯一目的是委任或授权任何人在公司或协会的会议上以代理人身份投票	1 文莱元
①代理人在一次会议上只投票	10 文莱元
②代理人在多于一次会议上投票的方式	1 文莱元
（2）只有在处理财产的价值以权力或信函表示而不超过 500 文莱元的情况下，才执行一项法律	
（3）任何以上没有描述的任何类型	10 文莱元
（4）豁免：任何政府人员给予任何其他人领取薪金或津贴的权力，信件或律师或权限	
55. 任何形式的承诺说明（银行票据除外）	以每 100 文莱元 10 文莱分价格，而每笔 100 文莱元的每一部分，以 100 文莱元的价值的数额为单位的金额的数额
56. "保证条例草案"或"附注"，即公证人或其他合法行事的人以书面形式作出的书面证明，证明不兑现汇票或本票	1 文莱元
57. 船长保证，即任何声明其所拟定的航程的详情，以调整损失或计算平均值，以及他所作的每一份书面声明承租人或收货人不得装载或卸载船舶，当此类声明由公证人或其他合法行事人员证明或证明时	1 文莱元
58. 代理：请参阅代理人的权力	
59. （1）收取任何金钱或其他财产超过 20 文莱元的金额的价值	10 文莱分
（2）豁免：收据	
①认可或载于任何正式盖章或豁免的文书，承认收到其中所表示的代价款项，或收到其中的任何本金，利息或年金或其他定期付款	
②没有考虑的任何付款	
③为存放在任何银行家手中的款项或证券作出交易	
④由政府人员向库房收取的款项或其他财产作出：同样的情况，任何人不得以任何其他方式收取；并且条件是该豁免不得延伸到对于股份或在任何公司或协会或目的或任何公司或组织的任何股份或任何公司或协会或目的或预期公司或协会	
60. 抵押财产的再转让：请参阅抵押品	
61. 放弃，即任何人放弃任何财产或任何财产的权利或利益的任何文书	
（1）出售	与转售相同的税收
（2）以债券方式	与作为抵押同样的税收
（3）以赠与的方式	与通过赠与方式的转售同样的税收

税目	印花税税率
（4）任何没有其他另外征税的地方	10 文莱元
62. 盘货抵押货款债券	请参阅债券
63. 以任何书面形式但不是遗嘱的形式撤销任何财产的任何信托	请参阅信托声明
64. （1）一个结算的解决或协议	作为抵押的税收等于结算或同意结算的财产价值
（2）根据向收货人出示此类协议的正式盖章协议而执行的解决方案	5 文莱元
65. 股权证书	参阅证书
66. 根据当时在文莱有效管理贸易公司和其他协会或股票证明持有人的法律规定发布的股权担保	金额相当于转让认股权证所指股份或股票的转让文书应征收的从价税额的 3 倍
67. 航运或 CHINCHEW 的收据	10 文莱分
68. 代理律师或代理律师的权力	1 文莱元
69. 租金转移	
（1）租赁费用的税收不超过 2 文莱元	这种租赁的税收是可征收的
（2）在任何其他情况下	10 文莱元
70. 转移：请参阅转让	
71. 估价：请参阅评估	
72. （1）商品保证	20 文莱分
（2）豁免：	
①任何内陆运输公司承认承运人承运货物的文件或文字	
②发行重量票据以及正式盖章的手令，仅与相同商品，货物或者商品相关	

（四）应纳税额的计算

不同税率形式应纳税额的计算，如表 9 - 5 所示。

表 9 - 5　　　　　　　　　不同税率形式应纳税额的计算

税率形式	适用范围	应纳税额的计算
定额税率	契约，文书等	应纳税额 = 应税凭证件数 × 固定税额
比例税率	誓章等	应纳税额 = 计税金额 × 比例税率

【例题】2021 年 5 月，甲公司与乙公司签订了一份租船合同，还获得了 5 份地产超过 10 000 文莱元的行政管理债券。计算该企业 5 月应缴纳的印花税。

【解析】

应缴纳的印花税 = 2 + 5 × 5 = 27（文莱元）

租船合同和行政管理债券实行定额税率。租船合同的印花税为 2 文莱元/份，超过 10 000 文莱元的行政管理债券为 5 文莱元/份。

四、进口税[①]

（一）纳税义务人

进口税，即对进口商品征收的关税。纳税人为课税对象所属的单位和个人。

（二）课税对象

进口税的课税对象为特定项目的进口商品，并且没有出口关税，不对出口商品征收。

（三）应纳税所得额的确定

进口货物的完税价格是海关据以从价计征关税的价格。进口货物的完税价格包括货物的货价、货物运抵境内输入地点起卸前的运输及其相关费用、保险费。

（四）税率

2010 年 1 月，中国—东盟自由贸易区正式建成，文莱作为东盟六个老成员国之一，2012 年 1 月 1 日完成所有正常产品的降税（到零），2015 年完成所有高度敏感产品的降税（到 50%），2018 年完成所有一般敏感产品的降税（到 5%）。大多数进口关税是根据从价税率征收的，只有部分税种是根据从量税率征收的。从价是百分比，例如，商品价格的 5%；而从量是按重量或数量计算的，例如，每公斤 60 美元或每吨 220 美元。具体税率为：

（1）速溶咖啡/茶（提取物、香精和浓缩物）/咖啡伴侣、地毯和其他纺织地板覆盖物、垫子和垫子（橡胶）、电子产品、汽车及钟表零件及珠宝首

---

① 文莱财政部. 个人所得说征收管理指南［ED/OL］.（2023 – 06 – 01）［2024 – 07 – 01］. https：//www.bedb.com.bn.

饰，包括仿制珠宝首饰等进口关税税率为0；

（2）肥皂、洗发水和其他洗涤制剂、木材及木制品及鞋类、拖鞋等关税税率为5%；

（3）乐器关税税率10%；

（4）咖啡（未烘焙）关税税率11美分/公斤；

（5）咖啡（烘焙）及茶关税税率22美分/公斤；

（6）润滑脂关税税率11美分/公斤；

（7）润滑剂关税税率44美分/公斤。

（五）应纳税额的计算

$$关税 = 完税价格 \times 税率$$

【例题】某公司于2020年从境外进口一批木材，货价为700万文莱元，运抵文莱海关前发生的运输费用12万文莱元，保险费2万文莱元。已知木材的关税税率为5%。该公司进口木材应缴纳的关税为多少？

【解析】

关税完税价格 = 700 + 12 + 2 = 714（万文莱元）

应纳关税 = 714 × 5% = 35.7（万文莱元）。

第四节　文莱的税收征收管理

（一）税务登记

税务登记要求任何公司无论在文莱或外国注册成立，如果其控制及管理机构位于文莱境内，即被视为文莱居民。居民公司按全球收入征税，在公司注册处注册的企业均需要进行税务登记，并按时提交纳税申报表。纳税申报截止日期为纳税年度次年的6月30日。预估应税收入必须在公司财年结束前三个月内进行纳税申报。

（二）纳税申报

1. 企业所得税

企业必须在每年的6月30日之前进行年度纳税申报，并同时缴纳所有税费。根据审计情况，税务司会在评估年或在评估年后的6年内相应地评估企业的纳税义务。若出现企业欺骗或故意拖延交税等使税收减少的情况，税务司可以随时通知其补税。对于由税务司通知的补税，须在补税通知送达后的 30 日之内进行缴纳。

2. 石油利润税

每个从事或已从事石油业务的公司，当收到依照《所得税（石油）法案》规定的任何书面通知要求时，应在规定时间内（任何情况下均不得少于纳税年度生效后 6 个月），将由该公司正式授权的人员签署的，内容包含该通知所明确的基期内经营所产生的应课税利润详情的纳税申报表递交给税收官。

3. 印花税

根据文莱《印花税法案》，印花税可以在书立凭证生效之前的任意时间进行缴纳，但是如果书立凭证在文莱国内生效，则最迟应在书立凭证生效后 14 天内缴纳印花税。如果书立凭证在文莱国外生效，则最迟应在书立凭证生效后 30 天内缴纳印花税。

（三）税务检查

1. 纳税评估

（1）评估对象。

①税收官应当在允许纳税人提交的报税期限之后尽快对每一个应征税的纳税人进行评估。

②当纳税人已递交申报表，则税收官可以：a. 接受申报表并作出相应的评估；b. 拒绝接受申报表，并尽其所能地确定该纳税人的应纳税收入金额，而后作出相应的评估；c. 当纳税人没有递交申报表，而税收官认为该纳税人须缴纳税款，则税收官可根据判断确定该纳税人的应纳税收入金额，并作出相应的评估，但此类评估不得影响该纳税人因其过失或疏忽递交申报表而导致的任何责任。

（2）附加纳税评估。

当税收官认为任何须缴纳税款的纳税人未经评估或已评估的数额少于本该收取的数额，则税收官可在该纳税年度内或在该纳税年度后一定年限内（所得税 6 年，石油所得税 12 年），按照其本人的判断，根据《所得税法案》的规定评估应该被追究的数额或额外的数额。根据《所得税法案》的上诉和其他适用于此类评估或附加评估的诉讼，并应根据该项评估收取税款。

2. 法律责任

任何人犯有违反《所得税法案》的罪行，一经定罪，可处罚款 10 000 文莱元，拖欠罚款处以 12 个月的监禁，不再进行其他罚则。

【拓展阅读 9 – 1】

全球最大自贸区来了！ RCEP 将如何影响你我生活？

2022 年 1 月 1 日，《区域全面经济伙伴关系协定》（RCEP）对文莱、柬埔寨、老挝、新加坡、泰国、越南等 6 个东盟成员国和中国、日本、新西兰、澳大利亚等 4 个非东盟成员国正式生效。"高大上"的 RCEP 将如何影响我们的生活？

1. 零关税

协定生效后，区域内 90% 以上的货物贸易将最终实现零关税，主要产品生效立刻降税到零和 10 年内降税到零，有望在较短时间内惠及各国企业和消费者。不仅如此，我国与东盟、韩国等已经有自贸关系的成员国，也在原有自贸协定基础上相互增加了额外零关税产品。

比如，印度尼西亚增加对我国加工水产品、烟草、盐、消毒剂和工业化学品、塑料制品、箱包等 704 个零关税税号；虾制品在 10 年内从 5% 降至 0，橡胶轮胎从 15% 立即降为 0，钢化安全玻璃 10 年内从 5% 降至 0。其他东盟国家，文莱增加了 165 个零关税产品，泰国增加了 59 个零关税产品，柬埔寨增加了 641 个零关税产品，韩国增加对鹿茸、糊精零关税和服装、瓷砖等 4 个税号。

我国也对来自东盟的菠萝制品、椰子汁、部分化工品、纸制品、柴油发动机、部分汽车零部件等 33 个税号给予零关税待遇，给予来自韩国的纺织品、不锈钢等 2 个税号零关税待遇。

"关税的大幅度下降，使消费者可以用低廉的价格买到心仪的日本日用生活用品，比如化妆品等，而不用找人代购或利用出境游时'买买买'。"中国社会科学院世界经济与政治研究所研究员倪月菊接受中新财经采访时表示。

2. 货物贸易便利化

在货物贸易便利化方面，RCEP 各成员还就海关程序、检验检疫、技术标准等达成了一系列高水平的规则。比如，RCEP 简化了海关通关手续，采取预裁定、抵达前处理、信息技术运用等高效管理手段；尽可能在货物抵达后 48 小时内放行；对快运货物、易腐货物等，尽可能 6 小时内放行。这样，区域内货物整体通关时间有望进一步缩短。RCEP 贸易便利化水平整体上超过了世贸组织《贸易便利化协定》。这些便利化规则的落地，将使得域内贸易成本降低，提升本地区的产品竞争力，给企业和消费者带来更多实惠。

3. 电子商务章节让购物更安全便捷

近年来中国跨境电商交易量迅猛增长。通过电商模式，中国很多中小企业达到了向全世界出售商品的目标。

RCEP 在贸易便利化方面的条款，将显著提升跨境贸易在海关和物流的效率。电子商务章节又将推动区域电商政策的一致性，降低跨境电商面对的经营风险和政策不确定性。这些都有利于释放区域内的巨大消费潜力，促进区域跨境电商进一步繁荣。同时，商品集散地可着力发展中间品流通。原产地累积规则将促使生产企业更多采购域内中间品，进一步优化区域产业布局，也将促进区域内的中间品生产。倪月菊表示，RCEP 的电子商务章节是首次在亚太区域内达成的范围全面、水平较高的诸边电子商务规则成果，使网上购物多了制度性保障，更加安全和便捷。

资料来源：全球最大自贸区来了！RCEP 将如何影响你我生活？［EB/OL］．（2021 – 01 – 01）［2024 – 07 – 01］．https：//www.chinanews.com.cn/cj/2022/01 – 01/9642311.shtml.

【拓展阅读 9 – 2】

广西与文莱升级打造经济合作走廊

我国广西壮族自治区人民政府与文莱财政与经济部 2023 年 2 月 2 日签署《升级版广西—文莱经济走廊合作谅解备忘录》（以下简称《备忘录》），决定共同建设运营好文莱摩拉港，打造以冷链食品为基础的初级能源保税物流园区，开展绿色石油化工等跨境产业链合作。

当天，广西—文莱经济走廊联合工作委员会第三次会议，以视频方式在广西南宁市和文莱斯里巴加湾市连线召开。广西壮族自治区主席蓝天立在致辞中介绍，广西与文莱交往密切，特别是 2014 年广西—文莱经济走廊启动建设以来，双方经贸合作不断扩大，在港口开发、深海渔业、能源化工、香料生产贸易等领域务实合作取得丰硕成果。2022 年，双方进出口额同比增长 531.7%。

蓝天立表示，广西愿与文莱以此次签署《备忘录》为新起点，抢抓《区域全面经济伙伴关系协定》（RCEP）高水平实施、中国—东盟自由贸易区 3.0 版加快建设等重大机遇，巩固港口物流、渔业养殖等传统领域合作，拓展数字经济、绿色经济等新兴领域合作，推动民心相通，把广西—文莱经济走廊建设成为中国—东盟东部增长区合作和国际陆海贸易新通道建设的双示范项目。

文莱首相府部长兼财政与经济部第二部长刘光明表示，此次《备忘录》的签署，标志着文莱与广西经贸合作进入提质升级新阶段。文莱欢迎更多中资企业前来探索商机，投资食品和油气加工、旅游服务、信息通信技术等产业，助力文莱实现经济多元化发展目标。

据悉，此次签署的《备忘录》聚焦贸易投资、港口物流、农渔业、石油化工等领域，优化提出合作的范围和重点。会上，广西和文莱企业签署一批产业项目合作协议，涵盖金融、物流、跨境电商等方面，拓展了经济合作的广度和深度。

广西—文莱经济走廊是广西与东盟国家共建的第二个机制化合作平台，是广西与文莱密切经贸往来、深化务实合作的创新实践。

资料来源：广西与文莱升级打造经济合作走廊［EB/OL］. （2023 –02 –02）［2024 – 07 –01］. https：//www. chinanews. com. cn/cj/2023/02 –02/9946098. shtml.

【思考题】

1. 简要说明文莱税制结构的特点。

2. 分析文莱企业所得税与我国企业所得税的不同之处。

3. 分析文莱石油利润税与东帝汶石油税的不同之处。

第十章

菲律宾的税收制度

第一节　菲律宾的社会经济

一、菲律宾简况[①]

菲律宾位于亚洲东南部，共有大小岛屿 7 000 多个，群岛地形多以山地为主，其中吕宋岛、棉兰老岛、萨马岛等 11 个主要岛屿占全国总面积的 96%。海岸线长约 18 533 公里，总面积 29.97 万平方公里。菲律宾的货币为菲律宾比索。

14 世纪前后，菲律宾出现了由土著部落和马来族移民构成的一些割据王国，其中最著名的是 14 世纪 70 年代兴起的苏禄王国。1521 年，麦哲伦率领西班牙远征队到达菲律宾群岛。此后，西班牙逐步侵占菲律宾，并统治长达 300 多年。1898 年 6 月 12 日，菲律宾宣告独立。同年，美国依据对西班牙战争后签订的《巴黎条约》占领菲律宾。1942 年到 1945 年被日本侵占。第二次世界大战结束后，菲律宾再次沦为美国殖民地。1946 年 7 月 4 日，美国同意菲律宾独立。菲律宾现实行总统制，总统是国家元首、政府首脑兼武装部队总司令，其独立后共颁布过三部宪法，实行行政、立法、司法三权分

---

① 中华人民共和国外交部. 菲律宾国家概况［EB/OL］.（2024 - 04 - 01）［2024 - 07 - 01］. https://www.mfa.gov.cn/web/gjhdq_676201/gj_676203/yz_676205/1206_676452/1206x0_676454/.

立政体。

截至 2022 年 7 月，菲律宾全国划分为吕宋、维萨亚和棉兰老三大部分。全国设有首都地区、科迪勒拉行政区、棉兰老穆斯林自治区等 18 个地区，下设 81 个省和 117 个市，首都为大马尼拉市。2022 年，菲律宾人口约 1.1 亿，菲律宾农业人口占总人口的 2/3 以上，有 40% 的劳动力以农业为生。

菲律宾风光绮丽，物产丰富，民族众多，具有丰富的旅游资源，历史上受西班牙和美国统治，留下众多历史遗迹，融合了东西方文化与风俗，极富异国情调。菲律宾各地区的物价水平极不平衡，总体物价高于中国。其中蔬菜、温带水果的价格是中国的 3～4 倍；水、电和液化气等价格是中国的 2～3 倍，宾馆住宿、饭店就餐约为中国的 1～2 倍，汽车、服装和鞋子等价格与中国相当，房产、海产品和热带水果较中国便宜。

二、菲律宾的经济文化[①]

菲律宾是东南亚地区的一个发展中国家，是东盟成员国，也是亚太经合组织（APEC）的 24 个成员国之一。近年来，菲律宾宏观经济发展较为稳定，国内生产总值（GDP）和人均 GDP 总体上持续增长，增速居于东盟前列，是亚洲地区最大的外包服务市场之一。2011 年 GDP 增长 7.3%，为进入 21 世纪以来的最高纪录，当年度 GDP 总额 2 342 亿美元，人均 GDP 2 431.2 美元。2020 年受新冠疫情影响，经济实际增长率大幅下降到 -9.6%。2021 年和 2022 年有所回升，2023 年第一季度增长了 6.4%。

2020～2022 年，菲律宾财政支出增长超过财政收入增长，财政赤字扩大，赤字率上升。2022 年菲律宾外汇储备 203.18 亿美元，黄金储备 107.55 亿美元。自 2017 年以来，菲律宾政府外债持续上升，2022 年底总体外部负债为 1 112.68 亿美元。菲律宾近三年的消费价格指数（CPI）分别为 104.8、108.9 和 115.3，2023 年 4 月为 120.9，CPI 分别同比上升 4.0%、5.3%，预计 2023 年为 4.3%，2024 年为 3.1%。

菲律宾 2022 年全年平均就业率为 94.6%，2023 年第一季度约为 65.5%。2023 年 3 月的就业人数估计为 4 858 万人，同比增加 161 万人。就业人口中的 59% 分布在服务业部门，17.5% 分布在工业部门，23.5% 分布在农业部门。菲

---

① 商务部对外投资和经济合作司，商务部国际贸易经济合作研究院，中国驻菲律宾大使馆经济商务处. 对外投资合作国别（地区）指南——菲律宾：2023 年版 [EB/OL].（2024 - 04 - 01）[2024 - 07 - 01]. http：//www. mofcom. gov. cn/dl/gbdqzn/upload/feilvbin. pdf.

律宾普通劳动者平均日薪约为 400～500 菲律宾比索，雇员每周平均工作时数估计为 40.0 小时。

近年来，菲律宾经济主要由第一产业（农林牧渔业）、第二产业（工业）、第三产业（服务业）构成，增加值分别占 GDP 比重的 10%、20%、60%，服务业在国民经济中地位突出，是经济增长的主要推动力。菲律宾传统上是一个农业国家，尽管农林牧渔业只占 GDP 的十分之一，但仍然是菲律宾经济的重要组成部分。2021 年菲律宾农业增加值为 1.95 万亿菲律宾比索，占 GDP 比重约为 10.07%。主要出口产品为：椰子油、香蕉、鱼和虾、糖及糖制品、椰丝、菠萝和菠萝汁、未加工烟草、天然橡胶、椰子粉粕和海藻等。

菲律宾实行出口导向型经济模式，对外部市场依赖较大，其主要出口产品包括电子产品、服装、石油产品等，进口产品以机械设备、化学和原油为主，其中菲律宾是东南亚地区首选的电子制造服务制造国。电子产品是菲律宾对外贸易的重要产品，大多数电子产品制造商位于大马尼拉区、卡拉巴松市和宿务市。半导体制造是电子制造服务行业的主要贡献者，大约 73% 的电子公司提供半导体制造服务，其余 27% 提供其他相关产品的制造。

第二节　菲律宾税收制度概述

菲律宾的税收体制可以分为两种，分别是国税（national taxes）和地方税（local taxes），国税是指由中央政府通过国内税务机关（bureau of internal revenue，BIR）施行并征收的税种，主要包括所得税（income tax）、增值税（value added tax）、消费税（excise tax）、比例税（percentage tax）、印花税（documentary stamptax）及赠与税（donor's tax）；地方税，是指由地方政府基于宪法的授权性规定而施行并征收的税种，主要包括不动产税（real property tax）、不动产转让税（real property transfer tax）和商业税（cbusiness tax）。

对于特定的税种，地方政府部门无权课征，例如，所得税（除了对银行和其他金融部门课征的所得税）；印花税；遗产税及赠与税［除《地方政府法典》（Local Goverment Code）中另有规定］；销售、货物交换、服务或其他类似交易中产生的比例税或增值税等。

第三节　菲律宾主要税种的征收制度[①]

一、企业所得税

（一）纳税义务人

企业纳税人依据注册地（the place of registration）的不同可分为两种不同类型：居民企业（resident corporation）和非居民企业（non-resident corporation）。

1. 居民企业

（1）判断标准及扣缴义务人。

菲律宾居民企业是指依据菲律宾法律成立或组建，或者在菲律宾境内成立和组建的企业。

（2）征收范围。

居民企业的应纳税所得额是其全球所得，包括在菲律宾境内和境外的所得，无论企业在菲律宾境内外获得的收入，都需要纳入其应纳税所得额中，并据此计算企业所得税。

2. 非居民企业

（1）判断标准及扣缴义务人。

非居民企业是指那些未按照菲律宾法律成立或组建，或者虽按照菲律宾法律成立或组建但主要管理和控制不在菲律宾境内的企业。依据在菲律宾境内是否有从事交易或经营活动，可将外国企业进一步细分为：①居民外国企业：在菲律宾境内从事交易或经营活动的外国企业。②非居民外国企业：并未在菲律宾境内从事交易或经营活动的外国企业。

（2）征收范围。

对于菲律宾非居民企业，其所得税的征税对象是来源于菲律宾境内的所得。只有当非居民企业在菲律宾境内获得收入时，才需要缴纳企业所得税。这

---

　　① 国家税务总局国际税务司国别（地区）投资税收指南课题组. 中国居民赴菲律宾投资税收指南［EB/OL］.（2023 – 06 – 01）［2024 – 07 – 01］. https：//www.chinatax. gov. cn/chinatax//n810219/n810744/n1671176/n1671206/c2352695/5116160/files/7fa55a790622441da25d4f5c9ee5f413. pdf.

些收入可能包括在菲律宾境内的销售收入、提供服务收入、租金收入等。

国内企业和外国企业的征税范围如表 10 – 1 所示。

表 10 – 1　　　　　　　　　　国内企业和外国企业的征税范围

主体	构成要件	税收义务范围
国内企业	在菲律宾境内成立或组建，或者依据菲律宾的法律成立或组建的企业	对其来源于境内和境外的所得负有纳税义务
居民外国企业	在菲律宾境内从事交易或经营活动的外国企业	就其来源于菲律宾境内的所得负有纳税义务
非居民外国企业	并未在菲律宾境内从事交易或经营活动的外国企业	

（二）课税对象

菲律宾企业所得税的课税对象是企业所得。企业包括一人公司、合伙企业（无论如何成立或组成）、合股企业（joint-stock companies）、共有账户（joint account）、社团或保险公司。

（三）应纳税所得额的确定

应纳税所得额是指规定的总收入相关项目，减去所允许的各项扣除。

1．居民企业

（1）收入范围。

无论收入取得的来源地是否是菲律宾，总收入包括且不限于以下项目：

①以任何形式支付的服务酬劳，包括但不仅限于费用、薪酬、工资、佣金及类似项目；

②从事交易或营业活动或从事职业取得的总收入；

③处置财产取得的收益；

④利息；

⑤租金；

⑥特许权使用费；

⑦股息；

⑧年金；

⑨奖励及奖金；

⑩养老金；

⑪合伙人从普通专业合伙的净收入获得的分配股。

（2）不征税收入和免税收入。

下列组织取得的所得无须纳税：

①并非以营利为主要目的组建的劳动、农业或园艺组织；

②无股本股份的共有储蓄银行，和以互惠目的及非营利目的而组织并经营的无股本合作银行；

③为其成员利益而专门经营的受益人团体、社团或协会，如社会体系下的兄弟组织或共济会或由员工组织的非股份制企业，专门向该团体、社团或协会或非股份制企业的成员或其被扶养人提供的有关人身、医疗、意外或其他救济的款项；

④企业所有并专为其成员利益而经营的陵园；

⑤为宗教、慈善、科技、体育或文化目的，或为了退伍老兵复健而专门组织并经营的非股份制企业或协会，该企业或协会的净所得或资产应属于或有益于任何成员、组织者、官员或任何特定人士；

⑥非营利性质的商业联盟商会或贸易局，且其任何净所得都不会向任何私人股东或个人提供利益；

⑦以非营利目的组织的专门用于提高社会福利的公民联合会；

⑧非股份制及非营利教育机构；

⑨政府教育机构；

⑩农户或其他的共有台风或火灾保险企业、共有沟渠或灌溉企业、共有或合作电信企业或类似纯地方性质的组织，其所得仅由单纯为解决其费用目的而从成员处征收的派捐费、会费及收费组成；

⑪农户、果农，或类似以推广其成员产品并将销售收入返还给成员的目的而组建并经营的组织，返还给成员的销售。收入将扣除基于其完成生产数量而计算的必要销售费用。

虽有上文规定，但无论上述何种类型及性质的组织从其财产（不动产或动产）或从事的营利活动中取得所得，该笔所得都要承担法律规定的税负。

（3）税前扣除。

具体可分为三种类型：可扣除项、不可扣除项以及一些特殊的扣除情形。

①可扣项。

在计算应纳税所得额时，准予从总收入中扣除的项目包括：费用、利息、税款、亏损、坏账、折旧、油气井和矿山的耗竭、慈善和其他捐助、研发、养老信托基金、某些款项抵扣性的附加要求。

②不可扣除项。

在计算净收入时，以下项目在任何情形下均不可扣除：

a. 个人、生活或家庭费用；

b. 任何为新建筑物或永久改建或为增加任何财产或地产的价值而进行的改良活动所支付的金额；

c. 任何已被扣除过的用于复原财产或利用残值所花费的金额；

d. 为覆盖任何官员或雇员的人身保险所付的保费，或当纳税人直接或间接受益于该保险时，与该纳税人、个人或企业所从事的任一交易或业务有经济往来的主体的人身保险所缴纳的保费。

此外，家庭成员之间、个人与该个人直接或间接持有 50% 以上已发行股票的公司之间、信托的委托人和受托人之间的交易等导致的损失，在计算净所得时不能扣除。

（4）亏损弥补。

①如果纳税年度中所承受的下列损失未经保险或其他赔偿方式进行补偿的，应准予进行扣除：

a. 发生于交易、职业或经营之中；

b. 与交易、经营或职业有关的财产，由于发生火灾、风暴、海难或其他伤亡，或由于发生抢劫、失窃或侵吞的情况而导致的亏损；

c. 若在提交纳税申报时，有关亏损已在遗产税纳税申报时从遗产税中扣除，则不得再行扣除。

②营业或企业的经营净损额在任一纳税年度中未能从总收入中扣除的，可以向后在三个纳税年度内结转，但享受这一结转抵免的前提是，发生净损额的纳税年度内，纳税人并未享受免税待遇，并且营业或企业的所有权并未发生重大的变动。

2. 非居民企业

针对居民外国企业应纳税所得额的计算，其基本规则可以适用针对国内企业的相应规则。在此基础上，针对居民外国企业和非居民外国企业有一些特殊规定，具体如下：

（1）在收入计算方面，外国企业仅就其来源于菲律宾境内的所得缴纳企业所得税。

（2）关于扣除的内容，与国内企业类似，具体可分为三种类型：可扣除项、不可扣除项以及一些特殊的扣除情形。

（3）对于《国家税务法典（1997）》第 27 节第（A）条以及第 28 节第（A）条第（1）款所规定的国内企业以及居民外国企业，可选择按照不超过总收入 40% 的标准申报扣除。

（四）税率

1. 居民企业

自 2019 年 1 月 1 日起，对于国内企业在每一纳税年度内从境内外取得的所有收入，均适用 25% 的税率。应税收入不超过 500 万菲律宾比索、总资产不超过 1 亿菲律宾比索的国内企业，适用 20% 的税率；在计算时，总资产不应当包括在纳税年度内特定商业实体的办公室、厂房和设备所在的土地。

当企业的销售成本与其从境外和境外取得的总销售额或收入之比不超过 55% 时，该企业可选择适用以总收入乘以 15% 计算其应纳税额。企业一旦作出这一选择后，在其满足上述条件的连续三个纳税年度内不得撤回该选择。

2. 居民外国企业

除另有规定，在菲律宾境内从事贸易或经营活动的外国公司，就其在上一纳税年度来源于菲律宾境内的所得，按照应纳税所得额 30% 计算应纳税额。

对于外国企业在每一纳税年度内从菲律宾境内取得的所有收入，均适用 25% 的税率。

居民外国企业拥有选择权，即在满足与《国家税务法典（1997）》第 27 节第（A）条规定的相同条件后，企业可以选择适用以总收入乘以 15% 计算其应纳税额。

居民外国企业从国内企业处获取的股息无须缴税。

3. 非居民外国企业

（1）一般规定。

除另有规定外，未在菲律宾从事交易或业务的外国企业，应为其在各纳税年度内取得的所有来源于菲律宾的总收入，按照 25% 的税率缴纳所得税。总收入包括利息、股息、租金、特许权使用费、工资、保险费（不包括再保险保费）、年金、报酬或其他固定或可确定年度、定期或偶然的收益、利润、所得及资本利得。

（2）适用于特殊行业的非居民企业的税率。

①非居民电影胶片所有人、出租人或经销人应为其从菲律宾境内取得的总收益按 25% 的税率纳税；

②非居民船舶所有人或出租人应就其来自将船舶出租或包租给菲律宾公民或企业取得的总租金、出租费或包租费，按照 4.5% 的税率纳税；

③航空器、机器及其他设备的非居民所有人或出租人取得的租金、包租费及其他费用，应按总租金或费用适用 7.5% 的税率纳税。

（3）非居民外国企业取得特定消极所得适用的税率。

①对于 1986 年 8 月 1 日后签约的外国贷款，按照利息数额的 20% 征收最终预提税；

②对于非居民外国企业从国内企业取得的现金形式和/或财产形式的股息，应按照股息数额征收 15% 的最终预提税；

③非居民外国企业在纳税年度中除了通过股票交易所出售或处置股票以外，销售、交易、交换或以其他方式处置所拥有的国内企业股票所实现的净资本利得，在不超过 10 万菲律宾比索时，适用 5% 的税率，超过 10 万菲律宾比索时，适用 10% 的税率。依据菲律宾参议院第 1906 号法案，对此类收入适用的税率统一为 15%。

（五）税收优惠

（1）所得税免税期（income tax holiday，ITH）。

（2）特别企业所得税（special corporate income tax，SCIT）税率：对于出口企业、最低投资资本为 5 亿菲律宾比索（P500 000 000.00）的国内市场企业，以及根据《战略投资优先计划》从事被列为"关键"活动的国内市场企业，自 2020 年 7 月 1 日起，根据所得总收入，享受相当于 5% 的税率，以代替该企业应当缴纳的所有中央税和地方税。

（3）加计扣除（enhanced deductions，ED）：对于出口企业、国内市场企业和从事"关键"活动的国内市场企业，可以允许下列扣除：

①为企业生产货物和提供服务而购置的资产的折旧津贴（depreciation allowance）（符合条件的资本支出）——建筑物的折旧津贴增加 10%，机器和设备的折旧津贴增加 20%；

②在纳税年度内发生的人工费用，可额外扣除 50%；

③在纳税年度内发生的研究和开发费用，可额外扣除 100%；

④在纳税年度发生的培训费用，可额外扣除 100%；

⑤在纳税年度内发生的国内投入费用，可额外扣除 50%；

⑥在纳税年度内发生的能源类费用支出（power expense），可额外扣除 50%；

⑦对制造业再投资补贴的扣除：当从事制造业的已注册企业将其未分配利润或盈余再投资于《战略投资优先计划》中所列的任何项目或活动时，自再投资时起的 5 年内，再投资的金额应允许从其应税所得中扣除；

⑧净营业损失加计结转（enhanced net eperating loss carry-over，NOLCO）：登记项目或活动在开始商业运营后前 3 年内的净经营亏损，如果此前没有从总收入中被抵销或扣减的，可以在该亏损发生年度之后的连续 5 个纳税年度内结转，并从相应年度的总收入中扣减。

（六）应纳税额的计算

应纳税额是指规定的总收入（gross income）相关项目，减去允许的各项扣除和免税项目，乘以相适应的税率标准，进而考虑是否存在税收优惠条款。

【例题】一菲律宾居民企业总收入为 5 098 000 菲律宾比索，折旧费为 72 000 菲律宾比索，与交易相关的费用为 3 053 300 菲律宾比索，招待支出 39 000 菲律宾比索，未计入销售成本的交通成本 501 000 菲律宾比索，税收支出 82 000 菲律宾比索，亏损减免 1 086 100 菲律宾比索，根据相关规定适用税率为 20%，计算该企业应纳税额。

【解析】

折旧费、与交易相关的费用、招待支出、未计入销售成本的交通成本、税收支出均可在税前扣除；亏损减免应当进行纳税调减；无相关的税收优惠项目，适用的税率为 20%。则该企业的应纳税额计算如下：

总收入：5 098 000（菲律宾比索）

扣除总金额：72 000 + 3 053 300 + 39 000 + 501 000 + 82 000 = 3 747 300（菲律宾比索）

纳税调整：- 1 086 100 菲律宾比索

应纳税所得额：5 098 000 - 3 747 300 - 1 086 100 = 264 600（菲律宾比索）

税额：264 600 × 20% = 52 920（菲律宾比索）。

二、个人所得税

（一）纳税义务人

菲律宾个人所得税的征管中，划分居民与非居民的标准为国籍，所有的菲律宾公民均被视为居民。

1. 居民纳税人

所有的菲律宾公民均被视为居民。

2. 非居民纳税人

非居民公民是指满足下列条件的菲律宾公民：

（1）能够向国家税务局局长证明其居住于海外的事实，以及有确定的意图长期居住海外；

（2）作为移民抑或基于永久受雇的原因，在纳税年度离开菲律宾居住海外的菲律宾公民；

（3）在海外工作并取得收入的菲律宾公民，其工作性质要求该公民在纳税年度的大部分时间身处海外。

外国个人包括居民外国人（resident alien）以及非居民外国人（non-resident alien），居民外国人是指居住地位于菲律宾境内且并非公民的个人，而非居民外国人是指居住地位于菲律宾境外且并非公民的个人。

（二）课税对象

可以分为四种类型，具体的税收待遇如下所示：

（1）居住在菲律宾的菲律宾公民（citizen of the Philippines residing therein）：就其来源于菲律宾境内和境外的所得纳税；

（2）非居民的菲律宾公民（non-resident citizen）：仅就其来源于菲律宾境内的所得纳税；

（3）作为海外劳工在境外工作并取得所得的菲律宾个人公民（individual citizen of the Philippines）：仅就其来源于菲律宾境内的所得纳税，例如，作为菲律宾公民并身为专门从事国际贸易的船只编制内的成员，在境外提供劳务取得报酬的船员，应当视为海外劳工；

（4）外国个人（alien individual）：无论是否是菲律宾的居民，仅就其来源于菲律宾境内的所得纳税。

（三）应纳税所得额的确定

应纳税所得额是指规定的总收入项目减去这些类型收入的扣除额（如有）之后的数额，但不包括免税收入。

（1）应税收入。

总收入是指来自任何来源的所有收入，包括但不限于：

①服务报酬，包括费用、薪金、工资、酬金、津贴、佣金和类似项目以及附带福利；

②从事贸易、商业或职业的总收入；

③财产交易产生的收益；

④利息；

⑤租金；

⑥特许权使用费；

⑦红利；

⑧年金；

⑨奖金和赢利；

⑩养老金；

⑪普通专业合伙企业的净收入中合伙人的分配份额。

（2）不征税所得。

以下14种收入被排除出总收入的范围，包括：

①人寿保险；

②被保险人取得的退保金额；

③通过赠与、遗赠和继承取得的财产价值，但不包括转移所分割权益时由该财产取得的所得；

④伤害和疾病补偿；

⑤税收协定项下的免税所得：根据菲律宾所签订的条约享受免税待遇的所得；

⑥退休金、养老金、遣散费等；

⑦由外国政府取得的所得；

⑧由政府或政府分支机构取得的所得，由公共设施或行使政府基本职能而取得的可归于菲律宾政府或其分支机构的所得；

⑨奖励和奖金，对于在宗教、慈善、科技、教育、艺术、文学或公民领域所取得成就的认同而颁发的奖项和奖金；

⑩在体育竞赛中取得的奖励或奖金，该体育竞赛可以在菲律宾境内或境外举行；

⑪13薪和其他福利，由政府官员和私营实体的雇员取得的福利，免除额不超过90 000菲律宾比索；

⑫政府服务保险制、社会保障制、医疗保险和其他资助；

⑬销售债券、企业债券或其他5年期以上的负债证明取得的收益；

⑭赎回共同基金份额取得的收益。

（3）免税所得。

下列总收入项目可以免于纳税：

①作为就业附带的报酬；

②雇员或其继承人根据由雇主—雇员关系产生的或与之相关的最终判决或妥协协议所收到的实际的、精神的、惩戒性的名义损害赔偿金；

③由于事故或通过健康保险或根据《工人赔偿法》获得的个人伤害或

疾病的赔偿金，加上因这种伤害或疾病而通过诉讼或协议获得的任何赔偿金；

④被保险人死亡后支付给继承人或受益人的人寿保险收益，无论是采用一次性支付还是其他方式，均属于免税所得；但如果这些款项由保险人根据协议持有并由保险人向前述主体支付利息，则利息将包括在总收入中；

⑤根据人寿保险、捐赠或年金合同，作为已付保险费的回报而收到的款项；

⑥礼物、遗赠和遗物；

⑦离职津贴；

⑧主要为表彰宗教、慈善、科学、教育、艺术、文学或公民成就而颁发的奖项和奖励；

⑨在当地和国际体育比赛和锦标赛中授予运动员的奖品和奖励；

⑩出售 5 年以上期限的债券或其他债务证明所获取的收益；

⑪赎回共同基金中的股票所产生的收益；

⑫第 13 个月的工资（相当于强制性的 1 个月基本工资）和其他福利，但第 13 个月的工资和其他福利总额不超过 90 000 菲律宾比索，该数额可通过财政部部长颁布的规则和条例增加；

⑬政府保险计划、社会保障计划、医疗保险计划和 pag – Ibig 计划的缴款以及雇员个人的工会会费；

⑭税收条例（RRs）中定义的价值较小的或设施和特殊待遇，或最低限度的福利；

⑮最低工资收入者的收入，包括假日工资、加班费、夜班差额工资和危险工资；

⑯其他。

对于已婚人士，夫妻双方应分别基于各自的应纳税所得额计算个人所得税。对于一些所得未能确定为夫妻其中一方单独取得或实现，则应当将该笔所得在夫妻双方之间平均分配以分别计算其个人的应纳税所得额。

（四）税率

1. 居民纳税人

（1）应纳税所得额的税率。

公民取得的雇佣报酬所得以及商业和专业所得采用的是累进税率，税率跨度从 5% ~32%。个人应纳税所得额的税率，如表 10 – 2 所示。

表 10 – 2　　　　　　个人应纳税所得额的税率（2023 年 1 月 1 日起施行）

应纳税所得额		上档累进税额（菲律宾比索）	超过部分适用税率（%）
超过（菲律宾比索）	至（菲律宾比索）		
0	25 000	0	0
25 000	40 000	0	15
40 000	80 000	22 500	20
80 000	200 000	102 500	25
200 000	800 000	402 500	30
800 000		2202 500	35

（2）对于消极收入和资本利得的税率。

对于各项消极收入及资本利得所适用的税率，如表 10 – 3 所示。

表 10 – 3　　　　　　　适用于消极收入和资本利得的税率

所得项目		税率（%）
利息		
从任一货币银行储蓄和收益中获得的利息，或从储蓄替代物、信托基金和类似协议取得的其他金钱收益		20
长期存款或投资取得的利息，采用的形式包括：储蓄、共同或个人信托基金、储蓄代替物、投资管理账户，以及根据菲律宾央行规定的其他投资形式的凭证	持有达 5 年以上	免税
	4 年以上，不足 5 年	5
	3 年以上，不足 4 年	12
	不足 3 年	20
在外币储蓄扩张机制项下从储蓄银行获得的利息		15
特许权使用费		
一般		20
书籍、其他文学作品和音乐作品		10
奖金		
菲律宾慈善抽奖和乐透奖金不超过 1 万菲律宾比索		0
一般		20
金额小于或等于 1 万菲律宾比索的奖金		适用个人所得税税率
股息		
个人从国内企业、合资股份公司、保险公司、共同基金公司以及跨国企业的地区运营总部取得的现金或财产形式的股息；个人从合伙企业（除了普通专业合伙外）的税后分配取得的作为合伙人的净所得；个人从社团、联合账户、合资企业或财团的税收分配取得的作为成员之一的净所得		10%（适用于 2000 年 1 月 1 日之后）

313

续表

所得项目	税率（%）	
资本利得		
销售、交换、赎回有担保债券、无担保债权或者其他到期日长达5年以上的债权凭证的所得，或者赎回共同基金份额的所得	免税	
由销售、交换、兑换或以其他方式处置国内公司股份取得的净资本利得，不包括通过证券交易市场销售或处置股票	10	
销售、交换或以其他形式处置位于菲律宾的不动产取得的总销售额或当前公允市场价值（取较高值）		6
	将不动产销售或处置给政府或者其他政治分区或机关或由政府所有控制的公司	由纳税人选择适用的税率或6%的税率

（3）对于个体经营和专业人员的税率。

自雇人士和/或专业人士可以选择对总销售额或毛收入和其他营业外收入超过25万菲律宾比索的部分适用8%税率，替代个人所得税累进税率和比例税。

（4）对于获得混合收入个人的税率。

既获得工资报酬，又从商业或专业业务获取收入的纳税人，应当就"所有的工资报酬"和"所有的商业或专业业务收入"，按照下述税率，缴纳税款：

①如果销售总额和/或总收入及其他营业外收入不超过增值税的起征点，应以8%所得税税率纳税。

②如果总销售总额和/或总收入及其他营业外收入超过增值税起征点，则应当依据个人所得税税率纳税。

2．非居民纳税人

（1）在菲律宾从事贸易或经营的非居民外国人适用的税率，如表10－4所示。

表10－4　　　　在菲律宾从事贸易或商业的非居民外国人适用的税率

所得项目			税率（%）
利息			
一般的利息收入			20
长期存款或投资取得的利息，采用的形式包括：储蓄、共同或个人信托基金、储蓄代替物、投资管理账户，以及根据菲律宾央行规定的其他投资形式的凭证	持有达5年以上		免税
	不足5年的	4年以上，不足5年	5
		3年以上，不足4年	12
		不足3年	20
在外币储蓄扩张机制项下从储蓄银行获得的利息			15

续表

所得项目		税率（%）
特许权使用费		
一般		20
书籍、其他文学作品和音乐作品		10
电影和类似作品		25
奖金		
金额小于或等于 1 万菲律宾比索的奖金		适用个人所得税税率
其他奖项（除了菲律宾慈善奖金和乐透彩票）		20
股息		
个人从国内企业、合资股份公司、保险公司、共同基金公司以及跨国企业的地区运营总部取得的现金或财产形式的股息；非居民外国人从合伙企业（除了普通专业合伙外）的税后分配取得的作为合伙人的净所得；非居民外国人从社团、联合账户、合资企业或财团的税收分配取得的作为成员之一的净所得		20
资本利得		
销售、交换、赎回有担保债券、无担保债权或者其他到期日长达 5 年以上的债权凭证的所得，或者赎回共同基金份额的所得		免税
由销售、交换、兑换或以其他方式处置国内公司股份取得的净资本利得，不包括通过证券交易市场销售或处置股票	不超过 100 000 菲律宾比索	5
	超过 100 000 菲律宾比索	10
销售、交换或以其他形式处置位于菲律宾的不动产取得的总销售额或当前公允市场价值（取较高值）		6
	将不动产销售或处置给政府或者其他政治分区或机关或由政府所有或控制的公司	由纳税人选择适用的税率或6%的税率

（2）不在菲律宾从事贸易或经营的非居民外国人，按照所得25%的税率征收所得税。至于取得销售国内企业股权或不动产取得的资本利得，适用于公民和居民外国人相同的规定。

（3）受雇于跨国公司地区或区域总部及区域运营总部的外国人按照总收入的15%缴纳所得税。

（4）受雇于境外银行单位的外国人按照总收入的15%缴纳所得税。

（五）税收优惠

从 2018 年 1 月 1 日起，对于雇主提供给雇员的额外福利的"还原的现金价值"，按照35%的最终税率课税所得税，所谓"还原的现金价值"（grossed up monetary value），是指将额外福利的实际现金价值除以 65%。

（六）应纳税额的计算

应纳税额是指规定的总收入（gross income）相关项目，减去允许的各项扣除和免税项目，乘以相适用的税率标准，进而考察是否存在税收优惠条款。

1. 税前扣除：

（1）可选择的标准扣除（coptional standard deduction，OSD）。

符合规定的公民和居民外国人（即不是非居民外国人的个人），可以选择按照不超过总销售额或总收益 40% 的标准申报扣除。

（2）个人纳税人为医疗或者住院治疗保险支付的保费。

当一个家庭的纳税年度总收入不超过 250 000 菲律宾比索时，该家庭每年所支付的此项保费不超过 2 400 菲律宾比索，或纳税人每月为自己或其家庭所支付的该项费用不超过 200 菲律宾比索，此费用可以从其总收入中扣除。对于已婚人士，只有申请受抚养人额外免税额的配偶的其中一方才有权扣除此项费用。

（3）雇主为雇员提供的医疗保险费可免缴个人所得税和附加福利税。

2. 应纳税额计算

【例题】 ×先生是菲律宾税法认定的居民纳税人。本年度的收入如下：

（1）获得普通薪资 3 600 000 菲律宾比索。

（2）年终奖 500 000 菲律宾比索；文学奖金 200 000 菲律宾比索。

（3）Z 银行向其支付了持有达到 5 年的 400 000 菲律宾比索债券收益。

（4）此外，其社会保障费支付的金额为每月 300 菲律宾比索。

求：×先生该年应缴纳的个人所得税。

【解析】

基本薪资应税部分为 3 600 000 菲律宾比索，文学奖金为不征税；持有达 5 年的证券收益为不征税；年终奖为取得的福利，免除限额为 90 000 菲律宾比索；社会保障不征税，故：

总收入 = 3 600 000 + 500 000 = 4 100 000（菲律宾比索）

应纳税所得额 = 4 100 000 − 90 000 − 300 × 12 = 4 006 400（菲律宾比索）

应纳税额：前 2 000 000 应纳 490 000 菲律宾比索

超过 2 000 000 菲律宾比索的部分适用 32% 的税率，即：

（4 006 400 − 2 000 000）× 32% = 642 048（菲律宾比索）

所以 ×先生应纳税额 = 490 000 + 642 048 = 1 132 048（菲律宾比索）。

三、增值税

增值税，是针对在菲律宾境内销售、易物、交换或租赁商品，并提供服务所征收的税种。

（一）纳税义务人

增值税的纳税主体包括：在贸易或营业过程中，销售、易物、租赁商品或财产、提供服务的人，以及进口商品的人。

（二）课税对象

销售、易货交易（barter exchange）、交换或者租赁商品或财产以及提供服务、进口商品。

（三）应纳税所得额的确定

增值税的计算基础：

（1）销售、易物、交换商品或财产的总售价或总价值；

商品或财产是指所有可以用金钱衡量的有形和无形客体。

总售价是指买方支付的总货币金额或有义务支付给卖方的作为销售、易物或交换财产或商品的对价。该商品或财产的消费税包含于总售价中。

（2）进口商品为海关认定的关税加上消费税和其他的费用，如果关税的认定是基于商品的数量，那么增值税税基是根据到岸成本（landed cost）和消费税（如有）进行确定。

（3）销售、交易服务的总收入。

服务的销售或交易，是指有偿为他人在菲律宾提供所有种类的服务。

总收入是指涵盖合同价款、报酬、服务费、租金或特许权使用费在内的总金额或其等价物，包括在为他人提供服务或将要提供服务的纳税季度里，实际取得的与服务一并提供的材料价款、银行存款和预付款（不含增值税）。

（四）税率

1．以下行为适用12%的税率

（1）对于销售、易物或交换的财产或商品，应当在商品或财产的总售价或总价值基础上，按照12%的增值税率，由卖方或转让方缴纳增值税。但是，若商品销售或服务的对象是政府或行政分区，或政府所有或控制的机构或公司，最终预提税税率为5%。

（2）进口商品的增值税计算，是根据海关认定的关税加上消费税（如有）和其他的费用，乘以12%的税率，进口商应在商品通关之前缴纳这些税款。

（3）对于服务的销售或交易，包括财产租赁或使用，按照总收入的12%缴纳增值税。

2.以下行为适用零税率

（1）提供境外特定服务。

（2）出口销售。

（3）根据特别法或者菲律宾签署的国际协议免征直接税与间接税，并就销售适用零增值税的人或公司实施的销售等。

（五）税收优惠

下列交易免缴增值税：

（1）在原产国销售或进口农产品和海产品、常用家畜、为人类消费而生产的食品和种畜以及遗传物质。

（2）销售或进口肥料、种子、籽苗、鱼种、鱼虾、畜禽饲料，包括无论是本地生产还是基于出口目的用于制造成品饲料的材料，但是不包括用于赛马、斗鸡、观赏鱼、动物园和其他宠物类饲料。

（3）菲律宾居民回国或来菲律宾定居的非居民公民进口的属于其个人的家具，而且根据海关法对此类商品免征关税。

（4）属于来菲律宾定居的人或菲律宾人或其现在是其他国家的居民或公民的家庭成员和后代，随身携带的或在其在合理的时间内到达菲律宾的专业设备和工具、衣物、家畜和个人家具，这些物品的数量和类别与携带之人的专业、职位或职业相适应，且这些物品不是为了销售、交换或交易，仅供个人使用。

（5）应缴纳比例税的服务。

（6）由农业合同养殖户提供的服务，以及为未剥皮的水稻去皮、玉米研磨成玉米粉和甘蔗榨糖。

（7）医疗、牙医、住院和兽医服务，不包括由专业人员提供的服务和实验室服务，如果医院或者诊所经营药店，所销售的药品需要缴纳增值税。

（8）由教育部门（DepED）、高等教育委员会（CHED）、技术教育和技能发展机关（TESDA）充分认可的私立教育机构以及政府教育机构提供的服务。

（9）个人根据雇员关系提供的服务。

（10）不属于已登记的增值税纳税人的出口销售。

（11）每月每个住宅单元的租金不超过 15 000 菲律宾比索，无论该年度该出租人总租金收入。

（12）销售、进口、印刷或出版以固定的价格出现在国内的书籍和任何报纸、杂志或公报，且不是主要专用于已支付的广告费用而出版。

（13）国际运输公司运输旅客。

（14）销售、进口或租赁客运或货运船舶和航空器，包括用于本国或国际运输公司的相关引擎、装备和配件。

（15）进口燃料、商品和从事国际航运或航空运输公司的人。

（16）银行的服务、执行准银行功能的非银行金融中介的服务和其他非银行中介。

（17）根据2010年增扩老年公民法和增扩残疾人权益与特权法向高龄公民销售、租赁物品或提供服务。

（18）其他。

（六）应纳税额的计算

对采购征收的进项税允许与销售时的销项税相抵，两项之间的差额则为应缴纳增值税的税额。

在纳税季度末，如果销项税超过进项税，超额的部分应由已登记的增值税纳税人缴纳；如果进项税超过销项税，则超过的部分可以转入下一季度抵扣。但是，对于可归于适用零税率的销售产生的进项税，已登记的增值税纳税人可以按照第112节的规定选择退税，或是与其他的国内税款进行抵扣。

【例题】某农机生产企业为菲律宾的增值税纳税人，某年6月发生如下业务：

（1）外购原材料，支付金额250万菲律宾比索，另支付给运输企业运费90万菲律宾比索。

（2）销售外购的农机零件一批，取得收入450万菲律宾比索。

（3）提供农机维修服务，取得收入69万菲律宾比索。

（4）从新加坡进口种子共42万菲律宾比索。

（5）购进农机零配件，支付56万菲律宾比索。

求：该企业6月需要缴纳的增值税。

【解析】

原材料进项税 = （250 + 90）× 12% = 40.8（万菲律宾比索）

农机零件销项税 = 340 × 12% = 40.8（万菲律宾比索）

提供农机维修服务适用0税率 = 69 × 0 = 0（菲律宾比索）

进口种子免征增值税

进口农机零件增值税进项税 = 56 × 12% = 6.72（万菲律宾比索）

应纳税额 = 54 - 40.8 - 6.72 = 6.48（万菲律宾比索）

所以该企业 6 月需要缴纳的增值税为 6.48 万菲律宾比索。

四、消费税

消费税，是针对在菲律宾生产、制造的用于国内销售或消费以及其他目的的特定商品及进口产品所课征的税收。

（一）纳税人

制造商、进口商、所有者、产品占有者为消费税的纳税人。

（二）课税对象

应税商品或物件包括酒类、烟草、石油产品、汽车和非必需品（例如珠宝、香水、用于娱乐或运动的船只）、矿产品（例如煤炭、焦炭等）。

（三）应纳税所得额的确定

消费税的征收形式分为两类：从量征收和从价征收，前者是指根据商品的重量、体积或任何其他物理计量单位来征收消费税，后者是指根据商品的售价或其他特定的价格来征收。

（四）税率

（1）酒类。

菲律宾消费税法把酒类分为蒸馏酒类、葡萄酒和发酵酒，应纳消费税额采用从价定率和从量定额的方法来计算（见表 10 - 5）。

表 10 - 5   酒类适用消费税税率

税目	税率	
蒸馏酒类	净零售价的 25%，加 40 菲律宾比索/升 2020 年 1 月 1 日提高为 45 菲律宾比索 2021 年 1 月 1 日提高为 50 菲律宾比索 2022 年 1 月 1 日提高为 55 菲律宾比索	从 2023 年 1 月起每年提高 10% 的税率，由财政部的税收规章公布

续表

税目		税率	
气泡酒或香槟酒	每瓶容量为 750 毫升的净零售价不超过 500 菲律宾比索	335 菲律宾比索/升	从 2020 年 1 月起每年提高 10% 的税率,由财政部的税收规章公布
	每瓶容量为 750 毫升的净零售价超过 500 菲律宾比索	937 菲律宾比索/升	
无气葡萄酒和葡萄汽酒	酒精含量不超过 14%	40 菲律宾比索/升	
	酒精含量超过 1% 但小于 25%	80 菲律宾比索/升	
啤酒、窖藏型啤酒、麦芽酒、波特酒和其他发酵酒,但不包括菲律宾本国发酵酒		40 菲律宾比索/升 2020 年 1 月 1 日提高为 45 菲律宾比索/升 2021 年 1 月 1 日提高为 50 菲律宾比索/升 2022 年 1 月 1 日提高为 55 菲律宾比索/升	从 2023 年 1 月起每年提高 10% 的税率,由财政部的税收规章公布

（2）烟草。

烟草适用消费税税率如表 10 - 6 所示。

表 10 - 6　　　　　　　　烟草适用消费税税率

税目		税率
烟丝	1.75 菲律宾比索/公斤	从 2019 年 1 月起每年提高 9% 的税率,由财政部的税收规章公布
雪茄烟	每支雪茄烟净零售价的 20%,加 5 菲律宾比索/支	
由手工包装的卷烟（每包或不同包装组合不得超过 20 支）	65.4 菲律宾比索/包	2018 年为 60 菲律宾比索,从 2019 年 1 月起每年提高 9% 的税率
由机器包装的卷烟		

（3）石油产品。

石油产品适用消费税税率如表 10 - 7 所示。

表 10 - 7　　　　　　　　石油产品适用消费税税率

税目	税率		
	2018 年 1 月起	2019 年 1 月起	2020 年 1 月起
润滑油	8 菲律宾比索/升或公斤	9 菲律宾比索/升或公斤	10 菲律宾比索/升或公斤

税目	税率		
	2018 年 1 月起	2019 年 1 月起	2020 年 1 月起
脱硫气体	8 菲律宾比索/升	9 菲律宾比索/升	10 菲律宾比索/升
矿脂	8 菲律宾比索/公斤	9 菲律宾比索/公斤	10 菲律宾比索/公斤
工业酒精	8 菲律宾比索/升	9 菲律宾比索/升	10 菲律宾比索/升
石脑油、常规汽油和其他类似蒸馏产品（当用于生产石化产品或作为天然气的替代燃料用于火力发电厂时，符合财政秘书颁布的规定可适用每升 0 菲律宾比索）	7 菲律宾比索/升	9 菲律宾比索/升	10 菲律宾比索/升
含铅高级汽油	5.35 菲律宾比索/升	5.35 菲律宾比索/升	5.35 菲律宾比索/升
不含铅高级汽油	7 菲律宾比索/升	9 菲律宾比索/升	10 菲律宾比索/升
航空喷气机燃料	4 菲律宾比索/升	4 菲律宾比索/升	4 菲律宾比索/升
煤油（若用于航空燃料则每升 4 菲律宾比索）	3 菲律宾比索/升	4 菲律宾比索/升	5 菲律宾比索/升
柴油和产生类似动力的燃料油	2.5 菲律宾比索/升	4.5 菲律宾比索/升	6 菲律宾比索/升
液化石油气（在符合财政秘书颁布的规定时每公斤 0 菲律宾比索，在用于提供动力时应按照柴油及类似燃料油的税率征税）	1 菲律宾比索/公斤	2 菲律宾比索/公斤	3 菲律宾比索/公斤
沥青	8 菲律宾比索/公斤	9 菲律宾比索/公斤	10 菲律宾比索/公斤
船用燃料油和产生类似动力的燃料油	2.5 菲律宾比索/升	4.5 菲律宾比索/升	6 菲律宾比索/升
石油焦炭（用作发电设施的原料每吨 0 菲律宾比索）	2.5 菲律宾比索/吨	4.5 菲律宾比索/吨	6 菲律宾比索/吨

（4）矿产品。

矿产品适用消费税税率如表 10 - 8 所示。

表 10 - 8　　　　　　　　　矿产品适用消费税税率

税目		税率
煤炭、焦炭		2018 年 1 月起 50 菲律宾比索/吨；2019 年 1 月起 100 菲律宾比索/吨，2020 年 1 月起 150 菲律宾比索/吨
非金属矿产品和砂石资源	源于本地开采或生产的矿石	该资源转移时总产值的实际市场价格的 4%
	源于进口	由海关基于关税确定的价值的 4%，但不包括消费税和增值税
本地生产的天然气和液化天然气		不征收消费税

续表

税目		税率
金属矿产品	源于本地开采或生产的矿石	该资源转移时总产值的实际市场价格的4%
	源于进口	由海关基于关税确定的价值的4%，但不包括消费税和增值税

（5）含糖饮料。

含糖饮料适用消费税税率如表10-9所示。

表10-9 含糖饮料适用消费税税率

税目	税率
添加热量甜味剂、无热量甜味剂或将两者混合使用的饮料	6 菲律宾比索/升
添加纯高果糖玉米糖浆或与热量甜味剂或无热量甜味剂混合使用的饮料	12 菲律宾比索/升
使用纯椰汁糖或甜菊醇糖苷	免税
所有乳制品、纯天然果汁与蔬菜汁、医学上指示或膳食替代的饮料、咖啡粉、速溶咖啡和预包装粉状咖啡产品	

（6）其他产品。

其他产品适用消费税税率如表10-10所示。

表10-10 其他产品适用消费税税率

税目		税率（%）
汽车①	制造商或进口商的售价（菲律宾比索）	
	不超过 600 000 的	4
	超过 600 000 但不超过 1 000 000	10
	超过 1 100 000 但不超过 4 000 000	20
	超过 4 000 000	50
混合动力车辆		适用以上标准税率的50%
纯电力动力车辆		免税
专用于自由港的汽车		
珠宝及仿制品、金银和铂金等珍贵材料制成的商品、望远镜；香水、花露水；游艇和其他用于娱乐或运动的船只		批发价或海关根据关税确定的价格的20%，但不包括增值税和消费税
单纯出于审美目的的整容手术		5

---

① 进口的非用于销售的汽车应纳税额为总到岸价，包括交易价、关税和其他所有费用。

（五）税收优惠

在《国家税务法典（1997）》第6编第2章中，规定了特定商品享有免征消费税或满足特定条件的情况下享受免税待遇的情况，例如，满足特定条件的销售给国际运输者、免税实体或机构的石油产品（第135条）；符合一定条件的本地工业酒精（第134条）等。

（六）应纳税额的计算

$$应纳税额 = 应纳税所得额 \times 适用税率$$

【例题】菲律宾某商家2023年发生业务如下：

（1）销售柴油18万升，取得销售收入为1 116万菲律宾比索。

（2）销售不含铅汽油20万升，取得销售收入1 300万菲律宾比索。

（3）销售煤油共50万吨，其中24万吨用于航空燃料，取得收入1 850万菲律宾比索。

求：该商家本月需要缴纳额消费税。

【解析】

柴油应纳消费税 $= 18 \times 6 = 108$（万菲律宾比索）

汽油应纳消费税 $= 20 \times 10 = 200$（万菲律宾比索）

煤油应纳消费税 $= 24 \times 4 + (50 - 24) \times 5 = 226$（万菲律宾比索）

应纳消费税总额 $= 108 + 200 + 226 = 534$（万菲律宾比索）。

五、比例税

（一）纳税义务人

比例税的纳税人是在交易和经营过程中销售或租赁货物、财产或提供服务免征增值税的主体或实体。这些主体的年度总销售额或收入不超过1 919 500菲律宾比索，且未进行增值税登记。此外，从事特定行业或交易的行为（例如国内或国际客运交通或娱乐业等），也须按总收入征收比例税。在计算所得税时，比例税可以作为经营费用被扣除。

（二）课税对象

（1）国内运输人和车库管理人：由承租人、运输承包商（包括客运人或其他国内陆路的运输人以及车库管理人）驾驶的汽车。

（2）国际运输：在菲律宾经营的国际航空运输或国际船运者，来源于从菲律宾向其他国家运输商品的季度总收入。

（3）特许权经营：无线电或广播电视公司的特许权经营，该无线电或广播电视公司在上一年的年度总销售收入不超过100万菲律宾比索（无线电或广播电视公司可以选择登记为增值税纳税人，并缴纳增值税，但是一旦作出选择就不可撤销）。

（4）煤气和公共供水公司就其取得的商业总收入。

（5）来源于菲律宾的海外通信服务。

（6）银行和执行类似银行职能的非银行金融中介：所有银行和执行类似银行职能的非银行金融中介来源于菲律宾的总收入需要根据一定的税率缴纳比例税。

（7）其他非银行金融中介：在菲律宾从事业务的其他非银行金融机构，来源于利息、佣金、贴现和其他税法规定的视为总收入的项目。

（8）人寿保险金：在菲律宾从事任何种类人寿保险业务的个人、公司或企业（除了纯粹的合作型公司或社团）就其所收取的保费。

（9）外国保险公司的代理机构：根据保险法授权在菲律宾有权处理保险业务的保险公司为无权在菲律宾交易的外国公司处理保险业务，应当支付两倍于本国保险公司的税款。

（10）娱乐业和奖金：对下列娱乐项目的所有者、承租人或经营者，以及奖金获得者：

①斗鸡场；

②歌舞厅和夜总会；

③拳击会（至少有一名菲律宾公民参与，或由菲律宾公民推动，或由菲律宾公民拥有60%以上资本的公司或社团举办的事关世界或东方竞标赛的拳击会免税）；

④职业篮球运动；

⑤回力球和赛马；

⑥从赛马中获得的奖金（为获奖者所获奖金扣除下注成本）。

（11）通过本地股票交易所或首次公开发行交易上市股票：除非经证券经销商销售，每笔通过本地证券交易所交易、易物、交换或处置的上市股票都要纳税。

（三）税率

比例税适用税率如表10－11所示。

表 10 - 11　　　　　　　　　　比例税适用税率

税目		税率
国内运输人和车库管理人		季度总收入的 3%
国际运输人		
特许权经营		季度总收入的 3%
煤气和公共供水公司		商业总收入的 2%
菲律宾的海外通信服务		服务费用价款的 10%
银行和执行类似银行职能的非银行金融中介		
借贷产生的利息、佣金、贴现和融资租赁的收入，根据此类工具的到期期间来确定税率	到期期间不满 5 年	5%
	到期期间超过 5 年	1%
子公司的分红、股权分配和净收入		0
特许权使用费、财产租赁、来源于交易的不动产或动产收益和所有其他所列的总收入		7%
交易外币、债券、衍生品和其他类似金融工具的净收益		7%
其他非银行金融中介	到期期间不满 5 年	5%
	到期期间超过 5 年	1%
外国保险公司的代理机构		两倍于本国保险公司的税款
斗鸡场		18%
歌舞厅和夜总会		18%
拳击会（至少有一名菲律宾公民参与的，或由菲律宾公民推动，或由菲律宾公民拥有 60% 以上资本的公司或社团举办的事关世界或东方竞标赛的拳击会免税）		10%
职业篮球运动		15%
回力球和赛马		30%
从赛马中获得的奖金（为获奖者所获奖金扣除下注成本回力球和赛马）		10%
通过本地股票交易所或首次公开发行交易的上市股票		0.6%
对于通过首次公开发行销售或交易封闭型公司的股票		税率取决于所交易股票的总售价或总价值，或者取决于所交易的股票占上市后全部流通股的比例，适用 1% ~ 4% 不等的税率

（四）应纳税额的计算

应纳比例税 = 应纳税所得额 × 适用税率

【例题】菲律宾某国际运输人取得 2023 年第一季度收入为 450 万菲律宾比索，2 月取得赛马收益 200 万菲律宾比索。

求：其应缴纳的比例税。

【解析】

国际运输应纳税额 = 450 × 3% = 13.5（万菲律宾比索）

赛马应纳税额 = 200 × 30% = 60（万菲律宾比索）

应纳比例税总额 = 13.5 + 60 = 73.5（万菲律宾比索）

所以该纳税人需要缴纳的比例税为 73.5 万菲律宾比索。

六、单据印花税

（一）纳税义务人

单据、文书、贷款协议，以及证明接受、分配、销售、转移某一责任、权利或资产的文件制作者、签字人、接收者或转移者。如果应税文件的其中一方享有免税待遇，则由不享受免税待遇的另一方直接承担纳税义务。

（二）课税对象

课税对象为单据、文书、贷款协议，以及证明接受、分配、销售、转移某一责任、权利或资产的文件。

（三）税率

单据印花税适用税率如表 10 – 12 所示。

表 10 – 12　　　　　　　　　　单据印花税适用税率

税目	税率
原始的债权凭证，包括债券、贷款协议、股票、由政府或其部门发行的凭证和证券、类似存款、债权凭证、存款证明和其他不要求立即付款的文书	按发行价格每 200 菲律宾比索征收 2 菲律宾比索
有/没有票面价值的原始股份凭证	按票面价值每 200 菲律宾比索征收 2 菲律宾比索；如果没有票面价值，则按照发行股票公司实际收取的对价；或在股票红利的情况下，每股所代表的实际价值
销售、销售协议、买卖通知书、交付和转移账单、义务凭证、股票凭证	按协议金额每 200 菲律宾比索征收 1.5 菲律宾比索
在菲律宾销售或转让在国外发行的债券、股票或债务凭证	与在菲律宾发行、转让、销售的类似工具适用相同的法定税率

续表

税目		税率
财产或资本增益中利润或权益的证明		按协议金额每200菲律宾比索征收1菲律宾比索
银行支票、汇票、不产生利息的存款单和其他凭证		每份3菲律宾比索
与菲律宾境内有关的汇票		按票面金额每200菲律宾比索征收0.6菲律宾比索
在外国开具但可在菲律宾支付的汇票		按票面金额每200菲律宾比索征收0.6菲律宾比索
在菲律宾开具的外国汇票或信用证但可在菲律宾境外支付		按票面金额每200菲律宾比索征收0.6菲律宾比索
人寿保险合同		基于被保险的价值确定: 不超过100 000的,免税; 100 000到300 000,单张征收20菲律宾比索; 300 000到500 000,单张征收50菲律宾比索; 500 000到750 000,单张征收100菲律宾比索; 750 000到1 000 000,单张征收150菲律宾比索; 超过1 000 000的,单张征收200菲律宾比索
财产保险合同		每收取4菲律宾比索的保费征收0.5菲律宾比索
养老金、年金或其他文书		按保费或分期付款或所收取的合同价格,每200菲律宾比索征收1菲律宾比索
预先计划		按保费或所收取的缴款,每200菲律宾比索0.4菲律宾比索
赔偿债券		按保费每4菲律宾比索征收0.3菲律宾比索
根据法律规定由海关、船舶检验员、公证人开具的损害证明或其他文件,以及法律或政府规章规定的证书		每份征收30菲律宾比索
仓单收据		单张征收30菲律宾比索
赛马、乐透奖或其他经授权的数字博彩		单张游戏券0.2菲律宾比索,根据彩票费用超过1菲律宾比索的,对于超过的部分,每1菲律宾比索征收0.2菲律宾比索
提单或收据(不包括租船合同,以及主要从事旅客运输的公司的包含旅客陪同行李的票据)		货物价值超过100菲律宾比索但不超过1 000菲律宾比索的为单张征收2菲律宾比索,超过1 000菲律宾比索的为单张征收20菲律宾比索
选举代理人		每份代理投票30菲律宾比索
委托书		每份10菲律宾比索
租赁协议的备忘录或租赁或使用土地或公寓或其部分的合同(合同每年)	最初的2 000菲律宾比索	征收6菲律宾比索
	超过2 000菲律宾比索的每1 000菲律宾比索或余数部分	合同期限内每年征收2菲律宾比索

续表

税目		税率
抵押贷款、土地、房屋或财产的抵押和信托协议	最初的 5 000 菲律宾比索	40 菲律宾比索
	超过 5 000 菲律宾比索后，每 5 000 菲律宾比索或不足 5 000 菲律宾比索的部分	基于担保的数额，征收 20 菲律宾比索
销售契约、不动产的转让证书（不包括授予、专利或政府的原始证书）	最初的 1 000 菲律宾比索	征收 15 菲律宾比索
	对于每 1 000 菲律宾比索或其中部分，超过 1 000 菲律宾比索	根据不动产的售价或公允价值或区域价格中的最高者确定，每 100 菲律宾比索的金额征收 15 菲律宾比索
船舶租用合同及类似合同	大于 1 000 吨	最初的 6 个月内征收 1 000 菲律宾比索；之后的每月或不足一月为 100 菲律宾比索
	1 001 ~ 10 000 吨	最初的 6 个月内征收 2 000 菲律宾比索；之后的每月或不足一月为 200 菲律宾比索
	超过 10 000 吨	最初的 6 个月内征收 3 000 菲律宾比索；之后的每月或不足一月为 300 菲律宾比索

（四）应纳税额的计算

单据印花税的计算应当根据税目所涉及的内容或乘以适用税率。

七、关税

进口商品须缴纳关税，特别附加关税包括反倾销税、反补贴税、保障措施税和反歧视税，用于保护本国产业免受不公平竞争或不适当的竞争。

（一）纳税义务人

商品进口方应缴纳关税。

（二）课税对象

进口商品。

（三）应纳税所得额的确定

进口商品的价格基于交易价格确定并进行一定的调整。

（四）税率

菲律宾关税法规定了商品具体的分类及税率，通常在 0～30% 之间，此外，东盟自由贸易协议（AFTA）的共同执行关税优惠（CEPT）提供了比国内关税法更加优惠的税率。

（五）税收优惠

在符合关税委员会的手续和规章的条件下，特定的进口商品可享受免税。

（六）应纳税额的计算

$$应纳税额 = 应纳税所得额 \times 关税税率$$

八、其他税

（一）转让税

菲律宾地方政府对销售、捐赠、易物交易或者以其他方式转让不动产产权的行为征税，最高税率为总对价金额或市场公允价格 1% 的 50%，如果总对价不能反映经济实质时，则适用市场公允价格。马尼拉市在对不动产转让征税时可能会超过最高税率，但是不超过总价款的 50%（例如总价 1% 的 75%）。

通过销售、交易本地上市的股票份额按照总销售金额或者总价值 1% 的 50% 计算。通过首次公开发行股票适用税率为 1%～4%（取决于总价款金额），同样也对销售、交易以及换股或者其他转让征税。菲律宾对转让债券不征收转让税。

（二）赠与税

1．纳税义务人

任何人士，无论是否为菲律宾居民，都应在转让作为赠与物的财产时征收、估税、征缴并缴付赠与税。无论该转让是通过信托还是其他方式，也无论该赠与为直接转让还是间接转让，且无论该财产为不动产还是私人财产、是有形资产还是无形资产，都适用该税种。

2．税收优惠

在特定情况下的赠与可免征赠与税：

（1）由居民作出的赠与：向国家政府或其机关所建立的任何非营利实体

或向所属政府的政治机关作出的赠与；以及向教育、慈善、宗教、文化或社会福利企业、机构、受信非政府组织、基金或菲律宾裔组织或研究机构或组织进行的赠与，但受赠人不得将超过上述赠与物30%的部分用于管理目的。当赠与人为菲律宾公民或居民时，菲律宾对赠与人所征收的税款，可与外国当局对其征收的任何性质和描述相似的赠与税进行抵免。

（2）由非菲律宾公民的非居民作出的赠与：例如，向国家政府或其机关所建立的任何非营利实体或向所属政府的政治机关作出的赠与；对教育及/或慈善、宗教、文化或社会福利企业、机构、受信非政府组织、基金或菲律宾裔组织或研究机构或组织进行的赠与，但受赠人不得将超过上述赠与物30%的部分用于管理目的。

3．应纳税额的计算

一般情况下，每一纳税年度赠与税应纳税额的计算为该纳税年度纳税人取得赠与物的总净值扣除25万菲律宾比索的免征额后，乘以6%的税率。

【例题】某菲律宾居民纳税人在2023年6月收到不动产捐赠，净值为1 900万菲律宾比索。

求：该纳税人需要缴纳的赠与税。

【解析】

应纳税所得额 = 1 900 - 25 = 1 875（万菲律宾比索）

应纳赠与税 = 1 875 × 6% = 112.5（万菲律宾比索）

所以该居民纳税人需要缴纳的赠与税为112.5万菲律宾比索。

第四节　菲律宾的税收征收管理

一、税务登记

在菲律宾的每一个纳税人都必须到所属地区的税务官处登记，时间为就业后十日内、企业开业时或开业前、纳税义务发生前或根据法典规定的填写税收申报表时，税务登记内容包括纳税人姓名、类型、住所、行业和其他由税务局长要求的信息，在菲律宾设有总部、分支机构或其他设施的个人应当到所属的税务机关登记，就本节而言，设施可能包括但不限于销售网点、生产地点、仓库或储存场所。

二、纳税申报

根据《国家税务法典（1997）》第 236 节的规定，每个应缴纳国内税收的人都应在下列时间点之前向适当的税收区域官员登记一次：

（1）自受雇之日起十天内；

（2）在开始营业时或之前；

（3）在支付任何应付税款之前；

（4）在提交本法规定的申报表、报表或声明时。

三、税务检查

当税务检查人员完成审计和调查后认定纳税人有纳税义务时，须通过书面报告通知纳税人相关决定。在案件审核和评估之后，评估部门若有充分的依据和基础认为纳税人税款缴纳不足，将下发书面评估通知（preliminary assessment notice，PAN），详细说明评估所依据的事实、法律、规则以及相关条例。自收到 PAN 之日起，如果纳税人未能在 15 日内回应，那么将被定性为拖欠税款，国家税务局将在规定期限内下发正式缴税函（formal letter of demand，FLD）与最终评估通知（final assessment notice，FAN），在收到评估结果之日起，纳税人仍然有 30 天时间可以提出异议要求再评估或再调查，在提交异议请求的 60 天内，需要提交所有相关的证明资料，否则该纳税评税将作为最终结果。如果纳税人未能提交支持其异议的具体事实依据、相关法律规定以及证据，那么纳税评估将具有终局性。

【拓展阅读 10 – 1】

菲律宾向 50% 低收入家庭提供现金援助应对燃料价格上涨

菲律宾总统杜特尔特 2022 年 3 月 16 日宣布，批准菲财政部建议，向菲律宾 50% 的低收入家庭提供每月 200 菲律宾比索现金援助，以缓解燃料价格上涨给生活带来的影响。

时任菲律宾财政部部长多明计斯表示，经过审慎研究，菲律宾保留燃料消费税的征收，并将从征收的税款中为新政策进行转移支付，向该国大约 1 200 万户最低收入家庭每月提供现金援助，这项预算每年达 331 亿菲律宾比索。

针对菲律宾政府为何不暂停征收燃料消费税以抵御油气价格上涨，多明计斯分析指出，减免征收燃料税只会对消耗了几乎 50% 燃料的、收入最高的 10% 家庭有利；而占过半数量的低收入家庭，事实上只消费了 13% 的燃料。同时，如暂停征收燃料消费税，将使 2022 年的政府总收入减少 1 059 亿菲律宾比索，"这将迫使政府为了保持支出水平而借更多的钱，反而会弊大于利"。

多明计斯表示，继续征收燃料消费税"非常公平"，这项措施将减轻国际燃料价格上升对该国各行业的打击，有利于所有菲律宾人，而不只是该国的高收入者和车主。时任菲律宾国家经济和发展局（NEDA）局长、社会经济规划部部长卡尔·蔡（Karl Chua）同意财政部门的建议，表示正在密切关注该国的通货膨胀，尽量减少对民众的巨大影响。受全球石油价格持续上涨影响，菲律宾油气制品价格已经连续涨价 11 次，其中本周最高 V – POWER RACING 号石油价格已达 87.70 菲律宾比索/升，比上周涨价 8.8%，多家加油站出现车主惜购油气产品现象。为此，菲政府此前已出台紧急措施对公共交通、农业、渔业生产者进行补贴，但由于国际形势复杂，对未来能否控制油气产品价格不乐观。

资料来源：菲律宾向 50% 低收入家庭提供现金援助　应对燃料价格上涨［EB/OL］.（2022 – 03 – 16）［2024 – 07 – 01］. https：//www. chinanews. com. cn/gj/2022/03 – 16/9703997. shtml.

【拓展资料 10 – 2】

菲律宾财政部反对暂征燃油税

2023 年 9 月 20 日，菲律宾财长迪奥克诺表示暂停征收燃油税将对财政收入及整体经济产生严重影响，并称该提议是"目光短浅的和不明智的"。

根据菲律宾财政部估算，若该提案得以通过，仅四季度就将损失 726 亿菲律宾比索税收入，并将导致预算赤字占国内生产总值的比例从预期的 6.1% 上升至 6.4%。迪表示，应对燃料价格上涨的最好办法是对受影响的脆弱人群加大补贴力度。

资料来源：菲律宾财政部反对暂征燃油税［EB/OL］.（2023 – 09 – 22）［2024 – 07 – 01］. https：//www. ctax. org. cn/sszh/202309/t20230922_1129863. shtml.

【拓展阅读 10 – 3】

菲律宾财政部推动税收改革以削减预算赤字

2023 年 11 月 29 日，菲律宾财政部（DOF）敦促小费迪南德·马科斯总统优先考虑几项税收改革，以缩小财政赤字。

财政部秘书本杰明·迪奥克诺（Benjamin Diokno）在周二的总统府简报会上透露，他在一次部门简报会上与小马科斯总统谈到了此事。他说，政府不想从国外借太多钱。

迪奥克诺表示："我们敦促总统处理以下请求，其中涉及某些税收措施，包括对数字服务征收增值税（VAT）和对一次性塑料征收消费税。这与我们的气候变化提案是一致的。"

他指出："这涉及数字服务的增值税，以公平为基础。当您在实体店或传统商店购物时，您需要缴纳增值税。"

虽然迪奥克诺建议不要向外借贷，但他仍然强调，该国的债务与国内生产总值的比率是很好的，因为它是东南亚国家中最低的。

资料来源：菲律宾财政部推动税收改革以削减预算赤字［EB/OL］.（2023 – 11 – 30）［2024 – 07 – 01］. https：//m. chinanews. com/wap/detail/chs/zw/hm6567f1c92ed2705492da2c02. shtml.

【思考题】

1. 菲律宾企业所得税居民企业和非居民企业是如何划分的？其纳税义务有何不同？

2. 菲律宾单据印花税征税范围有哪些？

3. 简述菲律宾增值税的特点。

东帝汶的税收制度

第一节　东帝汶的社会经济

一、东帝汶简况[①]

东帝汶，全称东帝汶民主共和国（Democratic Republic of Timor - Leste）。地处东南亚努沙登加拉群岛最东端，西部与印度尼西亚西帝汶相接，南隔帝汶海与澳大利亚相望。国土面积 15 007 平方公里，海岸线全长 735 公里。东帝汶位于东 9 时区，当地时间比北京时间早 1 小时，不采用夏令时。东帝汶使用通用美元作为货币。

全国共设 14 个地区（Districts），区以下设 65 个县（Sub - Districts），443 个乡（"苏古"，Sucos）和 2 236 个村（Aldeias）。帝力，东帝汶首都，位于帝汶岛东北海岸，是全国政治、经济和文化中心，东帝汶 80% 以上的经济活动在此进行。第二大城市包考（Baucau）位于帝汶岛东北部，地处沿海山谷中。东帝汶人口 134 万（2024 年）。其中 78% 为土著人（巴布亚族与马来族或波利尼族的混血人种），20% 为印度尼西亚人，2% 为华人。国家官方语言为德顿（Tetum）语和葡萄牙语。全国约 91.4% 的人信奉天主教，2.6% 信奉基督教，

---

① 中华人民共和国外交部. 东帝汶国家概况 [EB/OL]. (2024 - 04 - 01) [2024 - 07 - 01]. https：// www. mfa. gov. cn/web/gjhdq_676201/gj_676203/yz_676205/1206_676428/1206x0_676430/.

1.7% 信奉伊斯兰教。

东帝汶石油和天然气资源富集，主要矿藏有金、锰、铬、锡、铜等。迄今已发现 44 块油田，探明石油储量约 30 亿桶，天然气储量约 7 000 亿立方米。2005 年 7 月设立石油基金，截至 2022 年底，东石油基金滚存累计为 174.1 亿美元。东帝汶多山、湖、泉、海滩，具有一定的旅游发展潜力，目前旅游资源尚待开发。

二、东帝汶的经济文化

东帝汶被联合国开发计划署列为亚洲最贫困国家和全球 20 个最落后的国家之一。东帝汶主要财政来源为油气收入，经济严重依赖石油收入。近年来，东帝汶政府将经济发展的重点放在基础设施重建和改善农业、开发油气资源方面，并加大在这些方面的投入，致力于推动经济多元可持续发展。东帝汶通用货币为美元，并发行与美元等值的本国硬币。据东帝汶国家统计局数据，2020 年，东帝汶外贸总额为 8.88 亿美元，同比增长 18.3%。其中，出口额 2.64 亿美元，同比增长 71.7%；进口额 6.25 亿美元，同比增长 4.6%；贸易逆差 3.60 亿美元，同比下降 18.7%。从贸易额看，印度尼西亚、新加坡、马来西亚、中国、日本是东帝汶前五大贸易伙伴。

农业是东帝汶经济的重要组成部分，全国有 66% 的家庭从事农业活动，80% 以上的人口依赖农业，农业产业占地 21.9 万公顷。但东帝汶农业不发达，粮食不能自给。东帝汶在多个地区进行了河床整治，重整了灌溉系统，促进了水稻种植面积和产量的增加。主要的农产品有玉米、稻谷、薯类等，经济作物有咖啡、魔芋、椰子等。据东帝汶统计局数据，2020 年，东帝汶咖啡出口 1 461 吨，金额 392 万美元，同比分别大幅下降 79.2% 和 78.6%。

东帝汶矿业以石油、天然气为主。为扩大油气收入，东帝汶政府 2005 年设立石油基金，2008 年 7 月成立国家石油管理局。根据东帝汶国家通讯社报道，截至 2022 年四季度末，东帝汶石油基金滚存至 174.1 亿美元。2021 年 1 月 20 日，东帝汶国家石油和矿产管理局宣布，拿出 18 个新油气勘探区块，面向新加坡、美国、英国等多个国家公开招标，其中 7 个位于陆地、11 个位于海上。

服务业是东帝汶经济的另一个重要组成部分，大部分服务业集中在首都帝力。2000 年以后，由于国外援助不断涌入东帝汶，贸易、餐饮、旅店等为国际机构服务的行业都得到了较快发展。建筑业首先受益，其他相关行业的投资也迅速增加。东帝汶近 40% 的劳动人口从事服务业。2018 年东服务业增加值占 GDP 的 34.4%。近年来，东侨汇收入持续增长。其中，2016 年至 2019 年分别为 0.8 亿美元、0.87 亿美元、0.96 亿美元和 1 亿美元，预计 2020 年为 1.55 亿美元，同比增长 55%，占当年国内生产总值 8.7%。

第二节　东帝汶税收制度概述[①]

东帝汶政府在 2008 年对税收政策进行了改革，致力于将东帝汶打造成为世界上税负最低的国家（地区）之一，通过减税和简化税收手续的方法，刺激国内经济发展，促进国内和外来投资、鼓励私有经济领域发展，并减轻低收入者的负担。东帝汶的财政税收体系包括所得税、工资所得税、石油税、销售税、服务税、消费税以及进口关税。

第三节　东帝汶主要税种的征收制度[②]

一、所得税

东帝汶的所得税纳税人包括自然人、法人和财产或财产组合的受益所有人。其中自然人包括居民自然人和非居民自然人，法人包括居民法人和非居民法人。

（一）纳税义务人

1. 居民纳税人

判断标准及扣缴义务人。

（1）居民自然人：在年度内开始或结束的任意 12 个月内在东帝汶境内居住总计达 183 天的自然人，除非该自然人的永久居住地不在东帝汶；或被派驻国外的东帝汶政府雇员。

---

①②　国家税务总局国际税务司国别（地区）投资税收指南课题组. 中国居民赴东帝汶投资税收指南［EB/OL］.（2023 – 06 – 01）［2024 – 07 – 01］. https：//www. chinatax. gov. cn/chinatax//n810219/n810744/n1671176/n1671206/c3925586/5116212/files/6d1e9811838f44c9929d79b9cd2c390d. pdf.

（2）居民法人：在东帝汶成立、组建或注册设立的法人，包括未分割财产的自然人死亡前设立的法人。

（3）扣缴义务人：①根据《2008 年税务法令》中预提所得税的相关规定，除自然人外的任何主体在向除从事航空或海洋运输服务外的其他主体支付与东帝汶资源有关的服务收入、特许权使用费、租金、奖金或彩票所得时，都有义务对所支付的费用代扣代缴预提所得税；②根据《2008 年税务法令》中工资所得税的相关规定，雇主在向雇员支付工资时，为工资所得税的扣缴义务人，需要为该雇员就工资所得履行代扣代缴义务。

2. 非居民纳税人

判断标准及扣缴义务人。

（1）在本年度内开始或结束的任意 12 个月内在东帝汶境内居住不超过 183 天的自然人。

（2）永久居留地在东帝汶之外的自然人。

（3）未在东帝汶建立机构或定居的主体。

（二）课税对象

对于居民纳税人而言，课税对象为境内境外取得的应税所得。对于非居民纳税人而言，课税对象仅包括境内取得的应税所得。

（三）应纳税所得额的确定

应纳税所得额是指应税收入总额扣除各项可扣除费用后的所得。

1. 应税收入

（1）居民纳税人应税收入。

①营业收入。

营业收入是指纳税人从商业活动取得的总收入和盈利，包括资产转让或债务清理的收入。

②财产所得。

a. 股息、利息、特许权使用费、年金、租金或提供、使用、开发物业而取得的收入；

b. 不列入营业收入的财产处置收益（个人账户持有的资产除外）。

③彩票、奖品或奖金。

④该年度作为费用列支的税款的返还。

⑤除工资外，其他以任何名义实现经济能力增长、使纳税人可以用于消费或财富积累的收入。

（2）非居民纳税人应税收入。

通过位于东帝汶境内的常设机构进行经营活动取得收入的非居民纳税人均须缴纳企业所得税，包括：

①在东帝汶销售或通过常设机构销售货物；

②任何在东帝汶进行的与常设机构功能相似的经营活动；

③总机构从与常设机构功能相似的经营活动中取得的收入将被视为常设机构的收入。

常设机构允许在税前扣除因经营活动所产生的费用，包括管理和行政费用。但是，以下由常设机构支付给其总公司或其他分支机构的费用不允许从收入中扣除：

①因使用任何有形或无形资产支付的特许权使用费或其他类似款项；

②提供任何服务（包括管理服务）的报酬；

③借款利息，除非与银行业务有关。

2. 税前扣除

（1）东帝汶居民与非居民常设机构的应纳税所得额应根据总收入减去以下项目：

①支出（不包括金融机构以外的利息支出）以及在进行应纳税经营活动时发生资产转移或债权放弃的损失；

②与收入总额相关的其他支出；

③处置非个人账户上的资产所发生的损失；

④有形资产和商业建筑物的折旧以及无形资产摊销；

⑤向已认定的养老基金缴纳的款项；

⑥根据《2008 年税务法令》第 39 节确定的坏账，以及根据《2008 年税务法令》第 38 节确定的金融机构可疑债务；

⑦由于汇率差异导致的税务损失（所得税除外）；

⑧公司在东帝汶开展的研究和开发费用以及奖学金、学徒费用和培训费用。

（2）税前扣除的限制：若纳税人被要求就可扣除费用缴纳预提所得税，包括代扣代缴工资所得税，则在纳税人向税务局缴纳预提所得税之前，不得扣除。

纳税人不得扣除任何佣金、返利、折扣、观察员费或者来自东帝汶收款人的其他类似付款行为，除非：

①纳税人以书面形式通知税务局，披露收款人的姓名和地址；

②税务机关认为就该付款的税收已经或将会被缴纳。

（3）可税前扣除的收入及所得具体包括：

①存货成本税前扣除；

②本纳税年度发生的存货成本即使年底仍有未出售库存，仍允许在税前扣除；

③折旧税前扣除；

④纳税人所拥有的可计折旧资产和商业建筑的所计提的折旧费用允许在纳税年度中进行税前扣除。

（4）允许税前折旧的资产和商业折旧范围为：

①纳税人拥有该资产或商业建筑；

②纳税人作为融资租赁承租方租入的，且融资租赁出租方不允许税前扣除的资产或商业建筑。

使用年限为一年或以上的固定资产支出必须在会计和税务上确认为资产。在会计上，折旧应反映出资产的消耗、磨损或灭失。在税务上，税务机关只允许就当期应税经营活动或以经营活动为目的的发生的折旧费用进行列支。

（5）折旧方法。

针对资产的折旧，纳税人可以选择直线法或者余额递减法进行折旧，并按照选择的折旧方法对纳税人所有可折旧资产计提折旧；余额递减法通过上个纳税年度资产汇集的形式，根据每年增加的资产价值、减少的折旧、损失等按照规定折旧率计提折旧。资产价值低于 100 美元时，可全部计提折旧。若纳税人想变更折旧方法，须书面向税务机关申请，税务机关根据情况决定是否采纳。

针对商业建筑，任何采购、建设的成本，以及升级、改建和重建的支出应单独按直线法计提折旧。

如果本纳税年度末纳税人资产的总折旧值为负值，则该金额计入纳税人当年的收入，并且该资产的减计价值为零。

如果提取折旧的资产仅部分用于应税经营活动，则折旧费用应减去非经营性使用对应比例的部分。如果所得纳税人为商业建筑物或折旧资产重新估值，则不得对重估增值部分的折旧进行列支。如果折旧资产在本纳税年度被转让，则资产的成本应扣除已计提的折旧费用，该折旧资产在本纳税年度末的资产价值为零。

商业建筑是全部或部分用于应税商业活动的建筑物。商业建筑的折旧原值不包括其所使用土地的成本。若应计折旧资产或建筑仅部分用于商业目的，允许在税前列支的折旧应按比例抵减。应计折旧资产指的是超过一年的有效使用年限，可能由于磨损、开发或报废而失去其价值并且全部或部分用于应税商业活动的有形资产。

（6）无形资产摊销。

无形资产的摊销可在确定所得税应纳所得税额时进行税前扣除。无形资产是指有形动产和不动产以外符合以下条件的任何财产：

①使用年限超过一年；

②全部或部分用于应税经营活动。

购买或自行开发无形资产的成本，以及升级或更新无形资产的成本，应按直线法进行摊销。若无形资产仅部分用于经营目的，允许在税前列支的摊销应按比例减除用于非经营活动的部分。若无形资产在本纳税年度转让，则资产的成本应扣除已计提的摊销费用。在应税经营活动开始前发生的使用年限超过一年的支出，应当直接视为资产并单独摊销。这类支出包括可行性研究的费用、模型的建造和试生产活动，但不包括收购土地的费用，或者其他法规另行规定的支出。

摊销年限：纳税人有权在税前全额扣除包括无形资产与商业建筑在内的资产摊销费用以及其他相关支出，但仅限于用于应税商业活动的资产。

无形资产摊销年限如表 11 –1 所示。

表 11 –1　　　　　　　　　　无形资产摊销年限

无形资产类型	最低摊销年限
研发费用	4
安装成本	4
版权，专利，设计或模型，计划，秘方工艺，商标或其他类似的财产或权利	根据无形资产存续时间确定

（7）准备金扣除规定。

尽管会计准则允许纳税人从利润中为预期的费用或损失提取准备金，但是根据《2008 年税务法令》的规定，除银行外的纳税人不得就上述相关准备金进行所得税税前扣除。

银行提取的准备金，满足以下条件的，可以在企业所得税税前扣除：

①除另有规定外，纳税义务人将保留的利润用于创建储备金、作为预计费用或损失的准备金的部分不得扣除；

②根据银行和支付管理局的指引规定，银行信贷损失或债务减值损失准备金可以扣除；

③根据前段所述的扣除额应由财政部与银行业务和支付管理局协商确定。

（8）坏账税前扣除。

坏账同时满足以下条件时，纳税人可以就发生的坏账进行税前扣除：

①该债权损失已计入应纳税所得额；

②该债权已在企业本纳税年度的账上冲销；

③该公司有充分的证据证明债权无法收回。

（9）利息费用税前扣除。

除支付给金融机构的利息以外的利息费用不允许税前扣除。

3. 亏损弥补

2007 年及以前发生的经营损失可以结转最多 5 年，最早从第一年扣除损失。2008 年 1 月 1 日及以后期间的亏损可无限期结转。

4. 避免重复扣除

如果纳税人收回以前扣除的费用、损失或坏账，则在计算年度应纳税所得额时，应将收回的金额纳入应纳税所得。

5. 融资租赁

融资租赁应被视为出售或购入租赁资产。出租者被视为承租人提供与购入资产价格相等的贷款，承租人被视为资产所有者。承租人向出租人支付的每笔款项被视作分期偿还的本金和利息。利息金额应按照每期未偿还的本金为基础计算。

满足以下条件的租赁活动可视作融资租赁：

（1）以折旧为目的的资产，租赁期（包括任何续期期限）为资产 75% 的使用寿命或以上。

（2）租赁期满后，承租人有权选择以固定或可确定的价格购买该资产。

（3）租赁期满时，资产残余估值低于其在租赁开始时市值的 20%。

（4）如果在资产使用寿命的最后 25% 之前开始租赁，最低租赁付款额的现值等于或大于资产在租赁期开始时市价的 90%。

（5）该资产是承租人定制的，并且在租赁期满后，对于承租人以外的任何人不具有实际用途。

6. 以下费用不可税前扣除

（1）以任何名称或形式分配的利润，如股息红利，包括保险公司向保单持有人支付的股息以及合作社分配盈余。

（2）为支付股东、合伙人或会员个人利益而发生的费用。

（3）除《2008 年税务法令》规定以外的储备金。

（4）除视为雇员收入的保险费以外的由自然人支付的健康、意外、生活或教育保险的保险费。

（5）根据雇员的工作表现，由法人向法人成员支付，或雇员间支付的工资薪金或补偿。

（6）东帝汶《2008 年税务法令》规定已免收所得税的礼品、援助、捐赠或遗产。

（7）东帝汶或外国所得税款。

（8）纳税人或纳税人家属因个人利益产生的费用。

（9）合伙企业中支付给合伙人的工资。

（10）因违反《2008 年税务法令》所支付的罚款及滞纳金。

（11）金融机构以外发生利息支出费用。

（12）违反任何法律、法规或规定而产生的罚款。

（13）贿赂或任何类似性质的款项。

（14）根据保险单或赔偿合同可收回的开支或损失。

（四）税率

1. 居民纳税人

对于居民自然人，如个人独资商人根据一个纳税年度内收入金额不同，分别适用不同所得税税率，如表 11 - 2 所示。

表 11 - 2　　　　　　　　居民自然人适用所得税税率

收入额（美元）	税率（%）
0 ~ 6 000	0
超过 6 000	10

一般情况下，对于居民法人，根据一个纳税年度内的应纳税所得额按 10% 税率缴纳所得税。

另外，涉及石油行业的法人主体不适用本节规定。

2. 非居民纳税人

对于已在或未在东帝汶设置常设机构的非居民自然人或法人，一律按 10% 的税率征收所得税。

（五）税收优惠

1. 规定的免税项目

纳税人取得的下列收入免征所得税：

（1）捐赠人与受赠人没有任何业务、所有权或者控制关系的任何援助或捐款；

（2）从亲属、宗教、教育、公司或者慈善组织接受的礼物，并且捐赠人与受赠人没有任何业务、所有权或者控制关系；

（3）遗产；

（4）法人通过股份或资本贡献取得的资产（包括现金）；

（5）由保险公司支付给自然人的与医疗相关的保险金；

（6）股息；

（7）雇主或雇员在批准的养老保险基金中支付的收入；

（8）经批准的养老基金来源收入；

（9）从东帝汶信托基金中支付给自然人的报酬。

2. 其他税收优惠政策

（1）参与投资或再投资项目的公司可享受以下免税优惠：

①如果投资地点在首都帝力（Dili），在市区内可享受5年所得税免税优惠；在市区以外的地区，可享受8年所得税免税优惠。

②如果投资地点在欧库西（Oe-kusi Ambenu）地区以及阿陶罗岛（Atauro），可享受10年所得税免税优惠。

（2）外商投资企业每雇用一名正式的东帝汶员工，可减免300美元应纳税额，减税的期限根据投资地点和投资对象而不同，具体如下：

①在市内投资并经营，可享受5年税收减免期；

②在农村地区投资并经营，减税期限为7年；

③在欧库西地区以及阿陶罗岛经营，减税期限为10年。

（3）投资于出口产业减税期限如下：

①在市区经营，减税期为7年；

②在农村地区经营，减税期为9年；

③在欧库西地区以及阿陶罗岛经营，减税期限为12年。

（4）投资于主要为第三方提供服务的经济基础设施减税期限如下：

①在市区投资，减税期为10年；

②在农村地区投资，减税期为12年；

③在欧库西地区以及阿陶罗投资，减税期限为15年。

（六）应纳税额的计算

居民自然人：应纳税额＝（年度应纳税收入－6 000）×对应税率

非居民自然人：应纳税额＝年度应纳税收入×10%

（非）居民法人：应纳税额 = 年度应纳税收入 × 10%

年度应纳税收入 = 总收入 - 可允许扣除项目

纳税人应按照以下顺序进行项目的税前扣除：

（1）规定的允许扣除的外国税收抵免额。

（2）分期预缴的税款。

（3）预提所得税。

【例题】 某市一家居民甲企业，主要生产销售彩色电视机，2022 年度的销售（营业）收入为 700 万美元，出租机器设备取得不含税租金收入 30 万美元。销售成本 200 万美元，财务费用 7 万美元，其中含向非金融机构借款所支付的年利息 2 万美元，甲企业还通过政府向扶贫地区捐款 5 万美元。该企业 2022 年度应缴纳多少所得税。

【解析】

应纳税所得额 = 700 - 200 - (7 - 2) - 5 = 490（万美元）

应纳税额 = 490 × 10% = 49（万美元）。

（七）申报缴纳

1. 纳税期限

一般情况下，纳税人须以年度 1 月 1 日至 12 月 31 日作为纳税年度计算所得并缴纳所得税。从事商业活动的所得税纳税人可以以书面形式向税务机关申请使用 12 个月的期间作为替代纳税年度，替代一般情况下的纳税期限。税务机关根据实际情况进行审批，符合条件的，向纳税人下发变更纳税年度决定通知书。同时，税务机关也可撤销对纳税人纳税年度变更的决定。

2. 货币转换

（1）根据《2008 年税务法令》原则计算的所有金额，均以美元为单位。

（2）以美元以外的货币为计量单位的从事经营活动的纳税人，在税务机关事先书面许可的情况下，应按交税当日的中间汇率进行换算并缴纳税款。

二、工资所得税

（一）纳税义务人

1. 居民纳税人

在年度内开始或结束的任意 12 个月内在东帝汶境内居住总计达 183 天的

自然人，除非该自然人的永久居住地不在东帝汶；或被派驻国外的东帝汶政府雇员。

2. 非居民纳税人

（1）在本年度内开始或结束的任意 12 个月内在东帝汶境内居住不超过 183 天的自然人。

（2）永久居留地在东帝汶之外的自然人。

（3）未在东帝汶建立机构或定居的主体。

（二）课税对象

工资所得税的课税对象为雇员在东帝汶就业所得的应纳税工资。

（三）应纳税所得额的确定

1. 应税所得

应征税工资是雇员的工资，不包括豁免工资。

2. 不征税所得

以下工资免征工资所得税：

（1）根据相关法律条文免征税款的公务所得工资。

（2）作为外国政府公职人员的外国公民工作人员的须在该国缴纳所得税的工资。

（3）属于联合国或其专门机构雇员的雇员工资。

（4）自然人提供的服务所收到的报酬，如果由东帝汶信托基金提供资金，则免征工资所得税和所得税。

（四）税率

1. 居民纳税人

（1）一般情况下，对于东帝汶居民雇员，工资所得税税率取决于该月雇员的工资收入。2002 年 7 月 1 日起，向雇主提供纳税人识别号的雇员须根据工资收入按以下税率缴纳个人所得税，税率如表 11 - 3 所示。

表 11 - 3　　　　　　　　工资所得税税率

月应纳税收入（美元）	税率（%）
500 以下的部分	0
超过 500 的部分	10

如果雇员以美元以外的货币取得工资收入，则月工资必须以工资支付月份的汇率换算成美元。

（2）涉及石油企业的工资所得税税率为：

如果该雇员是居民自然人，并向雇主提供了雇员的纳税人识别号，则工资收入税率如表 11 – 4 所示。

表 11 – 4　　　　　　　　石油企业居民自然人工资收入税税率

月应纳税收入（美元）	税率（%）
0 ~ 550	10
超过 550 的部分	30

2. 非居民纳税人

（1）一般情况下，如果雇员为东帝汶非居民纳税人，工资收入税税率为月工资总额的 10% 。

首先，应将每周工资总额乘 52 周，再除 12 个月，以确定月工资。然后根据计算得出的月工资计算工资所得税金。计算结果向下舍入为不含小数点的美元金额，以确定扣除前的所得额。

（2）涉及石油企业的工资所得税税率为：

雇员为非居民自然人的，为雇员收到的应纳税工资的 20% 。

（五）应纳税额的计算

$$应纳税额 = 月应纳税收入 × 税率$$

【例题】假设居民自然人甲在石油企业工作，每月取得工资收入为 3 000 美元，并向雇主提供纳税人识别号。请计算居民自然人甲每月应缴纳的工资所得税。

【解析】

应纳税额 = 550 × 10% + （3 000 – 500）× 30% = 790（美元）。

三、石油税

（一）纳税义务人

东帝汶根据《帝汶海条约》，在联合石油开发区向其他承包商、分包商或个人提供服务或商品而取得收入的承包商、分包商或者个人，均为石油税纳税人。

承包商是指由有关部门或机关签发或授予从事石油业务的人员。

分包商是指直接或间接向承包商提供关于石油开发的商品或服务的人员。

（二）课税对象

东帝汶根据《帝汶海条约》在联合石油开发区向其他承包商、分包商或个人提供服务或商品而取得收入。

（三）应纳税所得额的确定

1. 应税收入

（1）石油计税价格按照在发货时点的离岸价（FOB）确定。其中，发货时点是指石油离开生产地或者在离开前装入运输工具及管道的时间。

（2）原油的计税价格必须按照在发货时点以独立交易原则计算的离岸价确定。

（3）天然气的计税价格是指根据经批准的合同或者石油协议实际支付的价格。

2. 可扣除项目

（1）承包商在该纳税年度中产生的、与石油业务有关的且在计算应税收入时可扣除的费用（折旧和摊销不算），包括利息和财务费用。

（2）承包商该年度在取得或建设用于石油业务的有形或无形资产中发生的资本支出。

（3）承包商在该年度与石油业务有关的勘探支出。

（4）在扣减附加石油税前承包商该年度的东帝汶企业所得税。承包商的可扣除费用不包括石油业务中权益收购获得的报偿，必须是与石油业务有关的费用才能计入可扣除费用。

在一个承包区域内与石油业务有关的任何的费用，只能从该承包区域的石油业务所产生的收入中扣除。

如果在任何纳税年度中，承包商在承包区域发生的与石油作业有关的总扣除额超过合同范围内的这些石油作业所产生的总收入，超出额度将结转至下一个纳税年度，并从该承包区域的下一年度石油业务所产生的收入中扣除。

3. 费用分摊

如果承包商是在东帝汶境内有常设机构的非居民个人，在一个纳税年度内可扣除的总部支出数额不得超过该常设机构当年除总部支出之外的可扣除支出总额的2%。

4. 石油专项准备金和清理费用

承包商在一个纳税年度内计提的与石油业务有关的退出准备金可以在计算该年度应纳税所得额时扣除。在该年度估算退出清理计划所需筹集的资金时首先将它作为石油协议下的可回收成本处理。

退出准备金的计算参照经批准的总退出成本，一个纳税年度内计提的准备金由石油协定确定的准备金数额决定。

承包商在一个纳税年度内发生的清理费用是不可扣除的，除非该承包商在本纳税年度和以前纳税年度发生的退出费用总额超过以下公式计算出来的数值：

$$(A + B) - C$$

此公式中：

A 是发生在本纳税年度和以前纳税年度的按规定可扣除的准备金之和。

B 是以前年度可扣除准备金总额。

无论何时，在可扣除项目的计算过程中，如果可扣除费用总额超过总清理费用，超出的部分计入该年度承包商的总收入。

C 是本纳税年度和以前纳税年度可扣除费用总额超过总退出费用因而被计入该年度承包商总收入的数额。

5. 折旧与摊销

根据石油协议发生的勘探支出被视为无形支出，其摊销年限为协议约定的使用年限，最低不得短于5年。

根据石油协议发生的开发支出被视为无形支出，其摊销年限为协议约定的使用年限，最低不得短于10年。

勘探和开发支出按直线折旧法摊销。

承包商在商业生产之前获得、创造、建造或承担的可折旧资产或无形资产，从商业生产开始之日起可计提折旧或摊销。

商业生产的起始日由税务机关根据以下标准确定：如果连续30天内产量最高的25天的生产水平达到常规标准，则该30天期间的第一天视为商业生产的起始日。

在商业生产开始的纳税年度中，承包商在商业生产前获得、创造、建造或发生的可计提折旧的资产或无形资产的折旧或摊销额应根据以下公式计算：

$$A \times B \div C$$

此公式中：A 为纳税年度中商业生产首日起应折旧或摊销的金额；B 为从商业生产开始日期到的纳税年度结束的天数；C 为纳税年度总天数。

（四）税率

东帝汶根据《帝汶海条约》被允许在联合石油开发区征收的增值税持续适用于该区域。

在联合石油开发区以外的地区，向从事石油业务的承包商提供指定服务的服务税适用税率为 12%。

在联合石油开发区以外的地区，从事石油业务的承包商进口货物的销售税适用税率为 6%。

在联合石油开发区以外的地区，从事石油业务的承包商进口货物的进口关税适用税率为 6%。

对于从事石油业务的承包商，每个纳税年度按 30% 的税率缴纳所得税。

（五）所得税的分期支付及预提所得税

1. 所得税的分期支付

承包商在每个纳税年度都要按月分期支付所得税，所得税支付的到期日为本月结束后的 15 天内，每月须支付的金额为上一年度应纳所得税额的 1/12。

2. 预提所得税

承包商或分包商向个人（雇员除外）支付与石油业务相关的东帝汶资源服务所得时，要缴纳 6% 的预提所得税。

（六）应纳税额的计算

在一个纳税年度内，从石油业务的承包商累计净收入为正数时，有义务缴纳附加石油税。

计算公式为：$A \times 22.4\% \div (1 - r)$

其中，A 是指从事石油业务的承包商的一年累计净收入；r 是指所得税税率。

净收入是指从事石油业务的承包商一年的总收入减去可扣除成本。一个纳税年度内承包商的净收入可能为负。

累计净收入的计算公式为：$\{(A \times 116.5\%) - [I \times (1 - r)]\} + B$

其中，A 是指从事石油业务的承包商的一年累计净收入；B 是指从事石油业务的承包商当前纳税年度的净收入；I 是指当前税收年度为运营石油事业所支付的利息支出和其他财务费用；r是指所得税税率；

如果在一个纳税年度中，从事石油业务的承包商有支付附加石油税义务的，累计净收入在纳税年度终止时则归零。在该公式中，如果在一个纳税年度内，（A×116.5%）一项为负值，减去后一项后｛（A×116.5%）－［I×（1－r）］｝的值将不小于A。超过A的部分不能结转到其他年度。

【例题】甲居民企业为东帝汶石油承包商，2022年度应税收入600万美元，取得用于石油业务的设备发生资本支出8万美元，勘探支出40万美元，财务费用30万美元，其他相关费用支出70万美元。甲企业当年应交多少石油税和附加石油税？

【解析】

应纳税所得额 = 600 - 8 - 40 - 30 - 70 = 452（万美元）

应纳石油税 = 452 × 30% = 135.6（万美元）

应纳附加石油税 = 452 × 22.4% / （1 - 30%） = 144.64（万美元）

应纳税额合计 = 135.6 + 144.64 = 280.24（万美元）。

四、销售税

（一）纳税义务人

在东帝汶出售应税商品、提供应税劳务以及进口应税货物的企业和自然人为销售税的纳税人。

只有当企业或自然人出售货物或提供服务的月交易额超过起征点时，该企业或自然人才有义务就当月提供的应税货物及服务缴纳销售税。

该企业或自然人的月交易额包括所有尚未征税的关联方交易。

（二）课税对象

在东帝汶出售货物、提供服务以及进口至东帝汶的应税货物。

（三）应纳税所得额的确定

销售税的计税依据如下：

（1）进口的应税货物：完税价格以及进口关税和消费税之和。

（2）在东帝汶销售的应税货物：货物不含销售税的价格。

（3）在东帝汶提供的应税服务：服务不含销售税的价格。

（四）税率

（1）进口至东帝汶的应税货物，适用税率为2.5%。

（2）在东帝汶出售货物及提供服务，适用税率为零。

（3）向联合石油开发区以外的石油业务承包商提供指定石油作业，按6%税率缴纳销售税。

（五）税收优惠

1. 免税情况

如果进口货物的人员向海关提供完整的销售税免税表格，则进口到东帝汶的货物可免征销售税。

如果收购货物的人员向销售货物的人员提供完整的销售税豁免表格，则在东帝汶出售的货物可免征销售税。

如果获得服务的人员向提供服务的人员提供完成的销售税免税表格，则在东帝汶提供的服务将免征销售税。

2. 免税表格

（1）若税务机关认为申请免税的自然人对销售应税货物或提供应税服务负责，则税务机关应向其提供销售税豁免号。

（2）从东帝汶进口货物或在东帝汶收购货物或服务的法人可由东帝汶向海关总署或提供货物或服务的人提供完整的销售税豁免表。

（3）一份完整的销售税豁免表应在获税务机关批准后提交；豁免表所要求的进口货物或服务的确认仅被用于以下进口商或需要这些货物或服务的自然人的免税申请：

①销售应税货物或提供应税服务；

②销售应税货物或提供应税服务，若获得这些货物或服务的自然人没有提供供应应税货物或服务的销售税豁免表；

③表格提供者的销售税豁免号。

（4）取得完整销售税豁免表的纳税人应自销售达成的当个日历月之后留存5年。

（六）应纳税额的计算

应纳税额 = 应纳税所得额 × 对应税率

【例题】2022年3月，某木材装修公司从境外进口一批木材，木材关税完税价格为40万美元，关税税率5%，无消费税。还向甲企业提供了木材安装服务，取得服务收入2万美元。向乙企业销售木材，取得收入10万美元。请计算公司本月应缴纳的销售税。

【解析】

应纳税所得额 $= 40 \times (1 + 5\%) = 42$（万美元）

应纳税额 $= 42 \times 2.5\% = 1.05$（万美元）

进口至东帝汶的应税货物，适用税率为2.5%；在东帝汶出售货物及提供服务，适用税率为零。

五、服务税

（一）纳税义务人

服务税由指定服务的提供者缴纳，即收到服务收入的人，例如，酒店或餐馆业务的所有者，都有缴纳税款义务。

（二）课税对象

东帝汶税法规定，对在东帝汶境内提供指定应税服务获得的收入征收服务税。指定服务包括：酒店服务、餐厅和酒吧服务以及电信服务。如果一项服务起始于东帝汶，则认为该服务是发生在东帝汶境内的服务。

（三）应纳税所得额的确定

纳税人当月从提供应税服务中获得的全部收入。

（四）税率

（1）每月应税服务收入低于500美元的纳税人适用零税率。

（2）每月应税服务收入500美元或以上的纳税人适用5%的税率。

（五）应纳税额的计算

应纳税额 = 通过提供应税服务取得的收入总额 × 对应税率

收入总额包括提供服务方因提供指定服务而收到的全部款项。

如果服务提供方提供多项服务（包括应税服务和非应税服务）或销售货物而收到一笔合计的款项，税务机关在充分考虑具体情况后有权认为该笔收入全部为服务税征税对象。

【例题】 2022年，居民自然人甲在境内经营一家餐厅，经营状况良好。在当年 6 月，餐厅收入总额为 6 万美元，请问居民自然人甲在本月应缴纳的服务税是多少？

【解析】

应缴纳服务税税额 = 6 × 5% = 0.3（万美元）。

六、消费税

（一）纳税人

在东帝汶境内从仓库中取出在东帝汶消费的消费税应税货物的制造商以及进口规定的消费品的单位和个人为消费税的纳税人。

（二）课税对象

目前东帝汶只对 10 个税目征收消费税。具体包括啤酒，葡萄酒、苦艾酒等发酵饮料（例如苹果酒、百里香），乙醇（除变性）和其他酒精饮料，烟草及烟草制品，汽油、柴油等石油产品，消费价值超过 70 000 美元的小型客车，武器和弹药，香烟打火机，烟斗，游艇和私人飞机。

（三）应纳税所得额的确定

1. 从价计征——销售额的确定

（1）从仓库中取出在东帝汶消费的消费税应税货物的，应纳税所得额为货物取出时的公允价值。

（2）进口应税消费品的，应纳税所得额为货物的海关完税价格加上关税。

2. 从量计征——销售数量的确定

不同情形销售数量的确定，如表 11 - 5 所示。

表 11 - 5　　　　　　　　不同情形销售数量的确定

情形	计税依据
从仓库取出在境内消费的应税消费品	货物取出的数量
进口应税消费品的	海关核定的应税消费品进口征税数量

（四）税率

消费税的应纳税额，如表 11 - 6 所示。

税目	税率
啤酒	1.90 美元每升
葡萄酒，苦艾酒等发酵饮料	2.50 美元每升
乙醇（除变性）和其他酒精饮料	8.90 美元每升
烟草及烟草制品	19.00 美元每升
汽油，柴油等石油产品	0.06 美元每升
消费价值超过 70 000 美元的小型客车	超过 70 000 美元部分的 35%
武器和弹药	应纳税所得额的 200%
香烟打火机	应纳税所得额的 12%
烟斗	应纳税所得额的 12%
游艇和私人飞机	应纳税所得额的 20%

表 11 - 6   消费税税率具体情况

（五）应纳税额的计算

应纳税额 = 应纳税所得额 × 税率

【例题】2022 年 5 月，某制造商从仓库取出一批香烟打火机，并且在境内消费。香烟打火机被取出时的公允价格为 6 万美元。计算制造商应缴纳的消费税税额。

【解析】

应缴纳消费税税额 = 6 × 12% = 0.72（万美元）。

七、进口关税

（一）纳税人

进口关税的纳税人即进口货物的收货人。

（二）课税对象

一般情况而言，进入境内的货物均应缴纳关税。

（三）应纳税所得额的确定

应纳税所得额一般为进口货物的完税价格。进口货物的完税价格包括货物的货价、货物运抵境内起卸前的运输及相关费用、保险费。

（四）税率

进口至东帝汶的货物5%的税率缴纳进口关税。在联合石油开发区以外的石油业务承包商进口与石油业务相关的货物，应按6%的税率缴纳进口关税。

（五）税收优惠

以下货物免征进口关税：

（1）个人从其他国家（地区）携带如下货物入境东帝汶。

①每人不超过两百支香烟和2.5升可消费饮料；

②不超过300美元的专供个人使用或旅游纪念品或作为礼品的非商业性物品（货物的性质和数量显示其并非以商业目的进口或拟进口）；

③除了珠宝之外，专用于旅行者个人使用或享受的非商业性质的货物，由旅行者随身携带或于行李中携带到东帝汶；

④东帝汶居民返回东帝汶并准备长期居住时携带的家庭物品。

（2）根据以下国际公约，外交物资、联合国物资、特殊代表机关的物资免征进口关税：

①根据1961年《维也纳外交关系公约》和1963年的领事关系豁免；

②根据《联合国特权和豁免公约》豁免；

③根据《专门机构特权和豁免公约》豁免。

（3）东帝汶出口产品在不增加价值的情况下复进口。

（4）根据东帝汶法律登记注册的慈善组织进口的除酒精或烟草以外的商品，如货物将用于救济、教育或保健的人道主义援助的慈善目的。

（5）进口商以规定的方式保证进口关税的临时入境货物。

（6）东帝汶特派团国际工作人员或维和部队成员的消费品，如果货物按照规定的销售规则出售。

（7）专门为一岁以下婴儿而设计的、制备后以液体形式提供婴儿食用的商品。

（8）棉条和卫生巾。

（9）上述未提及的货物，如果并非作为伴随旅行者的个人物品被进口到东帝汶，且就本条款而言，进口关税为10美元以下。

（六）应纳税额的计算

$$应纳税额 = 货物的完税价格 \times 税率$$

【例题】某公司于2022年10月从境外进口一批高档化妆品，货价为500

万美元，运抵东帝汶海关前发生的运输费用为 10 万美元，保险费为 1.2 万美元。已知，高档化妆品的关税税率为 5%，该公司进口高档化妆品应缴纳多少关税？

【解析】

关税完税价格 = 500 + 10 + 1.2 = 511.2（万美元）

应纳关税 = 511.2 × 5% = 25.56（万美元）。

第四节　东帝汶的税收征收管理

（一）税务登记

企业、常设机构和其他有义务支付或扣缴税款的人员应在东帝汶注册税号。税务机关可要求在任何表格、通知或用于税务目的的其他文件中包含税号。在发放税号之前，税务机关也可以指定其他文件用于识别，包括但不限于许可证、许可、护照或注册证书。

（二）纳税申报

1. 所得税

纳税年度的应缴税款须在次年 3 月 31 日前缴纳并提交相应纳税申报表，例如，截至 2008 年 12 月 31 日年度的纳税申报表，连同任何款项，必须在 2009 年 3 月 31 日前提交。如果纳税人须缴纳税款，应填写三份纳税申报表。纳税人应将填写完成的所得税表格和税款提交给大西洋银行（BNU）的分行。BNU 收到税款后，在表格上加盖印章并将一份副本寄给纳税人备份。如果无须缴纳税款，纳税人则应填写两份纳税申报表格并提交给东帝汶税务局办事处（Timor-keste Revenue Servise，TLRS）。TLRS 官员在表格上加盖印章，并将一份副本寄给纳税人备份。

2. 工资所得税

雇主应在代扣代缴工资所得税次月 15 日内向税务机关缴纳税款。同时雇主应向雇员提供为其代扣代缴工资所得税的信息。

如果雇员所收到的工资未完成工资所得税的代扣代缴，税务机关有权进行纳税评估并征收该部分工资所得税，该部分工资所得税应在被评估人收到评估通知之日起一个月内支付给税务机关或税务机关指定的其他机构。

3. 石油税

从事石油业务的承包商在一个纳税年度内，需要将该年度的附加石油税申报表提交至税务机关，申报表的提交方式和到期日都和年度所得税申报表相同。在一个纳税年度内，承包商按月预缴附加石油税，每月预缴税款数额为该承包商测算的该年度附加石油税总额的1/12。在每年度第一次预缴税款付款的到期日，承包商应向税务机关上交本年度附加石油税预算。

4. 销售税

销售应税货物或提供应税服务者应在每一个日历月结束后15日内提交至银行和支付管理局（或其指定的其他单位）：

（1）完整的销售税申报表。

（2）销售税纳税人在本日历月内收到的因销售应税货物或提供应税服务而获得的收入对应的应纳销售税税款。

5. 服务税

在东帝汶提供应税服务，并且负有服务税纳税义务的个人与企业需要将以下资料交付至银行和支付管理局（或其指定的其他单位）：

（1）税务机关规定的完整服务税申报表。

（2）个人或企业在提供服务的月份所收到的总价对应的服务税税款。

无论服务税的支付期限是否已经到期，任何在之前月份内发生服务税纳税义务的个人及企业都须将纳税申报表交至银行和支付管理局（或其指定的其他单位）。如果税务机关确信该纳税人没有支付服务税的义务，并且该个人或企业已书面提交申请豁免上述提交申报表的义务，则税务机关可以同意该豁免。

6. 消费税

注册制造商应在商品出库次月的15日内向税务机关提交填写完整的消费税申报表和缴纳所有可出库货物的消费税。

（三）税务检查

企业须在纳税年度内提交一份完整的纳税申报表，作为自我评估。

1. 纳税评估

如果纳税申报表上提供的信息没有正确披露应缴税款，或所需税务表格并未交付，税务机关可以核定应缴税额，并向负责缴纳税款企业发出应缴税额的评估通知。如果未交付所需税务表格，在税务机关的评估通知中规定的纳税人则须向银行及税务局或其指定的代理人提供已完成的工资收入个人所得税扣缴申报表。

如果所得纳税人已提交纳税申报表或已收到评估通知，并认为申报表或评估不正确，可以提交经修改的申报表，或要求税务局修订纳税评估通知书。

税务机关只能对五年内提交的申报表发出纳税评估通知书或修订纳税评估通知书。在以下情况下，税务局可以随时作出或修改纳税评估：

（1）未提交纳税申报表且有逃税意图的企业。

（2）提交的纳税申报表税务机关认为不正确，并且有逃税意图或者有隐瞒欺骗税务机关倾向的企业。

（3）如果税务机关认为，由于纳税人即将离开东帝汶、停止营业或转移财产，或由于其他原因可能导致到期税款的征收受到不利影响，税务局可于任何时间就以前纳税年度发出税务评估通知。

2. 法律责任

违反基本规定的处罚。如果纳税人未按期提交纳税申报表，将被处以100美元的逾期罚款。如果纳税人未按期缴纳税款，将会被处以逾期缴税罚款。逾期缴税罚款的计算如下：

（1）逾期第一个月，罚款为到期日未支付的税款的5%。

（2）接下来的每一个月，罚款为税款总额的1%及尚未支付的附加税款罚款。

（3）如果在到期日未缴纳税款被认为是更严重的违规行为，则可能会在未缴纳的税款上加以25%或100%的罚款。

【拓展阅读 11 –1】

王毅同东帝汶外长会谈：愿共同擘画两国关系下一个 20 年更美好蓝图

2022 年 6 月 4 日，中国国务委员兼外交部部长王毅在帝力同东帝汶外长阿达尔吉萨举行会谈。

王毅表示，2022 年是东帝汶独立 20 周年，也是中国同东帝汶建交 20 周年，可谓双喜临门。20 年来，双方相互支持、相互信任，两国关系稳步发展，务实合作日益深化。中方赞赏东恪守建交共识、坚定奉行一个中国政策，理解并支持中方维护核心利益，愿同东秉持建交初心，接续传统友谊，不断丰富双边关系内涵，共同擘画两国关系下一个 20 年更加美好的蓝图，打造大小国家相互尊重、平等互利、共同发展的范例。

王毅说，双方合作建设的东"一网一路一港"项目成为务实合作的标杆，极大缓解东电力短缺，促进东帝汶基础设施建设和互联互通，为东经济发展起到了夯基垒台的作用。双边经贸额去年同比翻了近一番，帝汶咖啡在中国成为"网红"产品，充分展现了两国合作的韧性和潜力。中东在疫情中守望相助，中国率先向东提供疫苗和抗疫物资，中国医疗队同东方积极分享抗疫诊疗经验。中国向东派遣的9批医疗队诊治患者30余万人，赢得广泛赞誉。中方将继续根据东需要，尽己所能为东帝汶增强人民健康福祉提供帮助支持。

阿达尔吉萨说，东中友谊历史悠久，务实合作成果丰硕。感谢中国长期以来为东争取独立、建设国家、维护安全提供的巨大帮助。东帝汶将继续坚持一个中国原则这一双边关系的基石，加强互利共赢合作，实现多元化发展。

双方将适时启动编制共建"一带一路"合作规划文本磋商，建立两国副外长级磋商机制。

双方愿深化发展战略对接，深化基础设施、能源产能、扶贫、教育卫生等重点领域互利合作，助力东帝汶自主发展，提升人民福祉。

双方希望继续开展杂交水稻、菌草技术等合作，建设农业高新技术开发区，助力东帝汶粮食自给和农业现代化进程。探讨全产业链渔业合作，助力东帝汶增加当地就业和税收。

双方同意加强地区事务协调。王毅表示，中方支持东帝汶在地区事务中发挥更大作用，支持东帝汶加入世贸组织，愿同东分享经验。欢迎东帝汶继续积极参与中国—葡语国家经贸合作论坛。

双方就倡导和坚持多边主义达成高度共识。王毅表示，多边主义是发展中国家的安身立命之所。在当前变乱交织的国际形势下，中方愿同包括东在内的发展中国家一道，支持联合国发挥核心作用，捍卫以国际法为基础的国际秩序，反对单边霸凌、冷战思维、阵营对立，维护地区和平稳定，尤其要防止其他地区乱局在本地区复制。

双方还就安理会改革交换了意见。王毅强调，中方主张安理会改革应首先增强发展中国家的代表性和发言权，使更多中小国家参与安理会决策。会谈后，双方出席了经济技术、数字电视、医疗卫生等合作文件签字仪式，并为东帝汶商学院孔子课堂、中国—东帝汶友谊足球场揭幕。

资料来源：王毅同东帝汶外长会谈：愿共同擘画两国关系下一个20年更美好蓝图 [EB/OL]．(2022-06-04) [2024-07-01]．https：//www.chinanews.com.cn/gn/2022/06-04/9771528.shtml。

【思考题】

1. 简要说明东帝汶工资所得税与我国个人所得税不同。
2. 简要说明东帝汶石油税的性质及其主要内容。
3. 东帝汶的消费税属于价内税还是价外税？

主要参考文献

［1］国家税务总局国际税务司国别（地区）投资税收指南课题组．中国居民赴东帝汶投资税收指南［EB/OL］．（2023－06－01）［2024－07－01］．https：//www. chinatax. gov. cn/chinatax//n810219/n810744/n1671176/n1671206/c3925586/5116212/files/6d1e9811838f44c9929d79b9cd2c390d. pdf.

［2］国家税务总局国际税务司国别（地区）投资税收指南课题组．中国居民赴菲律宾投资税收指南［EB/OL］．（2023－06－01）［2024－07－01］．https：//www. chinatax. gov. cn/chinatax//n810219/n810744/n1671176/n1671206/c2352695/5116160/files/7fa55a790622441da25d4f5c9ee5f413. pdf.

［3］国家税务总局国际税务司国别（地区）投资税收指南课题组．中国居民赴柬埔寨投资税收指南［EB/OL］．（2023－06－01）［2024－07－01］．https：//www. chinatax. gov. cn/chinatax//n810219/n810744/n1671176/n1671206/c2582023/5116199/files/5d63ea672e484cfea4141af57b8cd7c1. pdf.

［4］国家税务总局国际税务司国别（地区）投资税收指南课题组．中国居民赴老挝投资税收指南［EB/OL］．（2023－06－01）［2024－07－01］．https：//www. chinatax. gov. cn/chinatax//n810219/n810744/n1671176/n1671206/c3418910/5116139/files/7eb0580fba7c47b8910ff44ac32ab42c. pdf.

［5］国家税务总局国际税务司国别（地区）投资税收指南课题组．中国居民赴马来西亚投资税收指南［EB/OL］．（2023－06－30）［2024－07－01］．https：//www. chinatax. gov. cn/chinatax//n810219/n810744/n1671176/n1671206/c3317853/5116147/files/c29d5d5a7ade4b1e8a617ee7c59a8a0d. pdf.

［6］国家税务总局国际税务司国别（地区）投资税收指南课题组．中国居民赴缅甸投资税收指南［EB/OL］．（2023－06－01）［2024－07－01］．https：//www. chinatax. gov. cn/chinatax//n810219/n810744/n1671176/n1671206/c2581311/5116178/files/da910ae516fc44dc921ec9bd55222047. pdf.

［7］国家税务总局国际税务司国别（地区）投资税收指南课题组．中国居民赴泰国投资税收指南［EB/OL］．（2023－05－01）［2024－07－01］．https：//www. chinatax. gov. cn/chinatax//n810219/n810744/n1671176/n1671206/c2582271/5116206/files/10c817960a774ab7b780f8551c451e5d. pdf.

［8］国家税务总局国际税务司国别（地区）投资税收指南课题组．中国

居民赴文莱投资税收指南［EB/OL］.（2023 - 06 - 30）［2024 - 07 - 01］. https：//www. chinatax. gov. cn/chinatax//n810219/n810744/n1671176/n1671206/ c2069834/5116151/files/d06071bd78c443e09c76dce940e5a074. pdf.

［9］国家税务总局国际税务司国别（地区）投资税收指南课题组. 中国居民赴新加坡投资税收指南［EB/OL］.（2023 - 06 - 30）［2024 - 07 - 01］. https：//www. chinatax. gov. cn/chinatax//n810219/n810744/n1671176/n1671206/ c2582367/5116191/files/56c3329cabed41d4af9823ef3fbd8ab5. pdf.

［10］国家税务总局国际税务司国别（地区）投资税收指南课题组. 中国居民赴印度尼西亚投资税收指南［EB/OL］.（2023 - 06 - 30）［2024 - 07 - 01］. https：//www. chinatax. gov. cn/chinatax//n810219/n810744/n1671176/n1671206/ c2582395/5116207/files/203342ce51ef4d6fbe2177c395ecbc20. pdf.

［11］国家税务总局国际税务司国别（地区）投资税收指南课题组. 中国居民赴越南投资税收指南［EB/OL］.（2023 - 06 - 01）［2024 - 07 - 01］. https：//www. chinatax. gov. cn/chinatax//n810219/n810744/n1671176/n1671206/ c2582500/5116193/files/263398ac3fbf4578af00421bfb71e8e4. pdf.

［12］李勇. 在缅中国企业税收风险防范［J］. 中国总会计师，2018（9）.

［13］凌曙明，金晓扬，李晓晖等. 缅甸投资环境与税制介绍［J］. 国际税收，2019（11）.

［14］裴春梅，刘金林：越南税收制度［M］. 北京：中国财政经济出版社，2018.

［15］商务部对外投资和经济合作司，商务部国际贸易经济合作研究院，中国驻菲律宾大使馆经济商务处. 对外投资合作国别（地区）指南——菲律宾：2023 年版［EB/OL］.（2024 - 04 - 01）［2024 - 07 - 01］. http：//www. mofcom. gov. cn/dl/gbdqzn/upload/feilvbin. pdf.

［16］商务部对外投资和经济合作司，商务部国际贸易经济合作研究院，中国驻柬埔寨大使馆经济商务处. 对外投资合作国别（地区）指南——柬埔寨：2023 年版［EB/OL］.（2023 - 04 - 01）［2024 - 07 - 01］. http：//www. mofcom. gov. cn/dl/gbdqzn/upload/jianpuzhai. pdf.

［17］商务部对外投资和经济合作司，商务部国际贸易经济合作研究院，中国驻缅甸大使馆经济商务处. 对外投资合作国别（地区）指南——缅甸：2023 年版［EB/OL］.（2023 - 04 - 01）［2024 - 07 - 01］. http：//www. mofcom. gov. cn/dl/gbdqzn/upload/miandian. pdf.

［18］商务部对外投资和经济合作司，商务部国际贸易经济合作研究院，中国驻泰国大使馆经济商务处. 对外投资合作国别（地区）指南——泰国：

2023 年［EB/OL］.（2023 - 04 - 01）［2024 - 07 - 01］. http：//www. mofcom. gov. cn/dl/gbdqzn/upload/taiguo. pdf.

［19］商务部对外投资和经济合作司，商务部国际贸易经济合作研究院，中国驻新加坡大使馆经济商务处. 对外投资合作国别（地区）指南——新加坡：2023 年版［EB/OL］.（2024 - 04 - 01）［2024 - 07 - 01］. http：//www. mofcom. gov. cn/dl/gbdqzn/upload/xinjiapo. pdf.

［20］商务部对外投资和经济合作司，商务部国际贸易经济合作研究院，中国驻印度尼西亚大使馆经济商务处. 对外投资合作国别（地区）指南——印度尼西亚：2023 年版［EB/OL］.（2024 - 04 - 01）［2024 - 07 - 01］. http：//www. mofcom. gov. cn/dl/gbdqzn/upload/yindunixiya. pdf.

［21］张凌，冉青松. 柬埔寨项目投资税务风险及关键点分析［J］. 国际商务财会，2020（10）.

［22］中华人民共和国商务部外贸发展事务局：柬埔寨贸易指南：2023 年［ED/OL］.（2023 - 11 - 01）［2024 - 07 - 01］. https：//www. tdb. org. cn/u/cms/www/202311/15085647fisb. pdf.

［23］中华人民共和国商务部外贸发展事务局：马来西亚贸易指南：2023 年［ED/OL］.（2023 - 09 - 01）［2024 - 07 - 01］. https：//www. tdb. org. cn/u/cms/www/202309/281535099f4m. pdf.

［24］中华人民共和国商务部外贸发展事务局：缅甸贸易指南：2023 年［ED/OL］.（2023 - 12 - 01）［2024 - 07 - 01］. https：//www. tdb. org. cn/u/cms/www/202312/12111757iew6. pdf.

［25］中华人民共和国商务部外贸发展事务局：泰国贸易指南：2023 年［ED/OL］.（2023 - 09 - 01）［2024 - 07 - 01］. https：//www. tdb. org. cn/u/cms/www/202309/28153625qyno. pdf.

［26］中华人民共和国商务部外贸发展事务局：新加坡贸易指南：2023 年［ED/OL］.（2023 - 09 - 01）［2024 - 07 - 01］. https：//www. tdb. org. cn/u/cms/www/202309/28153648xw2q. pdf.